# 知的再生産構造の基盤変動

法科大学院・大学・学術コミュニティーの行方

広渡清吾 著

信山社

# 序 ―― 本書の成り立ちおよび位置づけ

## (1) 本書の成り立ち

二〇世紀の末から二一世紀にかけての世紀転換期、日本では「改革」のキーワードが主役となった。戦後日本における三番目の長期政権となった小泉純一郎内閣は、その推進力であった。この「改革」は、規範としての日本国憲法をふくんだ戦後日本社会の構造を大きく変容させようとするものであり、ことばのもっとも広い意味において、体制変革(constitutional change)を目指したのである[1]。小泉改革は、日本社会にひずみを生み出し、また、世界全体が世界金融危機として市場原理主義のツケを払う事態に立ち至っており、この体制変革の行方もまだ定かではない。私たちは、いま、変容する現代日本社会、そして筆者の専門分野に引きつけていえば現代日本社会の法のありようを観察し、その方向性を見極める学問的課題のまえに立っているといえよう。

世紀転換期の「改革」は、知的再生産構造のあり方をもその射程にとらえた。ここで、知的再生産構造とは、大学を中心にして構造化されている知を創り出すシステムのことを意味する。社会の基幹を政治的、経済的構造としてとらえれば、このようなシステムは、いわば周辺的なものとみなされがちである。しかし、世紀転換期の改革は、知の生産システムのあり方こそがグローバル化した資本主義的競争のなかで決定的な役割をになうものであることに刮目した。端的に、産業にとって新しいビジネスモデルの展開は、科学技術の発展にかかっているからである。

知の生産に関わるシステムは、知のもつ社会的意義（普遍性、開放性）によって、ときどきの権力（政治的権力、社会的権力）から相対的に自立するものとして、近代の歴史において構成されてきた。「改革」は、このような自立性との軋轢をもたらし、知的再生産構造の基盤に規定的な変動を引きおこすようなものとして進められる。少なくとも、知の生産システムに関わり、知の生産のあり方をその存在条件とする人々（教育・研究者、科学者）にとって、世紀転換期の改革は、否応なしに正対しなければすまない問題として、存在したのであり、なお存在している。

本書は、具体的に、平成の司法改革の中心的課題となった法科大学院の創設問題、国立大学の法人化問題、および日本の科学者の代表機関とされる日本学術会議の改革とそのあり方を検討する諸論考から成る。この三つの問題は、まさに知的再生産構造の基盤に関わる問題として展開した。筆者は、大学に職をもつ法学研究者として、また、学会をベースにして日本学術会議の活動にコミットする科学者として、これらのテーマに関して打ち出される「改革」について、それを批判し、問題点を明らかにし、必要ならば対案を提示する仕事を自分の一つの仕事として受けとめてきた。この仕事は、必ずしも筆者の専門研究としての仕事ではなく、むしろ研究者・科学者にとっての公共的な仕事とでもいうべきものである。

本書に収めた論考は、二〇〇〇年一月から二〇〇八年九月までに発表したものである。この間の前半、筆者は、大学の職場においていわゆる管理職の仕事についており（研究所長・副学長）、また、この間を通して、日本学術会議会員として日本の学術政策の審議に参加していた。教育・研究とならぶ第三の職務への従事は、右に記したような意味での公共的な仕事に取り組むモチベーションを高め、また、そのような機会を多く与えるものとなった。筆者の専攻は、ドイツ法・比較法社会論であり、日本の問題の考察に際して、比較の対象としてドイツを素材に取り上げることが多かったのは、そのゆえである。

## (2) 本書の構成

本書は、「知的再生産構造の基盤変動――法科大学院・大学・学術コミュニティーの行方」を表題とし、副題の三つの問題をそれぞれ論じる三つのパートで構成した。

まず、第一のパートは、今次の平成の司法改革で最大の眼目となった「法科大学院」の新設を主題とする。法科大学院の制度は、質の高い法曹をより多く養成することを目的として構想された。それぞれのアクター（法曹三者、とくにそのうちの弁護士会、企業経営者、政府・自民党、大学）の利害に注目しながら、その議論の経過をリアルタイムで追跡し、分析している。そこでは、制度的論点がどのように煮詰まっていくか、そして制度化されるものにどのような問題がはらまれていくか、を見ることができる。このような観察のもとに、問い続けられるのは、法科大学院の創設が日本社会にいかなる法曹を生み出すことになるか、それが日本社会の人々の権利実現の促進にどのように寄与することになるかという社会の法的リテラシーに関わる問題であり、さらに、法学教育・研究の全体像のなかに、法科大学院がどのように位置づけられるべきか、つまり、法に関わる知の再生産システムの変化に関わる問題である。

第二のパートでは、法科大学院の新設との関連も含めながら、大学改革の問題が論じられる。大学の新たな役割を競争的に追求するという局面において、法科大学院は、高度専門職の養成を目的とする専門職大学院制度を新たに創設する推進力として、位置づけられた。大学改革は、国立大学の法人化問題を中心に展開し、国立大学に「法人格」を付与し、国の行政機構から切り出しながら、一方で文部科学省が財政と計画・

評価によって大学を監督しつつ、他方で大学に経営責任をとらせる体制を作りだした。これは、国立大学と私立大学をふくめて、「経営体としての大学」の競争的関係を基礎づけるものであり、事態はその方向に進んでいる。大学改革は、文字通り、知の再生産システムの基盤に踏み込むものである。本書の論考は、その経過と問題点を分析しつつ、同時に、普遍的な、かつ、現代の課題に応答できる大学像とはなにかを探索している。

第三のパートでは、法科大学院の開校と国立大学の法人化（ともに二〇〇四年四月）に符節をあわせるように同じ四月に成立した日本学術会議法改正を中心に、「学術コミュニティー」のあり方を論じる。改正法に基づく新体制の発足は、二〇〇五年一〇月であった。日本学術会議改革をめぐる当初の議論は、行革の論理に基づく厳しいものを含んだが、改正法は、日本学術会議の目的、任務、および権限について手をふれず、これらは創設以来（一九四九年）のままに置かれ、会員の選考方法および運営組織の改革を規定した。それゆえ、この法改革は、運営の改革によって本来の目的と課題を一層有効に果たすことを日本学術会議に付託したものという位置づけで受け止めることができた。本書の論考は、そのなかで、日本の科学者の代表機関である日本学術会議のあり方と課題を探ることに向けられている。

日本学術会議は、八〇万人をこえる日本の科学者の総体を「科学者コミュニティー」と称して（把握して）、その代表機関であることを任じている。筆者は、本書の論考で述べるように（25「科学者コミュニティのこれから」）、分化する諸科学を一体として自省的に包摂する概念として「学術」という概念を用い、「科学者コミュニティー」を「学術コミュニティー」としてとらえ返したいと考えている。本書は、知的再生産構造のありようを体現する「学術コミュニティー」それ自体を論ずべき対象としているが、同時に学術コミュニティーは、そこにおいて知的再生産のあり方が論じられるべき場所でもある。筆者の仕事の多くは、日本学術会議や学会の企画によって与えら、まさに学術コミュニティーのなかでの議論によって触発されたものなのである。

### (3) 本書の諸論考の位置づけ

本書でとりあげたテーマは、いうまでもなく、ある「改革」が行われ、それによって何かが実現したという成功談として考察されるわけではない。「改革」は、終わりではなく、新たな問題を生み出し(あるいは解決しないままの問題をはらみつつ)、それに対する次の考察を必要とする一連のプロセスのなかにあるものである。それゆえ、本書の論考は、経過的な観察によってその行く先を見極めつつ、問題点を洗い出し、改革のための議論の本位を探ろうとするものである。

本書は、「改革」が登場した位相を考察する論考1「司法改革と大学改革——何をそこにみるか」に始まる。法科大学院問題については、論考9「法科大学院の創設と法学教育・研究のあり方」がこれまでの経過の全体的な総括を行い、今後に展開するであろう論点を示しており、このテーマについての本書の考察の到達点になっている。この論考は、日本学術会議第二部が各法科大学院に行ったアンケート調査の結果を踏まえながら、同じテーマについて問題を検討し、公表した報告書の作成と並行して書かれている。この報告書は、筆者を責任者とする形で作成され、公表されたものであり、本書の観察と軌を一にするところが多いので、参照を乞うために、本書の資料として収録することにした。

大学改革、とくに国立大学の法人化問題は、筆者にとってその渦中にあって対応すべき問題として現れた。ドイツのミュンヘン大学との大学改革(あるいは「大学とは何か」)をめぐる対話は、現代の大学が直面する共通の問題を明らかにしてくれた（16「大学の倫理と日独の大学」、17「大学の危機と革新—複合的知と世界的公共性」）。筆者の職場である東京大学は、国立大学法人化問題に対して、大学としての自覚的な取り組みを一貫して行ってきたといってよい。その一つの成果は、法人化を目前にした二〇〇三年三月に評議会で制定された「東京大学憲章」である。筆者は、憲章のコンセプトが生まれる時点から憲章の制定まで、その仕事に関わり、憲章の起草について責任者であった。論考19「国立大学の法人化と東京大学憲章」は、この東京大学の経験について総括したものであり、参照を乞うため、資料として「東京大学憲章」を収録した(2)。

日本学術会議の改革問題は、筆者が会員に就任する（二〇〇〇年七月）前から、中央省庁の行政改革の一環として浮上していた。改正法の審議からその成立まで、筆者は、国立大学法人化問題と同じように、内部の当事者として関わることになった。法改正の内容については、論考22「日本学術会議法の改正について」で論点を整理している。法改正をめぐる経緯のなかで日本学術会議にとって深刻な事態も生まれたが、法改正はさしあたり今後の発展のための新たな運営組織の枠組みを作りだした。このうえに立って、より実質的でかつ固有の問題は、法によって規定される（創設以来不変の）日本学術会議の使命を果たすべく、科学者コミュニティーの代表機関としての日本学術会議の運営と活動のあり方をどのように創造していくかにあった。論考23「科学者コミュニティーの構築に向けて」、論考25「科学者コミュニティーのこれから」などは、とくにこれに関わるものである。

## (4) 本書のその先

とりあげた三つのテーマについて、本書の諸論考が考察した時期以降、現在の状況の特徴を簡単に示しておきたい。

（i）法科大学院をめぐる問題

法科大学院制度は、本書の考察が危惧したように、いくつかの重要な問題を露呈しつつある。一つは、法学研究者の養成に暗雲が広がっていることである。法科大学院の新設によって、これまでの研究者養成大学院への進学者が大きく減少しているのである。その理由は、つきつめていえば、法科大学院が法曹へのより確かな道として示されたことによって、かつ、そのコースが研究者養成コースと学歴制度上並行することによって、学生にとって研究者を志望する魅力とインセンティブが減少したことにあるのではないかと思われる。

制度的にみて、研究者養成大学院と法科大学院の関係は、大学によって異なるが大別すれば、①相互独立型、②一部代替型（研究者養成コースの実定法学の修士課程を法科大学院が代替する）および③全部代替型（研究者養成コースの修士課程を廃止し、法科大学院で代替する）の三つのいずれかである。一部代替型と全部代替型の場合、法科大学院修了者が博士課程に進学するコースが、法科大学院導入後の研究者養成コースとして、制度設計者には理解されていた（本書所収資料・「日本学術会議第二部報告」参照）。

現況では、このいずれの型をとる場合でも、研究者養成大学院への進学者（修士課程入学者および博士課程進学者）の減少が明らかになっている。(3) この問題は、今のところ、各大学が個別に対処する問題であり、各大学は、進路としての研究者がどのように魅力的な仕事であるか、また、研究者養成コースにどのような充実したカリキュラムと研究指導が準備されているのかを、それぞれの実情に応じて示すことを迫られている。しかし、本質的な問題は、出発点である法科大学院制度が研究者養成にどのように関わるべきか、研究者養成大学院制度との関連づけをどうするかについて、制度設計のうえでの再検討が必要であるということであろう。

大学院進学者の減少問題は、法科大学院それ自身の問題としても、「将来的に法科大学院の専任教員が不足する」という形で受け止められている。中央教育審議会大学分科会の法科大学院特別委員会の調査によると、法科大学院の七七％がカリキュラムの基幹である「法律基本科目」（憲法、民法、商法、刑法、民事訴訟法、刑事訴訟法、行政法など）について、今後の専任教員の確保に困難があることを懸念している(4)。現在、暫定的な措置として（設置後一〇年間）、大学院設置基準の上で法科大学院に必要な専任教員数については、法学部との兼担教員もカウントできる便法が許されているが、二〇一四年度以降はこれができなくなるので、法科大学院の教員不足があらためてクローズアップされてきたのである。

法科大学院の教員数をどのように確保するのかは、法科大学院構想を論じる際に、筆者が一貫して指摘してきた論点であった（たとえば5「法科大学院をどう考えるか」を参照）。この問題は、上記の「暫定的措置」によって隠されてきたものであって、もともと法科大学院構想に内在していたのである。それゆえ、研究者養成大学院への進学者の減少という問題は、法科大学院の教員不足という問題との関連で取り上げられるべきではなく、法科大学院の創設によって必然的に生み出された問題であり、法科大学院の教員のみならず、法学教育・研究を支える法学研究者の再生産という根本問題に関わり、それゆえ法学的知の再生産構造の基盤に危機をもたらすものである。

本書の論考が示したように、法科大学院制度と研究者養成制度の関連づけについては、個別の大学の努力に委ねるだけではなく、制度的な再検討が必要であり、また、その際には、法学部教育のあり方もあわせて、法学分野の教育・研究（法学部・法学研究者養成大学院・法科大学院）の全体像を見通した方向性を議論していかなければならない。これは、必要ならば法科大学院の制度設計の見直しまで含むことになるであろう。

法科大学院についてのもう一つの問題は、司法試験の合格者数に関わる問題である。法科大学院創設のもっとも重要な目的は、これまで以上の多くの法曹を、質的に高い水準で養成すること、であった。そのために、法曹養成に特化した高等教育機関（専門職大学院）として、法科大学院が設置されたのである。法科大学院の創設とあわせて示された当初の想定目標は、二〇一〇年までに年間合格者数を三、〇〇〇人程度まで増員するというものであり（司法改革の議論が始まった一九九九年の司法試験合格者数は、ちょうど一、〇〇〇人であった）、この間、司法試験合格者数は増員され、二〇〇八年の司法試験合格者数（法科大学院修了者を受験生とする）は二、〇六五人であった（これに加えて、旧司法試験による合格者が一四四名である）。

合格者数をめぐる問題は、二つの現れ方をしている。

一つは、合格者数の増員のテンポについて、日本弁護士連合会（日弁連）がペースダウンを提言したことである（二〇〇八年七月）[5]。日弁連は、司法改革について、とくにその中でも法曹の大幅増員に反対するかなり強い意見（具体的に弁護士の増員が競争の激化をまねき、弁護士の活動がビジネス化することを危惧する）を内部にかかえながらも、これまで司法改革を積極的に進める姿勢を維持してきた。この間、合格者三、〇〇〇人体制に向けて、合格者数が増え続け、これにみあって弁護士数は、二〇〇〇年の一万八、二九〇人から二〇〇七年末の二万三、〇九八人へ急増してきた。この状況のなかで、日弁連内部の増員に批判的な意見は、一層強まり、日弁連の会長選挙にもその意見分布が明確に現れるようになったのである[6]。

日弁連は、法曹の増員に向けての基本方針を支持するとしながら、増員のペースダウンをすべき論拠として、①法曹の質を下げないように、合格者選考を厳しくする必要がある、②急激な増員によって、新規の弁護士を弁護士事務所の体制にとりこめず、新規弁護士が仕事をしながら研修するという、従来の体制を確保できない、③弁護士の業務基盤の拡大が進んでいない、という問題点を示している。このような論点は、司法改革の議論のなかで、すでに問題とされてきたことであり、これまで日弁連は、このような内部の意見を押さえてきたのであるが、現実の矛盾の力が大きく、ここにきて、方針の修正を図らざるをえなくなった。

もう一つは、法科大学院について合格者数の格差が大きく、二〇〇八年の司法試験において、合格者ゼロの法科大学院が三校あったことである。法科大学院の当初の構想では、法科大学院修了者の司法試験合格率が七―八割と想定されていた。実際には、法科大学院が当初の想定数を大幅に上回って設立されたために（現在七四校、総学生定員数約五、九〇〇人）、合格者数の増員が進められながらも、二〇〇八年で合格率は平均三三％にとどまる。法科大学院側は、当初の構想通りの、あるいは、法科大学院進学者の数の増加に応じて、さらにそれを上回る合格者数の増員を要求している。

格差についてみれば、すでにふれたように、合格者ゼロが三校のほか、一名が二校、二名が五校、三名が二校、四名が八校、これに対して一〇〇名以上の合格者をだしたのが五校である[7]。文部科学省は、試験結果をうけて、法科大学院の閉鎖や地域的統合について、個別に法科大学院に打診しはじめ、すでに連携して共同運営をすることを決めた例もでてきた[8]。

以上のような事態は、本書の論考がすでに予想した事態であったといえる。現況では、日弁連の増員抑制要請と法科大学院側の積極増員要求は、ぶつかりあっている。「より多くの量の法曹をより高い質で養成する」という法科大学院創設の目的は、法科大学院から送り出される法曹が日本社会のなかで具体的にどのように働くのかを抜きにして、独自に存立しうるものではない。ここでは、あらためて、日本社会における市民の法的ニーズをいかに捉えるかという司法改革の前提認識が問われることになる。「改革」は、なおプロセスのなかにあるといわなければならない。

## (ii) 大学をめぐる問題

国立大学の国立大学法人への移行は、二〇〇四年四月にスタートした。行政改革の一環としての法人化は、当事者である国立大学、また、自己の所管領域の権益(したがって総体としての国立大学の利益)を擁護しようとする文部科学省の対応を通じて、大学の自主性と自由裁量を高める改革として、公式には位置づけられた。しかし、行政改革という本質からみれば、自主性と自由裁量は、大学の自主的、経営的努力を促すべく国立大学に対する国の財政支出を縮小する(国立大学への予算を逓減する)ということの形態的表現であった。

実際に、国立大学法人の教育研究経費として国家予算によって措置される運営費交付金は、毎年一%の定率削減のもとにおかれ、二〇〇九年度は三%の削減率とされている[9]。国立大学法人全体の運営費交付金の総額は、おおよそ一兆一、八〇〇億円である(二〇〇九年度概算要求額一兆一、八七〇億円)。この三%は、三五〇億円強であり、中規模国立大学一つ分の予算に匹敵する。このような運営費交付金の削減政策は、競争的資金の増加(研究・教育の両面に渡り、かつ、私立大学も含めた、プロジェクト申請に基づく競争的助成制度)に補われるとしても、国立大学セクターに対する公財政支出の比重を長期的に下げていくことになる。

高等教育に対する公財政支出をGDPに対する比率でみると、すでに日本は、OECD諸国のなかで最下位に位置する(〇・五%)。OECD諸国の平均は、一%であり、これが先進国相場になっている。公財政支出に対して、私費負担は、日本が〇・八%であるのに対して、OECD平均が〇・四%であり、先進国基準でみると、高等教育費用負担の公私の割合が、日本では逆転している(「教育指標の国際比較」平成二〇年度版、統計数字は二〇〇四年段階。文部科学省のウェッブサイトから）。

このデータは、広く知られたものであり、多くの大学関係者は、これまでも高等教育予算の増大をこのデータに依拠しながら要求してきた。国立大学への運営費交付金の削減政策は、これにともなって私立大学への助成がことさらに拡大されるわけでもなく、国際比較からして異例な状況を一層拡大するものである。

ここでアメリカに注目したい。アメリカは、公財政支出が一・〇％であり、平均値にあるが、私費負担が一・九％と他の諸国を圧倒している。この結果、社会が高等教育に投じる総費用は、ＧＤＰ比で二・九％であり、ＯＥＣＤ平均の一・四％を大きく上回っている。アメリカの高等教育費用の「私費負担」は、もちろん授業料などの家計負担を含むが、大学への民間の寄付がその重要な部分を占めていると考えられる。アメリカは、寄付の果たす役割の大きな国であり、その総額は年間、ＧＤＰ比で一・七％を数え、日本の〇・一％と大きな開きがある。

日本の大学の経営者たちも、ここに目をつけ始め、政府に対して、寄付を促進する税制の改正を働きかけている。とくに相続に際する寄付につき、相続税からの全額税額控除方式の採用を要望している(10)。アメリカの大学の強さが、こうした民間の寄付に支えられた教育・研究条件の充実にあるとすれば、寄付の拡大を可能にする税制の実現も大学のために必要であろう。ただし、この方向は、大学間の競争と一層の格差拡大に導く可能性を含んでいる。日本では、まず、大学に対する公財政支出の収縮をとめて、拡大に転じさせることが肝要である(11)。

日本の高等教育における私費負担の割合の大きさは、私立大学の役割の大きさと相関している。周知のことであるが、日本では私立大学は、大学数（四年制大学）で七七・〇％、学生数で七三・三％の比重を占めている（二〇〇八年度学校基本調査）。私立大学への国庫助成は、二〇〇八年度において三、二五〇億円である。高等教育に社会がかける費用の全体としての増大および、そこにおける負担の公私の適切なバランスを追求するについては、日本の大学の全体の構成と分業関係をあわせて考えなくてはならない。高等教育における機会の平等は、社会における重要な原則であるべきだからである。

大学にとって教育・研究の費用がどのように調達されるかは、たしかに基本問題である。この基本問題は、大学が果たすべき役割を果たすことによってはじめて意味をもちうる。大学改革を論じるに際して、しばしば国際的な大学間競争が激しくなっていることがひきあいにだされる。しかし、大学は、経済的企業のように、利潤を求めて競争するわけではない。大学は、いわば普遍的な理念のもとで、共通の課題に立ち向かうものだと考える。大学の競争とは、共通の課題に向けての、いわば切磋琢磨という趣旨のものである。その共通の課題とは、ひとことでいえば、高等教育と学術研究を通じて、「世界の公共性」に奉仕することと、いいかえれば、世界の平和と人類の福祉に貢献することである。大学改革とは、それに向けての努力の障害をとりのぞき、より多くの達成のために努力を重ねることを鼓舞することである。

### (iii) 学術体制をめぐる問題

日本学術会議は、二〇〇四年改正法のもと、内閣に設置されている総合科学技術会議との車の両輪という位置づけで、日本の学術体制、学術政策について学術の立場から政策的提言・助言を行うという役割をもつ。総合科学技術会議は、いうまでもなく、一九九五年に制定された科学技術基本法に基づいて設置され、ときの政権の科学技術政策を総合的に立案し、推進する機関である。これに対して、日本学術会議は、日本の科学者の代表機関として、「独立に」その職務を行うものとされている(日本学術会議法第三条)。

現在の学術体制および学術政策のあり方を論じるについては、科学技術基本法およびそれに基づき五年ごとに策定される科学技術基本計画を柱とする体制（科学技術基本法体制）を分析の対象としなければならない。よく知られているように、科学技術基本法は、同法の施策の対象を「人文科学のみに係わるものを除く」（同法第一条）と規定している。ここで「人文科学」とは、法制局用語として人文・社会科学の意味であり、いわゆる文系の学問を総体として示す。実際に策定される科学技術基本計画は、人文・社会科学を排除したり、無視するものではないが、科学技術基本法の制定の趣旨がどこにあるかは、明瞭である。

科学技術基本法の問題は、これにとどまらない。それは、「科学技術」という用語が、政界・官界において「科学と技術」（science and technology）ではなく（それならば、「科学・技術」と表現するのが適切である）、「科学を基礎にした技術」（science based technology）と理解されていることである。この含意は、科学技術基本法が「経済社会の発展と社会福祉の向上」に直接に寄与する「科学技術」の開発・発展に関心を集中し、いわゆる基礎科学（天文学や物理学など）・基礎研究の振興に適切に向き合うものではないということである。[12]

科学技術基本法体制のもと、政府の研究開発投資が重点領域に絞り込まれること、また、プロジェクト主義によって短期的成果が強要されること、これらが基礎科学・基礎研究の基盤を弱くし、調和のとれた科学の発展を阻害しているという問題は、日本学術会議の重要な報告書のなかでもすでに指摘されている（たとえば二〇〇五年二月「科学技術基本計画における重要課題に関する提言」）。

科学技術基本法に関わるこれらの問題を、今日、明確に、強く指摘しているのは、日本の学術体制、学術政策に長年かかわってきた石井紫郎氏である。石井氏は、右にのべた趣旨において科学技術基本法が総体としての学問の振興に関する基本法でなく、それゆえ、あらためて「学術基本法」を制定すべきことを具体的な法案をそえて、提言している。[13] ここで「学術」は、学問の総体をとらえる「帝国大学令」（一八八六＝明治一九年）以来の用語であり、石井氏は、「学術」という言葉について、「この言葉こそ liberal arts and sciences の訳語であり、まさに人間の純粋な知的好奇心に衝き動かされ進められてきた学問的営為を、文科も理科も隔てなく総体として表現する絶妙な日本語」と印象深く説明している。

筆者は、本書の論考において、「科学」と区別される「学術」という用語について考察している。科学は諸科学として分化しているが、学術は知的営為としての一体性を表現する用語であり、分化した諸科学は学術の一体性のなかで、自らの位置を常に自省しなければならないと述べている。それゆえ、「人文科学を除く」とする科学技術基本法は、「学術」という用語を利用することができないことを指摘した（24「人文・社会科学の役割と責任」、25「科学者コミュニティーのこれから」）。これを逆にいえば、諸科学を一体としての学術の観点からとらえ、その調和のとれた発展と振興を図るものとして、学術基本法が構想されなければならない。これについては、端緒的な形で言及している（23「科学者コミュニティーの構築に向けて」）。

日本の学術体制において、自然科学系、とくに工学系の比重が大きいことは、修士・博士学位取得者の構成比を先進諸国との比較におくと、明瞭になる。日本は、工学・理学・農学・医学で三分の二（六六・五％）を占め、その半分が工学系である（全体の三八・七％）。これに対して、アメリカ、イギリスおよびフランスは、自然科学系の比重は、三〇％前後である。ドイツは、自然科学系の比重が日本のように大きいが（六七・九％）、そのうち医学系が大きく、工学系は小さい（全体の九・〇％）（26「人文社会科学における若手研究者の養成」参照）。

「科学技術」中心は、明治の近代化のなかで、また、第二次世界大戦後の高度成長のなかで、産業の発展を国是として追求してきた日本にとって習い性のことであり、科学技術基本法体制もその延長線上にあるというべきなのかもしれない。いずれにせよ、知の営為としての一体的な学術の総合的、調和的発展を図るためには、この体制の分析と改善の処方箋が必要である。

このような文脈において、学術基本法のコンセプトと具体的提案は、日本の学術体制と学術政策の現状と今後を考えるについて、極めて重要なかぎを握るものであり、日本学術会議の審議においても、有力な手がかりを与えるものである[14]。

本書のとりあげる三つのテーマは、日本社会の知的再生産構造の基盤変動に深刻に関わるものであり、「改革」の力とそれに対応・対抗する力の交錯、テーマをめぐる政治的、経済的、社会的条件の変化など、これからなお、その行方を注視しなければならない。学術コミュニティーは、自らの役割を位置づけ、自らの行方を展望しながら、日本社会における知的再生産構造の適切な構築のために働かなければならない。本書が、具体的な三つの問題のそれぞれについて、また、日本社会の知的再生産構造のあり方について、これからの議論に少しでも役立つこと、そして、この議論に関心をもち、また積極的に参加しようとする読者の手にとっていただけることを心から願っている。

（1）法律時報増刊『改憲・改革と法』（民主主義科学者協会法律部会編）日本評論社、二〇〇八年参照。

（2）佐々木毅『知識基盤社会と大学の挑戦――国立大学法人化を超えて』東京大学出版会、二〇〇六年をあわせて参照されたい。

（3）『法学理論教育と研究者養成――課題と実践』（二〇〇七年三月シンポジウム報告書、早稲田大学法学研究科・魅力ある大学院教育イニシアチブ）、二〇〇七年六月（非売品）参照。

（4）日本経済新聞二〇〇八年一一月二九日付朝刊。中央教育審議会大学分科会「法科大学院教育の質の向上のための改善方策について（中間まとめ）」（二〇〇八年九月）参照。

(5) 日本経済新聞二〇〇八年七月一九日付朝刊における日弁連会長の記者会見。日弁連は一二月二四日にこれについての「意見書」を公表した。日本経済新聞二〇〇八年一二月二五日付朝刊。

(6) 日本経済新聞二〇〇八年二月九日付朝刊。会長選挙において司法改革推進反対派の候補にこれまでにない多数の票が投じられた。

(7) 朝日新聞二〇〇八年九月一二日付朝刊。

(8) 日本経済新聞二〇〇八年一二月一九日付朝刊。岡山・島根・香川大学の法科大学院が一体化し、共同大学院として運営することを決めたと報道されている。

(9) ただし、二〇〇八年末の復活折衝において財務大臣と文化大臣は三%ではなく、一%の削減とすることで合意したと伝えられている。

(10) 小宮山宏東京大学総長の寄稿「大学への寄付促す税制を――日本、国際競争脱落の恐れ」日本経済新聞二〇〇八年一一月二四日付朝刊。二〇〇八年七月に社団法人国立大学協会(会長・小宮山宏)は「国立大学法人に係わる平成二一年度税制改正に関する要望」を文部科学大臣に提出している(同協会ウエッブサイトから)。

(11) 潮木守一教授の寄稿「科学研究、国の役割増大」日本経済新聞二〇〇九年一月二六日付朝刊。

(12) 石井紫郎「『学術基本法』の制定を目指して」『学術月報』(独立行政法人・日本学術振興会発行)二〇〇八年三月号二一―四頁。

(13) 石井・前掲論文四―七頁。法案は、五章一九条から構成されている。

(14) 日本学術会議第二一期第一部ニューズレター第一号参照(日本学術会議のウエッブサイトから)。

知的再生産構造の基盤変動

# 目次

目次

序――本書の成り立ちおよび位置づけ

I

1 司法改革と大学改革――何をそこにみるか 3
2 法曹養成と法学教育の行方 12
3 法学教育の位置と法曹養成 21
4 法曹養成の公共性と法科大学院 32
5 法科大学院をどう考えるか 45
6 法曹養成教育と法の基礎科学 56
7 法曹養成教育と法科大学院――高度専門職教育の位置 68
8 司法改革における法律家 76
9 法科大学院の創設と法学教育・研究のあり方 87
10 「法科大学院時代」に法学教育および法学研究者養成をどう考えるか 115

Ⅱ

11 独立行政法人化問題と東京大学 129

12 グローバル化する社会における大学と国家 139

13 大学と司法改革――法科大学院の文脈 145

14 大学の制御と組織の変化 156

15 大学の再編と大学のコンセプト 166

16 大学の倫理と日独の大学 176

17 大学の危機と革新――複合的知と世界的公共性 190

18 大学の理念を社会とともに創造すること 199

19 国立大学の法人化と東京大学憲章――「法人化」の独自の探索 204

Ⅲ

20 ジャーナリズムとアカデミズム――Science for Society のために 235

**21** 転機に立つ法学・政治学　241
**22** 日本学術会議法の改正について――経過・改正の論点・今後の改正について　248
**23** 科学者コミュニティーの構築に向けて　261
**24** 人文・社会科学の役割と責任　268
**25** 科学者コミュニティーのこれから　273
**26** 人文・社会科学における若手研究者の育成　282
**資　料**
東京大学憲章（二〇〇三年三月）　290
日本学術会議第二部報告「法科大学院の創設と法学教育・法学研究の将来像」（二〇〇五年七月）　295
あとがき　322
初出一覧　319

# I

# 知的再生産構造の基盤変動

# 1　司法改革と大学改革――何をそこにみるか

二〇〇〇年一月

## (1)「司法改革」の性格

筆者は大学に職をもつ法学研究者なので、昨今の改革議論の中で、表題の二つの「改革」を結びつけて考えている。これは主観的な文脈でそうであるだけではなく、そこには客観的な理由がある。ある社会における「改革」の意図やエネルギーは支配的な政治や経済の力によって生み出されるが、近代の人々の歴史的な叡知によって、司法と大学はそのような力によって直接的に左右されることのないように、支配システムのなかでも「自治」を与えられてきた。したがって、司法や大学は支配的な力による変化にとって「周辺」をなすものであり、逆に、変化が及んでくる「テンポ」が同調的になるのである。私たちの世代は、ほぼ一世代前に「権力の弱い環としての司法と大学」が同時期に政治権力の介入にさらされた経験をもっている。このような「周辺」に支配システムの改革戦略が及んできていることは、今次の改革が本質的なものであることを示している。

「改革」が支配システムである日本の資本主義経済体制にとって本質的なものであることは、毎日の新聞をみてもはっきりわかる。司法改革についてもっとも詳細に論評し、その展開方向に切実な関心を示しているのも、また、国立大学の独立行政法人化を積極的に後押しするキャンペーンをはっているのも、日本経済新聞である。司法制度改革審議会ではその第三回委員会以降に有識者からのヒアリングが行なわれているが、トップバッターのグレゴリー・クラーク氏はご愛敬であるとして、慶應義塾大学の島田晴雄教授が雄大な法曹養成制度改革プログラムを掲げて二番手で登場した。二〇〇〇年一月号の「中央公論」にここでの意見陳述の内容が寄稿されているが、その表題は「経済が求める司法改革」とそのものズバリである。審議会（第二回）の議事録をみると、その他の人々が各委員の推薦をまって選定されたのに対して、島田氏は佐藤会長と竹下会長代理のお墨付きの手持ちのコマであった。

司法改革が戦後国会レベルで議論されるのは、臨時司法制度調査会以来である。谷口安平教授は、これを振り返り、当時は議論が法曹界に限定され、弁護士の力も弱かったが、今回は経済界、自民党が後押ししており、また、弁護士会の力も大きくなっているから「今回の改革には展望＝実現可能性がある」と期待を述べている（『月刊司法改革』一九九九年一〇月号）。現在の経済界の司法改革論に続く発端が一九九四年六月に発表された経済同友会の「現代日本の病理と処方」にあることはよくいわれる通りであり、同時にまたほぼ一〇年前から中坊公平氏の下で司法改革の方向を先導してきた日弁連の主張と活動があり、これらが並行しながら、司法改革の「うねり」を作り出してきたのである。ここに改革の現実性についての複雑さがある。日本資本主義の本流・財界が正面から司法改革の必要性をとりあげるのは、近代日本史上？初めてのことではないか。それは、司法改革に文字通り現実性を与えているが、それ故にこそ、その本質的意義を分析し、改革の帰趨を決める原則、政策そしてそれを担う力について明確な認識をもつことが必要であろう。

## (2)「改革」の論理の解析

### (i)「日本社会の法化」

経済界の司法改革論は、一言でいえば、経済のグローバル化に対応して日本の経済システムと環境を変革する必要があり（あるいはまたすでに変化しつつあり）、これまでの日本社会の共同体的、談合的、行政主導の事前規制型秩序形成から、個人主義的、契約的、司法主導の事後規制型秩序形成を目指すのである、ということである。これはなるほど一つの考え方であり、「日本社会の法化」を展望するものであるという特徴づけが多くの論者によって行なわれている。

ところで、筆者は前者のような日本社会のあり方を「企業社会」と特徴づけて、なぜ企業社会的構造が「社会の法化」を阻止するのかを次の四点にまとめたことがある。第一に、人々が企業共同体に編み込まれて市民としての権利擁護の機会が制約されていること、第二に、労働紛争、労働者の権利紛争が企業共同体のなかに囲い込まれて外部化しないこと、第三に、企業間紛争が日本的取引慣行＝取引の長期・相対化＝のなかで調整・吸収されて外部化しないこと、そして第四に、行政の事前調整機能の肥大化によって行政紛争が争訟化しないこと、である（「日本社会の法化」岩波講座『現代の法』第一五巻一九九八年）。

日本の労働訴訟事件数や行政訴訟事件数は、一般民事訴訟事件数がそうであることを一層大きく上回って、国際水準からみて悲惨な状況にある。これに依ってみると、「市民に利用しやすい司法」のうたい文句があるけれども、司法改革の中で特に重要なのは、企業に対して労働者がいつでも容易に権利訴訟を提起できるシステムをどうつくるか、あるいは、行政に対する市民の異議申立てを有効、適切に争訟化するシステムをどうつくるか、にあると思われる。これらについて、財界の改革議論は沈黙している。

(ii)「大きな司法」

経済のグローバル化への対応は、日本資本主義だけの固有の課題ではない。とくに西欧先進諸国は、戦後福祉国家型の社会と経済のシステムを変換させる課題に、その濃淡はあれ、直面している。「オランダモデル」がいわれたり、ブレアの「第三の道」、シュレーダーの「新しい中道」などが喧伝される。筆者が専門領域にしているドイツについてみると——戦後ドイツは戦後日本と相似的な課題をもっているので、比較の対象として適合的である——、ここでも「司法と大学」は日本と同様に改革のターゲットになっている。

ドイツの司法改革は、行財政改革と同じ直線上にあり、「スリムな国家」(schlanker Staat) を実現する政策の一部分である。「スリムな国家」は、コール政権末期に行革についてだされた政府審議会の報告書(一九九七年一〇月) のキーワードである。日本の司法改革では、行政機構をスリムにするが、司法機構は「大きくする」というイメージが示されている。つまり「大きな司法」論であり、そのかぎりで行政改革と司法改革は基調においてねじれている。これに対して、ドイツの司法改革は「司法の負担軽減」をキーワードにする。これ以上司法を大きくしないこと、むしろ小さくすること、と言い換えてもよい。

そのための方策として示されているのは、訴訟費用の引き上げ、立法の整理によって裁判所の管轄事項を減らすこと、司法事務機構の一元化 (ドイツは普通裁判所の他に、行政、社会、労働、税務の各専門裁判所があり、それぞれに司法事務機構があるのでこれを一元化する)、訴訟手続きを通常訴訟と公法訴訟の二本立てにする (前記の専門裁判所の訴訟手続きを公法訴訟として一元化)、裁判所管轄事項の他の機関への移管、三審制の見直し (第一審の重点強化)、ＡＤＲ (裁判外紛争解決手続) の導入などである。

ドイツと日本の司法の容量は、現在の時点で大きな開きがある (民事訴訟第一審新受件数で約八倍、ただし四つの専門裁判所の事件がこれに加わる。法曹数で約五倍)。したがって、改革の方向が前者において「小さくする」こと、後者において「大きくする」ことにあることは、それとして理解できる。しかし、先進国のグローバル化対応の普遍的な課題が国家機構をスリム化する方向にあること、また日本の国家機構の全体についてスリム化が進められていることを前提にすれば、日本の司法をその趨勢に逆らって「大きくする」といってもそれに投入される国家財政には自ずから限界があると考えなければならない。かりにポスト小渕政権で遅滞した財政再建がまったなしの課題になれば、市民のサイドからしても「訴訟によってはじめて確保できる権利」ではなく、「安心して暮らせるための社会保障給付」が最優先であり、司法への投資は間接的すぎるとなるかもしれない。

財界の司法改革要求は、司法予算を増大することを求めているが、当然のことながらそれは効率よく、経済に資するように使われなければならないということである。「社会の法化」をまともに考えるならば、宮澤節生教授がいうように「公式裁判制度自体の容量の拡大」が司法改革の本筋でなければならないが（『法律時報』二〇〇〇年一月号九頁）、財界は裁判所の一定の拡大とあわせて、ADRのこれまで以上の活用・発展を意図している。紛争解決の効率性からみれば、この方向が合理的とみなされているからである。

もともとADRは、「多すぎる法律家、多すぎる訴訟」に悩むアメリカが日本経済の最盛期に日本の状況を「小さな司法で紛争解決のコストパフォーマンスがよい」と診たてて、打ちだしたアイディアではなかったか。ドイツでADRが文字通り「オルタナティブ」として議論されているといっても、たかだか、隣人訴訟・小額訴訟・名誉侵害訴訟（これらの訴訟件数だけでも日本の全体の民事訴訟件数を上回るが）について調停前置主義を採用する、といったものであり、「公式裁判制度」の首座は揺るぎもしないのである。

### (iii)　「ロースクール」構想

司法を「大きくする」場合にもなるべくお金がかからないようにすることが財界の当然の要求であるとすれば、ロースクール構想はこの文脈で(も)把握される必要がある。現在よりもかなり多数の法曹を養成するとして、それを従来の司法修習制度で研修させることは国家財政（修習生への給与、研修制度運営の費用）にストレートにはねかえる。裁判官・検察官のための費用ならばともかく、弁護士を養成するのに国費を使う必要があるか、ということになる。とすれば、むしろ養成される者から逆に費用を徴収できる（授業料として）ロースクールのほうが、経済的に合理的である。

このようにいうのは、ドイツの法曹養成制度が「スリムな国家」路線のなかで、以上の論理に基づいて改革されようとしているからである。ドイツの現行制度は、二段階の養成制度であり、大学で法学を履修、国家試験としての第一次司法試験（これは法学部の修了試験でもある）を経て司法修習生となり、二年の修習期間を経て、第二次司法試験を経る。合格すれば「裁判官資格」を取得し、この資格が法曹にとっての統一的な資格とされている。

ドイツは連邦制なので内政上の基本政策は各州の所管大臣の協議によって決められることが多い。法曹養成制度もそのマターの一つである。そこでドイツ各州司法大臣会議は、一九九八年一一月、現行制度にかえて、大学の法学履修を五年制（現在は三年半を終わると第一次司法試験が受験できる）とし、その間に実務研修をあわせて行い、司法試験は一回制とし、修習制度を廃止するという改革案を示した。つまり、ドイツの大学法学部は、その最後に司法試験が行なわれそれぞれに合格すれば法曹となる、という意味で「ロースクール」化するというわけである。司法試験合格後は、合格者の進路に応じて裁判官、検察官、弁護士、行政官吏とそれぞれの分野でＯＪＴで実務研修が行われるとされている（『法律時報』二〇〇〇年一月号西谷敏論文も参照）。これによって国家は、修習制度の運営費（修習生の給与も含む）と司法試験一回分の実施費用を節約できることになる。特に弁護士研修に国費はまったくかからないことになる。

日本のロースクールがアメリカ型ではなく、日本版法科大学院として実現し、従来の司法研修所での実務訓練がそのまま残るということになれば、以上の議論は通用しない。しかしおそらく、それでは何のためのロースクールか、という財界のクレームがでるのではないか（ちなみに改革の現実性を重視する斎藤浩弁護士の案ではロースクールの教師は弁護士と検察官のみで構成されることになっており、ロースクールが司法研修所の代替制度であることが明確に示されている。『法律時報』同上六〇―六一頁）。念のためにいっておくと、ドイツの司法大臣会議の改革案に対して、ドイツ裁判官同盟、ドイツ弁護士協会、連邦弁護士会などの法曹団体は基本的に不同意の態度を表明しており、また、大学教師も反対派が多い。これまでの二段階養成制度を維持すべきだというのが、その主張である。とはいえ修習制度のなんらかの手直しは、それぞれが認めている。

### (iv)　法学教育と法曹養成

法学教育と法曹養成の関係の制度設計についていえば、これまで、日本とドイツは正反対であった。日本の大学の法学教育は制度的に法曹養成とは関連づけられておらず、法曹養成は「だれでも受けられる一発勝負の国家試験としての司法試験」と司法修習制度から成り立っている。ドイツでは大学の法学履修の修了を認定する試験が国家試験としての第一次司法試験であり、法学教育が二段階法曹養成制度の不可欠の前段部分を構成する。

ところでドイツでも大学の法学教育の危機が喧しく論じられ、全体の大学改革の動きともあわせていくつかの「改革」の提案が示されている。危機の内容は、端的に言えば、法学教育の理念と現実の乖離である。一方で教えるべき内容が増大し、複雑化し、他方で法学部学生の平均的知的能力が落ちていて、圧倒的に多くの学生が司法試験準備のために大学外の補習学校（司法試験予備校）を利用しており、「歴史的、哲学的、社会的かつ経済的な基盤や関連を視野に入れて、法素材を解釈し、認識し、創造する基礎的な能力を形成する」という法学教育の目的はもはや存在の危機にある、というわけである。一九九七年には、著名な法律家六一名が「大学法学教育の革新が緊急に必要である」というアピールを発表した。そこには主要大学の教授と並んで連邦憲法裁判所長官、連邦裁判所長官など主立った裁判官、また弁護士も名を連ねている。

法学教育改革案についてここでは述べないが、ドイツの有力法学部のある教授が「大学改革」と「法学教育改革」を結合させて論じるべきであるという前提で提案している改革案は、日本の文脈を考える上で「示唆的」である。ここで大学改革とのからみがでてくるのであるが、ドイツでは一九九八年八月に連邦大学基本法の大改正を行った。大学に関する事項は州の権限に属するが、連邦が共通の枠組を定めることが憲法によって認められており、それに基づいて連邦大学基本法が一九七六年に制定された。九八年改正の主旨は大学に「大学評価」と「評価に基づく財政措置の原則」を導入し、また、研究に偏した従来のあり方を教育重視に切り替える、というものであり、日本の大学改革の議論とほぼ同様である。

件の教授は、今後大学が「より大きな自由と責任」を担い、「経済と社会の多様なニーズ」に柔軟に応答するものとなるべきであることを前提として、法曹の養成は多様なコースで大学（法学部）が責任をもって行うべきことを主張する。

具体的には、司法試験は国家試験としてではなく、大学の試験として実施すること（これによって補習学校へのニーズはなくなる）、大学基本法の改正で認められた bachelor と master のコースを法学部にも導入し、三年修了の bachelor と五年修了の master of law を養成すること、そして大学法学部の設立・維持については大学が共同で運営する認定委員会（アクレディテーション・コミッティ。国家とユーザー側の代表も委員として参加する）が評価・認定権をもつこと、である。この案は、各州司法大臣会議の法学部五年制・修習制度廃止案と平仄をあわせており（五年修了の master of law が従来の法曹資格をもつ）、司法大臣会議案の実現による財政の節約分を大学法学部の再編に投じるべきことを要求している。この改革案は、日本の国立大学の独立法人化とロースクールの関連づけの論理を思いつかせる。改革をめぐる議論の筋道は、このようにして入り組んでおり、一筋縄ではいかない。

### (3)　主体的課題

表題に関わる論点はなお多様であり意を尽くさないが、紙数もつきたので、蛇足をのべて終わろう。改革は、理念が必要であり、また同時に実際的であることが求められる。そして改革は、現状の困難を解決しようとする現場の認識と努力を基礎にしなければ成功しない。二年と期限をきって議論することは、議論をまとめる一つの方法論ではあるが、問題の真の解決のために適合的であるかどうかとは別である。これを実行しなければ日本の司法がもはや再生産不可能である、というレベルから（不可避的改革）、中期的展望にたって必要な改革（予防的改革）のレベル、そして日本の司法機構の根本的改革のレベルまで、司法改革の課題は複層的であると思われる。

また国民的議論を進めるためには、できるだけ客観的なデータや議論が多く準備され、提供されることが必要であることを痛感する。さらに表題のように問題を立てればなお一層のこと、弁護士と大学の法学教師の連携が――「島田提案」の内容はこの必要性を如実に示しており、今後の法曹養成のシステム設計における制度的連携を含んで――きわめて重要であろう。

『法と民主主義』二〇〇〇年一月号に掲載

## 2　法曹養成と法学教育の行方

二〇〇〇年五月

### (1)　司法改革と大学改革

二つの「改革」を「と」で結んで関連づける理由は、まず「大状況」に関わる。

その定義・内容をどのように理解するかに争いがあるとしても、世紀転換期における経済（資本主義）のグローバリゼーションが世界の諸国家に規定的な影響を及ぼしていることはいうまでもない。グローバル化は、各国の市場に対する国家的規制を最小にし、国際的に開放すること（規制緩和）への圧力をもたらしている。規制緩和は、直接的には経済システムに向けられるが、経済システムの変化は、それと関連する、その他の社会システムの変化を当然に促すものである。いずれも「自治」的制度の性格を持ち、経済システムから遠いところにあるように見える「司法と大学」も、いまや規制緩和的改革の射程に入ってきたのである。

そのキーワードはやはり「競争」である。すなわち曰く、国家的規制から解放されて、より競争原理が支配する市場においては、市場当事者の紛争は「行政的介入」や「調整・互譲」による解決ではなく、司法（裁判）による合理的な法的解決を求めるものになるので、司法（弁護士・裁判所）の容量を拡大し、専門的質をたかめ、競争的市場に対応する司法制度を構築する必要がある。また、（国立）大学は、従来文部省の指導と監督の下で、「護送船団方式」の横ならび的保護を受けてきたが、経済界への人材の供給および科学技術の開発・産業へのその移転を一層すすめるためには、「大学間の競争」を推進し、その「個性」を発揮させて活性化し、大学のために投入される限られた公的資金の有効活用を図る必要がある（当面は国立大学の競争による活性化であるが、それが公立・私立大学を含めた日本の大学全体に影響をもたらすことはいうまでもない）。

もう一つは「小状況」に関わる。司法制度の改革は、現在よりも相当多くの数の法曹（弁護士・裁判官・検察官）を作り出す方向に進んでいる。一九九九年七月に法律に基づいて設置された司法制度改革審議会は二年の間に司法制度改革案を準備することとされ、現在審議中であるが、「法曹の大幅増員」が審議会において異論のない課題となりつつある。法曹の大幅増員は、これまでの法曹養成システムのあり方を再検討することにつながり、そこで浮上しているのがいわゆる「ロースクール構想」である。

カタカナで示されていることから判るように、ロースクールとはアメリカの法曹養成大学のことである。日本のこれまでの法曹養成は、世界一？難しい「司法試験」による選抜とその後の司法研修所における実務研修によって行なわれている。日本の大学には九三の「法学部」があるが、司法試験を受験するためには「法学士」である必要がないので、法学部での法学教育は制度的にみると法曹養成制度の本質的構成部分ではない。

こうして、法学部での法学教育は、法曹養成に関していかなる意味でも制度的な「特権」をもたず、司法試験準備を営業目的とする「司法試験予備校」と実質的に競争関係に立たされて実際のところ予備校に太刀打ちできない状況に追い込まれているのである。これも一つの重要な理由であるが、大学に法曹養成機能を制度的に取り戻し、質の高い法曹を作り出すべきであるという議論をともなって、ロースクール構想は主張されている。そして現在、有力大学法学部はロースクール構想を「競って」発表し、大学間競争の観をすでに呈している。ここでは、法曹養成における法学教育の位置づけ問題として、司法改革と大学改革の具体的な関連が見られる。

### (2)　ロースクール構想

アメリカ合衆国には一八一校のロースクールがあり（一九九八年度現在）、各州で実施される司法試験は、多くの場合ロースクールの卒業を受験の資格要件としている。ロースクールへの入学のためには四年制大学を卒業していなければならない。また、ロースクールを卒業し、司法試験に合格した後に、日本の司法研修所のような実務研修の機関は存在しない。これらを日本の制度と対比すれば、ロースクールは大学院に該ることになる。そこで実務研修も含んだ法曹養成教育を行う大学院を新設し、同大学院卒業者だけに司法試験の受験を認めるというのが、日本版ロースクールの構想である。これによって「大学（学部ではなく大学院ではあるが）における法学教育の修了」を法曹養成の必須の課程とすることができる。

ロースクール構想のもともとの震源は、法曹人口の増大のために司法試験合格者を大幅に増員しようとする場合、司法研修所での実務教育のキャパシティがネックになるという考慮にあった。司法試験合格者は、「法曹三者」（日本弁護士連合会＝日弁連、最高裁判所および法務省の三者をこう呼ぶ）がその増員を合意して、それまでの毎年五〇〇人強から一九九五年以降、毎年七五〇人弱に、九八年には八〇〇人強、九九年にはちょうど一、〇〇〇人に増員されてきた。一、〇〇〇人への増員にあたっては、司法研修所のキャパシティの限界を考慮し、修習期間を従来の二年から一年半に短縮するという措置が行われた。

それゆえ、これをさらに大幅にこえる合格者増員の場合には司法研修所を大増設し、修習のための財政措置を拡大しなければならず、これに対してロースクール型法曹養成への移行がオルタナティブとして考えられたのである。こうすれば法曹養成の対象は「給与を払って研修をさせる修習生」から「授業料を徴収できるロースクール学生」へシフトできる。日本と同様に司法修習制度（二年間）を維持しているドイツでも、財政上の理由から修習制度を廃止し、大学法学部の履修期限を延長し（三年半から五年へ）、実務教育をそこに組み込むという改革案が各州の司法大臣会議によって打ち出されており、この発想はまさに日本版ロースクール構想と軌を一にする。

もう一つの震源は、一九九八年の大学審議会答申が高度専門職業人養成のための「専門大学院」（修士課程）の設置を提案し、その具体例として「ロースクール」に言及したことである。一九九九年九月には大学院設置基準の改正が行なわれて専門大学院の設置が可能となり、これらが各大学のロースクール（法科大学院）構想を煽ることになった。一九九九年九月の東大法学部案の発表を皮切りに、これまですでに国立・私立大学あわせて十数大学がそれぞれの案を公表している。

各大学の法科大学院の設置構想は様々に語られているが、①既存の法学部の存置、②大学院修士課程（二―三年）としての法科大学院の新設、③大学院カリキュラムに法曹養成に特化した内容を盛り込むこと、それゆえ教育方法を工夫し、理論的教育と並んで実務法曹による教育を行なうこと、④大学院修了者にのみ司法試験受験資格を与えること、⑤司法試験は、その七―八割程度が合格する試験とすること、⑥法科大学院は司法研修所の実務教育を肩代わりするものではなく実務研修制度を残すこと、などが共通の輪郭である。

各大学の構想とならんでいくつかの単位弁護士会も案を提示している。また、日弁連でもロースクール構想について検討が行なわれているが、賛否が分かれてなおまとまっていない。弁護士サイドからのロースクール構想は、いわゆる「法曹一元制度」と結びつくものとして論じられている。

現在の日本の裁判官は、ごく少数の弁護士からの任官を除けば、司法修習が終わってすぐに裁判官として任官する者ばかりである。このような官僚裁判官に代えて、当事者経験を踏まえ、市民性をもち、十分な実務経験を経た弁護士からすべての裁判官を選任するというのが法曹一元の制度である。日弁連は、最高裁判所の統制下にある官僚司法制度を改革するために、この制度の採用が司法改革の核心であることを強調している。

法曹一元制度は、ロースクールと同じようにアメリカの制度であり、かつ、イギリス起源のものである。どんな法律家もロースクールを卒業し、司法試験を合格し弁護士となり、そこから裁判官が選ばれる、という法曹一元の考え方に立つ弁護士会の案は、大学案と比べて、ロースクールの運営（教育）における弁護士会の主導性を強調すること、および現在の司法研修所教育を官僚法曹養成に偏したものとして否定し、それに代えて弁護士会が主導する弁護士研修を予定するところなどにその特徴がある。弁護士サイドからは、大学側の案が法曹養成機能の大学側への取り戻しだけに関心を示し、法曹一元の実現という司法改革の課題との関連に関心が薄いという批判が生じている。

### (3)　法学（法学部）教育と法曹養成の関係

日本の九三の法学部には毎年五万人近くの学生が入学し、また、卒業している。毎年一回の司法試験の受験者は二万五、〇〇〇人を超えるが、司法試験合格者は一九九九年度で一、〇〇〇人である。司法改革の「本命」である法曹人口増員について、司法試験合格者の数を今後毎年一、五〇〇―二、〇〇〇人程度までに増員するという見通しが語られることが多い。もちろん、今後の日本社会にとって必要な法曹人口の量が科学的に算定できるとは誰もいわない（いえない）。

それゆえ、増員の幅は、現状に照らして腰だめの数として出されているにすぎないが、それでも一人歩きしており、この「想定合格者数」を前提に合格率を七−八割程度としてロースクールの「定員数」が算出され、おおよそ三、〇〇〇人程度ではないかと見積もられている。とすれば、各ロースクールの定員を二〇〇名として一五校が設置されるのか、とさらに憶測が行なわれる。これらを背景にしながらロースクール（法科大学院）の具体的な構想が論じられているのであるが、原理的な問題をはらんでおり、若干の論点を拾ってみよう。

第一に、現在の法学部の学生は司法試験に「制度的には等距離」の地位にある。司法試験受験の前提として法科大学院の修了が求められることになれば、この等距離原則は（維持するとすれば）法科大学院入学への制度的等距離でなければならない。ところで、大学案の多くは、「自らの大学法学部」から「自らの法科大学院」への進学を想定した制度を考案している。

たとえば、法学部に三・四年次から「法曹養成コース」を設置し、法科大学院進学コースとする。この場合でも、自らの大学の他学部の学生や他大学の法学部学生、またその他社会人などの法科大学院受験を認めるという道が示されているが、法科大学院をもった大学の法学部の法曹養成コースの学生と、法科大学院をもたない法学部の学生とは、従来の意味での等距離にあるとはもはやいえない。いいかえれば、法科大学院をもった大学の法学部は、そうでない法学部に対して法曹養成システムのなかで、「選ばれた地位」を持つことになる。

第二に、法学部と法科大学院の関係には、法科大学院への入学資格（受験資格）に法学部での履修を求めるかどうかという問題がある。大学案は（弁護士サイドの案も）この点では共通にこれを否定し、法科大学院の門戸を法学を履修しない者にも開放する。ここには多様な人材を法曹の道に、という考慮があり、また第一にのべた「等距離」問題への配慮もある。もともとのアメリカのロースクールは、法学部の存在を前提にしていない。いずれにせよ、法科大学院という形で大学のなかに法曹養成機能が制度的に取り戻されることによって、一方で法学部の一部は制度的にそれにつながるが、他方でそれ以外の法学部の教育目標がいかなるものであるかはより明確に問われざるをえなくなる。

第三に、教育スタッフの確保と養成をどうするかは深刻な問題となる。現在、大学院法学研究科は全国で国公私立あわせて七一、一九九八年度の修士課程入学者数は一、七六四名である。これからみると、入学定員三、〇〇〇名の法科大学院を設立することは施設の面からも、人的にもいずれにしても大事業である。とりわけ、法科大学院のカリキュラムは、少人数教育を中心とし、実務教育を含むので質量ともに新たな教育スタッフを確保しなければならない。既存の大学院法学研究科の教育は学部教育との兼担で行われているのが普通であるが、法曹養成に特化する法科大学院には大量の専任スタッフが必要である。

ドイツの大学法学部は法曹養成の第一次機関であるが、ここで法曹養成教育における教師数と学生数の比率が問題とされている。これを検討するある論文によると、ドイツの法学部は一対五〇、これに対してアメリカ（ロースクール）は一対一〇、イギリスは一対一七の現状にあるとされている。イギリスでは、弁護士団体が職能団体として大学での法曹養成教育のアクレディテーションを行うが、基準としてのこの比率は一対一二・五とされているという。仮にアメリカ並みに考えれば、三、〇〇〇人に対しては三〇〇人のロースクール教師が必要になる。課程を二年とすれば倍の六〇〇人である。弁護士サイドでは、弁護士が主動的に大学に協力して教育スタッフとなることが提案されているが、弁護士経験がただちにロースクールで実務教育を行う能力を意味するものでもないし、また、大学教員と弁護士の所得の格差がこうした提案の実現を困難にするのではないかと危惧される。

第四に、ロースクールの設立認可に際して定員数の総枠規制（三、〇〇〇人）をどのように考えるかである（認可は文部省と法曹三者共管事項という考え方が多数である）。教育を受ける自由および職業選択の自由を根拠にすれば、能力認定は当然としても、定員規制は原理的に問題をはらむものである。周知のように、ドイツやフランスの大学に原則として定員制がないのは、上記の自由を論拠にする。もともと日本の司法試験は、資格試験であるという建前ながら、実際には定員規制があるかのように合格者数が規制されてきた。ロースクールの総定員を論じる発想もこれにつながる面があるが、新たな理由づけは、司法試験のみで数を規制するやり方は試験偏重の弊害を生んでいるので、「プロセスとしての法曹養成」に切り替えて法科大学院での教育を中心にし、司法試験を教育の成果を確認するものにする、そのために教育の対象である法科大学院の学生数を規制するというものである。

### (4)　改革の方向

ロースクール構想は、大学改革と司法改革の接点をなすものであり、それゆえロースクールという制度にのみ視野を限定してその構想を論じるのでは不十分であり、適切ではない。個別の大学がその構想を競うに際しても全体像へのパースペクティブをもって議論すればより生産的であると思われる。

第一に、法曹養成機能を大学教育にインテグレートする場合には、司法制度全体のあり方、とくに法曹一元制との関連を十分に検討することが必要である。これに関して、法科大学院を独立大学院として構成し、既存法学部との縦割り的結合ではなく、個別大学をこえた法学者・法実務家の横の連携・協力関係を新たに作り出すことが考えられてよい。

第二に、これまで法学部教育が日本社会において果たしてきた役割、および今後果たすべき役割について考察が行われ、その課題が整理される必要がある。日本型法学部教育の意義と成果が検討されるべきである。

第三に、高度専門職業人を養成するという大学の新たな仕事が、研究と教育の統一体としての大学の理解とどのように関わり合うのかも基本的な問題である。少なくない実務家が大学で教育することの意味を大学の理念からきちんと問い直し、位置づけ、法学研究と法学教育の関係をあらためて検討しなければならない。「法曹養成教育」の開発とそれを担う人材の養成も求められる。大学はどこまで直接に社会の専門的・実務的ニーズに応える人材養成をするのか。法曹の実務研修がロースクール後にも必要かどうかは、実は原理的な問題である。

第四に、ロースクールの容量の問題は、社会が求める良質の法曹をより多く養成するという課題に照らして吟味されるものであるが、アクレディテーションについては厳格な基準による準則主義的運用が考えられるべきであろう。

二つの改革の接点としてのロースクール構想は、実現しようとすれば大きな投資（国家資金の投入）と相当の時間を要するものである。改革の先を急ぐのではなく、改革の真の普遍的な課題を明確にし、それを実現する粘り強さが求められる。

『学術の動向』二〇〇〇年五月号の特集「司法改革の課題と展望」に掲載

# 3　法学教育の位置と法曹養成

二〇〇〇年八月

## (1)　はじめに

司法制度改革の重要な柱として法科大学院（ロースクール）の設立の是非が喧しく論じられている。多数の法学部は、競うように（あるいは競わされて）すでにそれぞれの「ロースクール構想」を発表し事態の展開に対処しようとしている。いわゆる法曹（弁護士・裁判官・検察官）の養成に直接に結びつくロースクール設立の問題が日本の司法制度の将来にとって決定的に重要な鍵をなすものであることは、論をまたない。

しかし、司法制度改革の目指す大きな課題が日本社会の秩序形成において法の果たす役割をより本質的なもの、より適切なものにするというところに置かれているとすれば、日本社会の法的リテラシーの充実のために戦後日本の大学法学部が果たしてきた役割をどのように評価し、今後どのように発展させていくか（再編するか）という問題は、同様に重要な問題として議論されなければならない。現在の大学法学部学生総数は二〇万人を超える。司法試験の合格者数は、一九九九年度で一、〇〇〇人、「改革」の後に大幅な増員が見込まれるとしても、法学部学生の圧倒的多数は、「法曹」と直接に関わらない職業的進路を選択するのである。

### (2) 法学教育の位置

「法学教育」とは、体系的なカリキュラムをともない、社会的なリーガルプロフェッションとも関連をもちうる大学法学部における教育としてさしあたり考えることにする。その意味で法学教育は「法学士」の養成教育ということになる。もちろん、非法学部における憲法教育、法学概論的教育、また市民講座におけるものなど、広い意味での法学教育がありうるのは当然である。

「法学士」の社会的プレゼンス、制度的意義については、戦前・戦後で異なり、また、比較法的にみて戦後の日本型法学士の存在形態が注目される。戦前について一言で言えば、帝国大学（官学）と私学の、行政官と司法官の、そして司法官（裁判官・検察官）と弁護士の間に制度上、また社会的プレステージの差別的位階構造があり、法学士はそのなかにはめこまれていた（大久保泰甫「日本の法学部教育の歴史から見た法科大学院構想」法律時報二〇〇〇年一月号参照）。

戦後はこのような差別的位階構造が取り払われて、「戦後日本型法学士」が生まれる。すなわち、新制大学下での法学部は、リベラルアーツとしての教養教育に対して専門教育を行うが、その専門教育は司法試験制度の徹底した開放性と平等性（だれでも、いつでも、何回でもうけられる国家試験としての司法試験）と併存することになるので、法学士教育は「リベラルアーツそれ自体でもなく、職業資格の前提となる専門的知識と能力の形成を制度的目標とするものでもない、専門教育」という比較制度的にはユニークなものになったのである。

戦後日本型法学士教育の積極的な意義の検証は、それ自体として議論されるべきであるが、さしあたり次のようにいうことができよう。官僚や法律家養成に直接向けられた戦前型教育に対して、戦後法学士教育は、解釈学に偏した法律学を批判する社会科学的法律学の普及の下で、リーガルマインドをもった市民の形成という目標とともに、幅の広いカリキュラムを準備し、基本的法知識を習得させながら、極端なリーガリズム、あるいは逆に法ニヒリズムに陥らずに公平を正義とする法思考を身につける教育を進めたということである。つまり、戦後日本型法学士は、法律専門家の道をえらばなくとも、日本社会の法的リテラシーを高める役割を果たしたのであり、このことはアメリカにおいて法律専門家と非専門家の一般市民との間の法的リテラシーの隔絶が言われることと対比されてよいと思われる。

しかし他方で、こうした方向での法学教育は、法曹準備教育、具体的には司法試験準備教育から遠ざかることになる。一九七〇年代前半までは、それでも大学法学部の教育が司法試験準備に意味をもっていたのが、近年では例外なくダブルスクール現象が見られることになった。戦後型法学士教育を担当する法学教師は、戦後の新しい法学士教育を経由して再生産されるので、試験準備教育からの疎遠化にはアクセルがかかることになる。司法試験予備校の隆盛の背景には、少子化ともあいまって、全体として子ども当たりの国民の教育費用負担能力が大きくなっていることもあるのではないかと思われる。

法学士教育は、このように法曹養成のための専門教育の面で、内容的な困難に直面していると同時に、大学進学者の減少のなかで最初にその波にあらわれる領域であることが明確になりつつある。大手予備校の河合塾が六月に発表した入試資料によると、ほぼ受験者全員が合格するFランクの（つまり定員割れの可能性がある）学部・学科として私学法学系二四・九％という数字が示されている（ちなみに医学歯学系はゼロ％である。日本経済新聞二〇〇〇年六月一〇日付）。法学士教育は、いま、法曹養成制度と自らをどのように関係づけるか、また同時に大学進学者の減少のなかでどう対応するかという問題に直面している。

### (3) 法学教育と法曹養成教育の関係

法学士教育と法曹養成制度の関係について、日本のタイプは周知のように「制度的に非連結」であり、また、実情においても「実質的に疎遠化している」。ところで、「制度的に連結」しているドイツでも、法学部教育と法曹養成の実質的な乖離が問題となっているので、それについても紹介してみよう。

#### (i) 日本の実情

日本の「制度的非連結・実質的疎遠化型」の内容について多くを述べる必要はないが、たとえば名古屋弁護士会が弁護士経験一〇年以内の会員に行ったアンケートによると、回答者の過半数が自分の経験に基づいて大学の講義よりも予備校の講義を高く評価しているという結果が示されている（森山文昭「法科大学院（ロースクール）構想の隘路」自由と正義二〇〇〇年七月号参照）。このような法学士教育の状況は、伝統的な法学部でも変わらないと言われている。大学教育全体について、大学教師が研究に偏重することなく、教育に一層力を注ぐべきことが大学審議会の答申などによっても要求されているが、法学士教育の場合は、教育目標の問題がそこに加重されることになる。

法学教師の研究と教育の活動のバランスがどのように大学の外で受けとめられているかに関して、印象的な出来事があった。五月に開催された日本法社会学会の法曹養成制度をめぐるシンポジウムで、裁判官出身の大沼容之弁護士が「ロースクールには学問の自由は必要でない。むしろそれは有害」という趣旨の報告を行い、論戦になった。アメリカのロースクールでは、教授の終身在職権（テニュア）と学問の自由が批判的な法曹養成教育を行うためにもっとも重要なものと考えられており（ミルシュタイン「アメリカ法律家協会とアメリカ・ロー・スクール協会」法律時報二〇〇〇年七月号)、また、現在の司法研修所教育に向けられる最も本質的な批判が「実務の現状に追随するだけで、創造的な法実務形成のための教育を行っていない」ところにあるのだから(今回の「騒ぎ」以前からの日本における本来的なロースクール設立提案は司法研修所教育批判から生まれたものである)、上記の趣旨は理解しがたいものである。しかし、このような報告の裏に潜んでいたのは、いまの法学教師が自分の好きな研究を種にして好きなことを教育しており、その延長線のままでは法曹養成のための教育などできっこない、という実務家の率直な気持ちだったように思われる。

法律家になろうとする学生にとって、大学の法学教育は頼りにならず、予備校では合格のためのテクニックをたたき込まれるが法的なものの考え方や応用能力を身につけることもできず、一発勝負の司法試験に合格して司法研修所でうける教育もきわめて実務的、それも最近二年から一年半に期間が短縮された、というわけであり、日本の法曹の養成がうまくいっているとはだれもいえない。とはいえ改革の方向が現在提案されているようなロースクールだけかどうかはなお議論の余地が大きい(清水誠「『ロースクール』案に反対する」法律時報二〇〇〇年七月号参照)。

### (ii)　ドイツの実情

ドイツの状況を覗いてみると、ここで問題を生み出している最大の要因は数の増大である。ドイツは制度的連結型であり、大学の法学教育および司法修習の二段階で養成が行われ、それぞれの修了時に第一次、第二次司法試験が実施される。最近の数字によると、法学部の入学者数二万人、学生総数一一万人、第一次司法試験合格者一万三、〇〇〇人、第二次司法試験合格者一万五〇〇人、こうして結果として毎年四、〇〇〇―五、〇〇〇人の弁護士増があり、現在一〇万人に近い弁護士がいる。

この連結型の制度のなかで、ここでもやはり法学部教育が、司法試験準備から実質的に乖離するという状況が生まれている。その理由は端的に言えば、学生数の増加と研究中心の教授のあり方を原因として、法学部が十分な教育を行えないでいることであり、その結果として司法試験予備校（Repititorium）の隆盛を見ている。学生と教師の比率は、多くの大学法学部で五〇対一を遥かに超える。司法試験予備校には全国的な規模のものもあり、予備校教師はいまや法曹資格をもった若手の目指す魅力的なポストの一つですらあると言われている。

したがって、ドイツでも改革の提案が様々に行われている。国家のスリム化を狙う行政改革の筋からは、財政的考慮、とくに修習生への給与支払いの削減を意図して修習制度の廃止が提案されている。これによれば、大学での履修期間を長くし、実務教育をそこに統合し、司法試験を法学教育修了時に一回で済ませて、その後は裁判官、検察官、弁護士、行政官とそれぞれのコースでＯＪＴで訓練しようというものである。政府サイドからのこの提案の成否はなお不明である（JURA, 1/1999, S. 21-26）。

大学法学部教育のあり方に関しては、たとえば一九九七年の法律家六一名（連邦憲法裁判所長官・連邦裁判所長官を含む著名な裁判官および大学教授等）の緊急アピール「大学における法律家養成の改革は緊急を要する」が次のようなことを表明している。すなわち、理論教育と実務教育の二段階制を維持するかどうかは別として、①法学部で教育する内容を重要なものに絞り込み、カリキュラムに余裕をもたせること、②中間試験を厳格に実施し（基本課程と本課程を分けて中間に試験する）、自己の適性について学生に早期に判断させること、③教育のプロセスにそった評価を重視し、また「教育した者のみが教育された者に対して試験する」という原則に従い、第一次司法試験は「大学試験」にすること、「国家試験」としておく場合でも試験内容に大学教師が責任をもつようにすること。

このアピールを基礎に「大学での法曹養成教育の改革モデル」が発表されたが、そこに示された法学教育の目標は「法学的知識の習得、応用能力および法律的判断能力を形成する」ことであり、また「法学教育では特定の法律的専門職に限定する専門化は行われない」とされている（NJW, 44/1997, S. 2935–2937：NJW, 38/1998, S. 2797–2801）。法学部改革案としては、法律実務家を目指した教育を行うコースと従来のように学問的法学教育を行うコースに分けるという案、また、法曹養成と結びつけずに法学部教育を完結させるドイツ版法学士（Diplom-Rechtler）の資格を作るという案もでている。

弁護士会側の議論を見ると、養成される法律家の八割が弁護士になるという現状にもかかわらず、現行の養成制度が大学においても修習においても、弁護士業務に向けての教育を決定的に欠いており、裁判官オリエンテッド、また法廷オリエンテッドな教育から弁護士オリエンテッドな教育に改革すべきであるというのが主張の中心である。そこからまた、ドイツに伝統的な統一法曹養成（統一的な修習制度を経て全ての法律家が裁判官資格を取得する）を廃止して、司法試験第一次試験終了後、弁護士会の下で弁護士研修を実施し、最終の修了試験も弁護士会が責任を持ち、そのための機関として「弁護士アカデミー」を創設する、という改革案が示されている（Anwaltsblatt, 5/1998, S. 223–231）。

以上のようにドイツの議論から見て取れるのは、制度的に完全連結型から不完全連結型への動きであり、また、法曹養成における弁護士養成教育の重要性の増大である。日本の場合とは方向が逆であるが、非連結型の法学士と連結型のロースクールを併存させるという状況において両者は収斂する可能性がある。いわゆる「法曹一元」への志向は、ドイツの弁護士の議論にはみられない。

### (4) 法科大学院構想の脆弱性

それでは日本で直面している問題をどう考えるか。法科大学院構想について当初は、その設立が一部の有力法学部にだけ認められて、現在九三ある法学部の選別が進められるのではないかという危惧が大きかった。制度的に法科大学院は、学部から、あるいは大学からも離れた独立大学院として設立することができるし、また、いくつかの法学部、ないし大学が協力して法科大学院を設立することも可能である。しかし、多くの大学法学部のロースクール案は、その法学部の上にロースクールを設置することを当然視し、他学部および他大学からのロースクール進学を認めるけれども、自らの法学部にロースクール進学コースを設けて法学部——ロースクールの連続的な法曹養成教育を可能にすることを構想している。こうした「縦割り的ロースクール」案は、それぞれの法学部の生き残りを賭けたもののように受けとめられ、上のような危惧を増しこそすれ、減らすものではなかった。

自民党の司法制度調査会が五月一八日にまとめた司法制度改革についての報告書『二一世紀の司法の確かな一歩』は法律家の数を「一定期間内にフランスなみにするといった目標設定が望ましい」とのべ、それを論評した日本経済新聞は「早ければ一〇年後に法曹九万人体制を作る」という同調査会の意向を伝えた（二〇〇〇年五月一三日付）。司法制度改革審議会で中坊公平委員は四月一一日の第一六回委員会ですでに「（弁護士を）フランスなみにするとしても、五、六万人が要る」と述べていた。もちろん帰趨は不明だが、「改革」後の司法試験の毎年の合格者数をこれらの数字から勘案して推測すれば（一〇年でフランスなみにする）、三、〇〇〇—七、〇〇〇人が必要であり、仮にロースクール修了者にのみ司法試験受験資格を与え、また、合格率を医師国家試験なみに七—八割程度にするとすれば、年間のロースクール学生は少なくとも四、〇〇〇―九、〇〇〇人は必要である。

このためには相当数のロースクールを設置しなければならない。文部省がどの範囲で法科大学院の設置を認めるかという疑心暗鬼があるが、国立大学の法人化にあわせて現行の大学院・学部の設置認可制度を自由化すべしと議論される状況であり、私立大学も含めて、法科大学院設置について文部省が厳格に規制することは考えにくい。司法試験の管轄は法務省であり、ロースクール学生が増え、受験者数が増えても、法務省は合格者数で絞りをかけることが常に可能である。文部省がロースクールの学生定員に深刻に気をつかうインセンティブは存在しないし、また大学間の選別の意図をもったとしても実行は難しいと思われる。

以上のことは、ロースクールの実現可能性を増すもののように見える。しかし、実際にこれだけ多くのロースクール学生を教育する教師を確保することは、ほとんど不可能である。学生一〇人に対して教師一人という専門大学院の要件を前提にすれば、ロースクールの課程を三年として、一、二〇〇―二、七〇〇人の専任教師が新たに必要である。実務法律家もこれに参加することが想定されているが、実務家であるという理由だけでロースクールのスタッフになれるわけではなく、詳論できないがこれはこれで検討すべき問題がある。

また、ロースクールのための物的施設の確保・整備には相当の資金が必要である。国家予算がロースクール設置のためにふんだんに投入されることは考えにくい。国立大学については各大学の責任で、つまり大学内部の予算・人員のリストラによってことを進めるべし、ということになる可能性が大きい。私立大学でも競争力のあるロースクールを作ろうとすれば、財政問題が深刻になり、状況は相似的であろう。このように考えると、現状の議論の方向で法曹養成制度を転換させるようなロースクールの設立は、短期的には実際的に困難であり、いずれにしても既存の法学部・法学系大学院の全体のあり方の再検討まで視野に収めなければば先に進むものではない。

## (5) 法学士教育の今後

筆者はこのテーマについて語る資格に乏しい者であり、一般論を述べうるにすぎない。法学士教育は、上でふれたように戦後の日本社会のリーガルリテラシーの豊富化に一定の役割を果たしてきたのであり、また、制度的連結を欠くとはいえ、法曹への人材養成に基本において貢献してきたと考えられる。これを踏まえつつ、すでに意識されていることであるが、法学士教育において、広く社会のリーガル・プロフェッションに目を向けた専門職オリエンテッドな教育を行うことは今後の重要な課題であろう。法曹の隣接業種（司法書士・弁理士・税理士・行政書士・社会保険労務士、現在の総計一四万四、〇〇〇人）を弁護士業務との関係および法曹養成制度との関係でどのように位置づけるかは、司法制度改革審議会でも争点の一つとなっている。

法学士教育は、法曹を含んだ広範なリーガル・プロフェッション（上記隣接業種に限られない）を将来的に担う人材を社会に送り出すための高等教育として位置づけられる。同時に、法学士教育はリーガル・マインドをもった市民、日本社会の民主主義を担う法的素養をもった市民を養成するものであり、法学士教育のカリキュラムは、こうした二重の課題を追求することになるであろう。法曹養成制度に直接に連結するロースクールの設置は、こうした法学士教育のサイドから捉えなおして構想されることが求められる。

法学士教育を成功させるためには、法学教師の役割が十分なものでなければならない。法学教師の教育への取り組みには、これまで以上に学生の職業的将来への配慮を必要とするであろう。しかし、法学士教育は、職業教育それ自体ではなく、日本社会に対する批判的、創造的な判断能力を養うべきものであり、法学教師の学問の自由に基づく創造的な研究活動を媒介にしてはじめてよくなしうるものである。他方で法学教師は、法学教育のあり方を再検討するなかで、自己のプロフェッションの理念と制度について（資格や評価システムの問題）改めて検討することが必要であろう。

『法律時報』二〇〇〇年八月号の特集「大学改革・司法改革の原点から(1)」に掲載。日本学術会議第二部によるシンポジウム「法学・政治学教育改革と法曹養成」（二〇〇〇年七月一日・専修大学にて開催）における報告

# 4　法曹養成の公共性と法科大学院

二〇〇〇年一一月

## (1)　法科大学院構想の起点

司法制度改革審議会（以下審議会）は、一九九九年一二月の「司法制度改革に向けて―論点整理」（以下「論点整理」）において検討の項目を整理して「制度的基盤」と「人的基盤」に大別し、訴訟制度のあり方および、それを担う人材の養成と配置についてこれまで審議を進めてきた。後者について審議会は、二〇〇〇年四月二五日に「法曹養成制度の在り方に関する審議の状況と今後の審議の進め方について」を決定し、「大学学部教育・司法試験・司法修習などと連携を有する基幹的な高度専門教育機関（いわゆる法科大学院）の設置を検討する」方針を示した上で、文部省に対してこの検討を「大学関係者及び法曹三者の参画の下に適切な場を設けて」行うべきことを依頼した。

文部省はこれを受けて「法科大学院（仮称）構想に関する検討会議」（以下検討会議）を設置し、同検討会議は二〇〇〇年八月七日に「検討会議における議論の整理」（以下「議論の整理」）を公表した。検討会議はその後も急ピッチで検討を進め、九月末に審議会に報告を提出することが予定されている。審議会は、全体の審議について一一月中旬には「中間報告」を公表することとなっており、法科大学院の具体的構想がこのなかに盛り込まれる見通しである。

一九九九年九月二〇日に東京大学法学部が「シンポジウム・法曹養成と法学教育――法学部・法学大学院の果たすべき役割」を開催し、「ロースクール（法曹大学院）」の構想を提示した段階では、半信半疑であった大学関係者も多かったのではないであろうか（これ以前にすでに京都大学法学部が七月三日に、大阪大学法学部が七月五日にいずれも「法学教育と法曹養成」をテーマにしたシンポジウムを開催したが、「構想」が示されたわけではなかった）。しかしこれ以降、国立・私立を問わず各大学の構想が相次いで打ち出され、日弁連での議論が急進展し、一年も立たないうちに「法科大学院」が司法改革の目玉として前面に躍りでた感がある。

「法科大学院」構想は、法曹人口の大幅増員という「司法改革」の課題にこたえる法曹養成制度として位置づけられている。日本の法曹人口が先進国比較において相当に少ないこと、また、日本社会の秩序形成・紛争解決について、司法の役割、とりわけ訴訟的形態における役割が過少であることは、これまで日本社会の問題性として指摘されてきたものである。訴訟利用頻度の小ささが「制度」に原因するものであるか（人々の訴訟制度利用の意思を挫き、妨げるような制度的インフラの在りよう）、または「日本人」特有の訴訟回避型の「文化」（法意識・法観念）に原因するものであるのかは、戦後日本の法律学の未決着の争点である。「制度」と「文化」は、相互規定的であり、循環的関係をもちながら、ある時期における安定的構造を作り出すものではないかと考えるが、この安定的構造（上述の文脈では日本社会における司法の役割の低位性）を「改革」しようするならば、「制度」の変革から着手するほかはない。「文化」の変革はそれ自体をとりあげて行いうるものではないからである。

法曹人口の大幅増員は、「論点整理」において司法制度の「制度的基盤」および「人的基盤」の双方に関わるものとして位置づけられている。「制度的基盤」においては、第一に「国民が利用しやすい司法の実現」

が提示され、その第一の課題として「弁護士へのアクセスの拡充」（弁護士の大幅増員による地域的に均衡の取れた、特殊専門的ニーズを含む多様なニーズへの適切な対応）が打ち出されている。「人的基盤」としての法曹の大幅増員は、制度的基盤の改革に対応した法曹の質量ともに豊かな人材の確保として課題が示される。こうして、法曹人口の大幅増員――主要には弁護士増員――が司法改革の眼目となれば、現行の法曹養成制度がこれをまかないきれるかどうかは、当然に検討されるべきものとなる。

ここで周知のことであるが、日本の法曹養成制度の比較的特徴を確認すれば次のようになろう。第一に、大学法学部教育と法曹養成の制度的非連結性（大学法学部教育の履修修了が法曹資格取得の要件にならない）、第二に、司法試験の徹底した平等性・開放性（受験資格に学歴を問わない、受験回数を制限しない）、そして第三に、統一的法曹養成（法曹三者の養成を司法研修所において統一して行う）である。以上をまとめれば、日本の具体的な法曹養成は制度的に「誰でも、何時でも、何回でもうけられる」司法試験と一年半の司法研修所教育によって構成されている。そして付加すれば、こうした司法試験のための準備学習が、大学法学部教育よりも、司法試験予備校によってより「有効に」（受験生の主観的評価にしたがえば）行われて、大学法学部教育が法曹養成との関係を制度上のみならず、実質内容的にも喪失していることが指摘され、かつ、このことが司法試験合格者の法曹としての質の低下をもたらしていると評価されているのである。

これまでに比して大幅に増員する法曹養成を考えた場合、現行法曹養成制度についてのあれこれの難点をともかくとして、最初の問題は、現行制度の要をなす司法研修所による実務修習のキャパシティ問題であったと思われる。一九九九年度に司法試験合格者を七五〇人から一、〇〇〇人に増員するに際して、二年の修習期間が一年半に短縮されたことは、なによりもこうした推測を裏付けるものであった。

司法研修所による従来型の法曹養成が、キャパシティ問題（財政および実務研修の受入態勢の問題）をネックとして法曹人口の大幅増員の課題に対応できないとすれば、別途の法曹養成機関が創案されなければならない。比較制度的にみると、ここでは次の選択肢がありうる。一つは、大学におけるプロフェッション教育として法曹養成を行う方法である（アメリカ型）。もう一つは、法曹人口増の大部分が弁護士増であることも踏まえて、統一的法曹養成を廃止して、司法研修所による実務修習を裁判官（プラス検察官）の養成に限定し、弁護士養成を同業者養成として弁護士会に委ねる方法である（フランス型）（ちなみにドイツ型は、司法試験合格後二年間の統一司法修習を行うものであるが、修習生の急増に直面して運用が困難になり、修習制度を廃止し、大学法学部の履修期間を延長し、そこに実務教育を導入するという改革案が生じている）。

実際には、日弁連が法曹一元制を法曹人口の大幅増員とセットにして要求しており、そこでは統一的法曹養成が大前提であるから、後者の方法は受容される可能性がなかった。そして、逆に前者の方法は、少子化時代の大学の役割を模索する文部省にとって渡りに船のアイディアであり、一九九八年一〇月に公表された大学審議会答申（「二一世紀の大学像と今後の改革方策について――競争的環境の中で個性が輝く大学」）は高度職業人養成のための専門大学院の考え方を提案し、その事例として「ロースクール」に言及した。また、大学法学部にとって「ロースクール」構想は、初発において外から急き立てられる改革ではあったが、近代日本で初めて大学の法学教育のなかに法曹養成機能を位置づけて、予備校とのダブルスクール現象という不面目な事態を解消し、さらに司法改革に協力するという大義をもつものとなっている。

## (2)　法曹養成の公共性と法科大学院

法科大学院に選択肢が絞られたことの背景を以上のように理解するとして、ここで法科大学院の設計がどのような困難をもつか考えてみたい。まずなによりもの切実な問題は、法科大学院という新しい高度専門職業人（法曹）を養成する教育機関を設置し、運営するための人的、物的リソースがどのように確保されるのかということである。

審議会の八月初旬の議論によれば、二〇〇五年には法科大学院の修了生を中心に司法試験合格者を三、〇〇〇名にするという見通しが示されている（日本経済新聞二〇〇〇年八月九日付）。検討会議の「議論の整理」によれば法科大学院の履修期間は三年（「法学未修者」＝法学部教育履修なしの場合）または二年（「法学既修者」＝法学部教育履修ありの場合）とされ、法科大学院修了が原則として司法試験受験資格となり、司法試験そのものは、法科大学院における「プロセスとしての法曹養成」を重視し、大部分が合格するようなものとして想定されている。審議会の見通し通りに進行させようとすれば、二〇〇三年度には一学年定員四、〇〇〇名程度（合格率を七—八割程度として）を収容する法科大学院を設置しなければならない。四、〇〇〇名の定員を収容するためには、平均二〇〇名でも二〇校、一〇〇名なら四〇校の法科大学院が必要である。九州大学の和田仁孝氏は「早稲田とか立命とか大きな大学は別ですけれども、九州大学あたりでもおそらく五〇名から一〇〇名くらいが限度」といい、「大きな大学」の早稲田大学の近江幸治氏は「三〇〇人程度」と例示する（「座談会・どうなる法科大学院構想」『月刊司法改革臨時増刊・法科大学院の基本設計』二〇〇〇年八月、一六—一八頁）。

このようにみると、ロースクール構想の登場の当初には、ロースクール設置がごく少数の大学にだけ認められ、法学部間の選別が行なわれるのではないかという予想があったが、現在の状況はむしろ逆の相貌を示しつつあるのではないかと思われる。つまり、ロースクールの設置は、それぞれの大学が自己の可能なかぎりのリソースを調達して、司法改革の大義に協力すべきものである、というように。

専門大学院については、学生一〇人に対して専任教員が一人、また、実務家が教員の三割を占めることなどが要件とされているが、法科大学院の独自のカリキュラムを用意し、施設を準備し、実務家を含む相当数の専任教員を確保することは――二〇〇三年度発足ならば、二〇〇二年には大学院設置の審査を経なければならない――、法科大学院を立ち上げようとする各大学にとって極めて厳しい課題である。各大学法学部がこれまで通り法学部と大学院（研究者養成および専修コースなど）を維持しながら、新たな法科大学院を設置しようとすれば、弁護士などの実務家の参入があったとしても、全体として法学教員の数量が決定的に不足する。早稲田大学の近江氏によれば、早稲田大学法学部の現在の専任教員数は六五名、三〇〇名の法科大学院の設置で専任教員が六〇名必要であり（大学院履修期間二年で計算）「法学部が崩壊する危険」があるという。

こうした事情に鑑みて、法科大学院について専門大学院に予定される専任教員、実務家教員の要件を緩和することが大学側から主張され、検討会議の「議論の整理」もこの点を今後の検討課題としている。しかし、ここには、やはり矛盾があると考えるべきである。法科大学院を成功させるためには、充実したカリキュラムと豊富な教員組織を確保するという出発点を曖昧にするべきではない。全体としての法学教員が現在余力十分であるとは考えられず、現在の仕事に加えてさらに上積みの、しかもより高度の教育を負担するとすれば、法科大学院のみならず、法学部教育および研究者養成などの大学院教育にも、大きな歪みを与えることになろう。法科大学院の設置構想は、かりに支持されるとしても、少なくとも全体として教員組織の確保についての十分な見通しが立つように、段階的、漸次的な計画化を必要とするものと考える。

充実したカリキュラム（多様な少人数教育なども含んで）と豊富な教員組織を確保することは、取りもなおさず、法科大学院の教育に、現在の法学部教育に比して、相当に大きな財政コストをかけなければならないことを意味する。法科大学院を独立採算で運営するとすれば、その授業料は四〇〇万円になるという法政大学の試算が紹介されている（前掲座談会二〇頁）。プロフェッショナル・スクールの日本の例として医学部があるが、ある国立大学の数字で大雑把にみると、医学部学生の一人あたりコストは、法学部学生のおおよそ九倍である。プロフェッショナル・スクールとしての法科大学院がそこまで高価ではないとしても、このコスト問題は私立大学にとって死活的な問題であり、また、国立大学については、各大学内部の何らのリストラなしに法科大学院の設置が認められるのかどうかという問題になりうる。

このような「高価な」新たな教育組織を設立することについて、大学側は、公的な負担においてこれを行なうべきことを要求している。なぜなら、「法曹養成は、国家的な事業」（立命館大学上田寛氏）であり、「法曹養成は、公務員養成」（早稲田大学近江氏）であるからである（前掲座談会二〇頁）。検討会議の「議論の整理」も、「法科大学院の財政基盤の確立」の項目を起こして、「司法の人的基盤の整備の一翼を担うという公共的使命にかんがみれば、国公私立を問わず、適切な評価を踏まえつつ、公的資金による財政支援が不可欠である」と述べている。このような大学側の要求とその基礎づけは、司法改革の議論の文脈から法科大学院構想が登場してきた背景からすれば理解できるものであるが、果たして十分に説明可能なものであるだろうか。

大学が「国家的な事業」を引受け「公務員養成」を行うというのは、大学の使命としてふさわしい位置づけとは思われない。もし、そのようなものであれば、裁判所ないし法務省の下に法科大学校を設置し、そこで法曹養成を行えばよい。大学における法曹養成教育は、将来法曹という職業を選択する志望を持つ学生をその志望に応じて、法曹という職業の社会的使命にふさわしい能力と職業倫理を身に付けさせるべく教育するものであり、また、教える者の創造的な研究を基礎にした教育を通じて法実務に対して批判的創造的契機を与えることが期待され、そのような点において、司法研修所の実務教育と区別されるものがあると考えられる。大学における法曹養成教育は、比喩であっても、公務員養成という国家的事業を代行するものとして表現されるべきではない。

さらに言えば、法科大学院で養成する圧倒的多数は、弁護士になるものである。弁護士は「基本的人権を維持し、社会正義を実現する」という高い社会的使命を課せられており（弁護士法第一条）、その職務は公共的なものであるけれども、あくまでそれは私的なプロフェッションである。しかし、このプロフェッションは職務の高い公共性のゆえに、職務遂行について国家権力その他に対して社会的自治を保障されるものである。こうしたプロフェッションの養成をどのようなものとして位置づけるかは、それとして微妙な問題である。

ここでは中坊公平氏の展開する弁護士論に注意を払わなければならない。かれは周知のように法曹一元制の実現を強く主張し、その下での弁護士の在り方として「三つの責務」を指摘する。それは、第一に「公衆への奉仕」であり、市民の法へのアクセスを最大限確保するために弁護士が献身すべきことが指示される。第二に「公的職務への就任」であり、その内容の中心は法曹一元制の柱となる裁判官への就任である。そして第三に「後継者の養成」であり、法科大学院の教師となること、その他法曹養成のさまざまな局面で尽力すべきことが指示されている（司法制度審議会第一二回および第一三回（二〇〇〇年二月八日、二月二二日）議事録参照）。

この議論は、定式化の当否についてなお検討を要すべきものであるとしても、弁護士の職務の公共的性格をより具体的に基礎づけるものとなっている。大学における法曹養成の「公的性格」を論じる場合、法曹一元制をどのように展望するのかなど、法曹のあり方全体に関わる議論を避けて通ることはできない。大学側の制度設計にそれを持ち込むことは、事態を複雑にするので難しいが、そのような論点を素通りにしてサプライサイダーの立場にだけ固執しているように見られるとすれば問題であろう（浅見宣義「法科大学院教育への四つの要望」『月刊司法改革臨時増刊・法科大学院の基本設計』一四七ー一四九頁参照）。

司法にたずさわる職業（弁護士であれ、裁判官であれ、検察官であれ）を志す者を法曹としての高い能力と職業倫理を身につけるように教育することは、法曹によって提供される役務の質を高めることであり、国民にとって極めて重要なことである。大学における法曹養成教育に国民の税金が投じられることは、そこに根拠をもつ。また、大学の法曹養成教育が高価なものとなり、経済的弱者が参加できないことになれば教育を受ける権利と職業選択の自由の保障に欠けることになるから、公的資金を投じて教育を受ける者の自己負担を軽減することが必要である。大学側の公的資金投入の要求は以上のように基礎づけられる。とはいえ、このようにみると、法曹養成の公共性は、医師や教師を養成することと質的に決定的な差異があるわけのものではないと思われる。

## (3)　法学部と法科大学院

法科大学院の設計において深刻なもう一つの問題は、法学部教育との関係をどのように位置づけるかである。各大学のこれまで発表されている構想においてはいわゆる『継続型』および「分離型」に制度設計が二分されており、これを踏まえてであろうか、検討会議の「議論の整理」は、「法学部を、法的素養を備えた人材を社会の多様な分野に送りだす養成機能をもつ組織として存置するか、あるいは、その機能に加えて法科大学院の基礎部分を実施する機能を併有するものとして存置するかは、各大学の判断に委ねることになる」と述べている。

「継続型」および「分離型」が大学毎に選択可能であるという場合、念頭に置かれているのは、法学部をもつある大学が法科大学院を設置するときに、両者の関係づけをどうするかという問題である。審議会は、法科大学院の制度設計が「公平性、開放性、多様性」の理念に基づくべきことを要求しているので、ある大学が継続型を採って自大学の法学部の履修と法科大学院への進学を制度上連接させるコースを設置したとしても、自大学の法学部を丸ごと抱え込むようなものは認められず、かつ、非法学部出身者にも必ず門戸を開放しなければならない。分離型を採る場合には、法科大学院は自大学の法学部でのものであれ、他大学でのものであれ、既存の法学履修を制度的に前提にしないものとして設計される。

いずれにしても、法科大学院には、継続型であれ、分離型であれ、法学部での履修を修了した者（法学既修者）とそうでない者（法学未修者）の両者が入学してくる。検討会議の「議論の整理」にしたがえば、分離型法科大学院の場合には、両者に差異を設けず三年間を履修期間とし、継続型法科大学院の場合には、法学既修者について二年間、法学未修者について三年間の履修期間とすることがさしあたり想定されている。

これまでの法学部教育は、いわゆる一般教養教育とは区別される専門教育として行われているが、特定の職業選択にターゲットを絞る職業教育を行っているものではない。学生は、専門教育によって習得した学力と知見を基礎にして、自らの職業的進路を選択するのであり、その範囲は多様に広がっている。その多様な進路のなかの重要な一つが法曹である。従来の法学部教育が学生の法曹への進路選択に果たしてきた役割は、予備校の隆盛があるとはいえ、そのことによって否定され尽くすようなものではないであろう。少なくとも司法試験合格者を相当数出している大学法学部は、そこで水準の高い法学理論教育が行われていること、それが現在の司法試験に速効的に役立つものでないとしても法曹養成に貢献するものであることを自負しているはずである。そのような自負がなければ、法科大学院を自分たちの力で運営することの確信は生まれないと思われるからである。こうした大学法学部は継続型の構想を示すことが多い。

法曹という特定のプロフェッションの養成を目的とする法科大学院の設立は、法学部教育の位置に次のような問題をもたらすと考えられる。継続型の設計においては、法学部教育のなかに、法科大学院に連結する教育コースが設置されることによって、法学部教育が部分的に職業教育に連結し、爾余の法学部教育との差別化が生じうる。この状況を相対化しようとすれば、法曹養成コースと並んで、公務員コースや各種法曹隣接関連資格の取得を目指すコース、さらにビジネスロー・コースなど、職業的進路選択に応じたさまざまな教育コースの設定が必要となるであろう。法学部教育は、こうして、全体としてプロフェッション教育を志向するものとなりうる。

これに対して分離型の設計においては、法曹養成に対して法学部教育の履修が意味を持たないから、法学部教育は、従来曲がりなりにも持っていた職業としての法曹への道であるという魅力を失い、多様な進路選択の重要な柱を欠くことになり、これまでよりも一層、専門教養的な教育（その他の文系学部と同じような）にその内容をシフトすることになる可能性がある。その場合、法学部教育がそれを学ぼうとする学生にいかなる魅力を提供できるかということが問題となる。

さらにまた、自大学に法科大学院を設置しない法学部の位置について、次のような問題が想定される。第一に、法科大学院を併設していない法学部というステイタスが、法科大学院併設の法学部に対してマイナスイメージをもたらさないかどうか。これは、司法改革・法曹養成制度改革の本筋とは関わらないが、大学間競争が臆面もなく語られる時代なので当該大学にとって深刻な問題である。また、上述したように、法科大学院設立が法学教員の不足を招くから、教員の引抜きという事態の防衛に迫られる危険性がある。第二に、上でみた今後の想定される法学部教育の二つのタイプ、プロフェッション教育志向型及び専門教養教育志向型のうち、前者を採ろうとすれば法科大学院併設の法学部に対して明らかに不利な地位に立たされるであろう。既存法学部をかかえた大学が法科大学院を設置しない道をとることは、このようにして困難を想定せざるをえなくなる。

この事態を避けるためには、法科大学院をすべての法学部から制度的に等距離にあるようなものとして構想することである。検討会議の「議論の整理」は、法科大学院の「多様性」として、弁護士会や地方自治体が学校法人を作り、それによって法科大学院を設置する可能性にも言及する。そこでは触れられていないが、複数の私立大学が連携して学校法人を作り法科大学院を設置すること、また、複数の国立大学法学部の実質的連携を基礎にして、国立の法科大学院を独立に設置することも制度的には可能である。今のところそのようなイニシアチブは明らかな形では見当らないが、法科大学院設立を避けられない課題だとするならば、このような方向がもっと追求されるべきである。

## (4)　おわりに

司法制度改革は、なるほど国民的課題であり、その中心をなす法曹養成制度改革の柱としての法科大学院の設立は、いまや司法改革の帰趨を左右するものになりつつある。とはいえ、法科大学院を司法改革の視点から要求されるようなテンポや規模で設立していくことは、上述したような諸問題をクリアしないままで事態を進行させることになる。法科大学院は、総体としての既存の法学部が有している研究教育のポテンシャルを基礎にし、その再配分によってでなければ成立しえず、かつ、既存法学部の従来の社会的役割に決定的な変更をもたらし得るものである。それゆえ法科大学院構想は、法学部の将来構想と結合して論じられなければならない。

そのようなことを論じることは、すでに司法改革の課題の外にでるもののように見えないわけではない。

しかし、法学部教育が法曹養成への広い意味での貢献を含めて、戦後の日本社会の法的リテラシーの充実のために果たしてきた役割を考えるならば、これを論じることは、司法改革の目指す法の支配の実現の基礎を語ることに他ならない。ここで法科大学院構想と法学部の将来構想を結合して具体的な議論を展開する能力のないことを筆者は遺憾とするが、同憂の人々によって分析と展望が示されることを心から願っている。

『法律時報』二〇〇〇年一一月号の特集「現代日本社会と大学・司法改革の展望」に掲載。

# 5　法科大学院をどう考えるか

二〇〇一年三月

## (1)　中間報告における「法科大学院」構想の位置

司法制度改革審議会（以下審議会）の中間報告は、「改革の三つの柱」として「人的基盤の拡充」「制度的基盤の整備」および「国民的基盤の確立」をあげ、第一番目の「人的基盤の拡充」の根幹として質・量ともに豊かな人材（法曹）をえるために「法科大学院（仮称）を含む法曹養成制度の整備の状況等を見定めながら、計画的にできるだけ早期に、年間三、〇〇〇人程度の新規法曹の確保を目指す必要がある」ことを結論として示している。一九九九年一二月の論点整理においては、検討の順序として司法制度の「制度的基盤」が「人的基盤」よりも先に置かれていたが、中間報告では人的基盤の拡充に第一義的な位置づけが与えられることになった。

今回の司法制度改革では、一方で経済界と他方で日弁連の呉越同舟的な要求が交錯しながら、改革の推進力となってきた。日弁連の要求は、法曹一元制とそれを支えるための法曹人口の増員および弁護士制度改革ならびに国民の司法参加を柱とするものであったが、日弁連にとって法科大学院（日本版ロースクール）構想は必ずしも予定されたものではなく、むしろ日弁連は、この構想に関して後追い的な対応に終始してきたようにみえる（経済界にとってもまた事情は同様であり、経済界は企業法務家の法曹資格認定などに主要な関心を示していた）。

法科大学院構想は、司法制度の制度的基盤の改革について目を見張るような成果が期待されえないことを背景として、この間、司法制度改革の「目玉」に押し出されてきた。その事情を穿つならば、法曹人口の大幅増員が（日弁連の法曹一元制の要求は受け入れられず「裁判官の供給源の多様化、多元化」に矮小化されたにもかかわらず）審議会の結論として選択された後では、その方法論としての法科大学院構想は、関係者の既得権を侵害することなく設計することが可能であり、加えて大学（および文部省）を司法改革の当事者として引き入れることにより、改革実現のための基礎勢力を拡大することができるというメリットがあるということであろう。

法科大学院の構想は、司法制度審議会の依頼（二〇〇〇年四月末）により文部省に設置された「法科大学院（仮称）構想に関する検討会議」（以下検討会議）において詳細設計が行われた。その検討結果が審議会に報告され、中間報告はほぼそれを踏まえて、法科大学院についての提案を行っている。検討会議の主要メンバーは、現在の司法試験合格者数の上位を占める五大学法学部（東大、早大、京大、慶大および中大＝一九九九年合格者数の順番）のスタッフであり、それゆえ検討会議では、既存の有力法学部の実情と新たな制度の調整をどうするかが隠れた最重要の論点であったと思われる。

### (2)　提案された法科大学院構想の中身

審議会の提案によれば、法科大学院の理念がまず「公平性、開放性、多様性」として示されており、これは五大学のお手盛り（設置認可の絞り込み、法学部と法科大学院の縦割り的囲い込みなど）への危惧と批判に応対するものである。

さて制度の概要は、次のようである。

①　法科大学院は、学校教育法上の大学院として設置される。いわゆる「専門大学院」として設置されるべきかどうかは、なお未決定である。大学院は、「法学部を基礎にもつ」もののほかに、基礎をもたない「独立大学院」あるいは複数の大学が連携して設置する「連合大学院」もありうる。

②　法科大学院の修業年限は、三年であり、学部で法学を履修したことを前提にせず多様な人材を迎え入れるものとするが、法学既修者（法学の基礎的知識を有すると認められる者。通常法学部出身者であるが、それに限られない）には二年の「短縮型」も認められる。実際に三年の原則型と二年の短縮型のどちらが通常の支配的な型になるかは、分からない。有力法学部の多くは、法学部と法科大学院を連接させるシステムに魅力を感じており、またどれだけの非法学部出身者が法科大学院を希望するか予測できないからである。

③　法科大学院の入試は、「判断力、思考力、分析力、表現力等を試す」「適性試験」として行われる。つまり、知識を試す学力試験ではないということであり、検討会議の「まとめ」（二〇〇〇年九月に審議会に提出）では、アメリカのＬＳＡＴ（Law School Admissionn Test）を参考にするという考えも示されている。「適性試験」のあり方は、後に触れるように重要な問題である。

④　法科大学院の教育内容は、「実務上生起する問題の合理的解決を念頭においた法理論教育を中心としつつ、実務教育の導入部分をあわせて実施する」。司法研修所は、後にも触れるように法科大学院の設立ののちにも存続する。

⑤　教育方法については、「少人数教育」、「厳格な成績評価」、実効的な「修了認定」などが重要視される。法科大学院は、その修了後に予定される司法試験での一回的評価を重視するのでなく、履修のプロセス

そのものを法曹養成の核心と位置づけるものであるから、履修の実効性の確保こそ一番重要であると説明される。たしかに、ここでの教育と履修の充実こそ、法科大学院の死命を制するものである。

⑥　教員組織については、「少人数で密度の濃い教育を行うのにふさわしい数の専任教員」を確保し、さらに実務家教員の参加を不可欠とする。

⑦　法科大学院卒業者には、独自の学位が与えられる。

## (3)　法科大学院と従来の制度との関係

以上のような内容をもつ法科大学院と既存の制度の関係はどうなるか。

第一に、司法試験について、司法試験は従来どおり「裁判官、検察官又は弁護士となろうとする者に必要な学識及びその応用能力を判定すること」を目的とするが（司法試験法第五条一項）、法科大学院の修了が新司法試験の受験資格となり、新司法試験の内容は法科大学院の教育とその後の司法修習をあわせれば「法曹としての活動を始めることが許される程度の知識、思考力、分析力、表現力等を備えているかどうかを判定する」ものとする。ただし、法科大学院の修了なしに法曹資格取得を別途可能にする例外的な措置を講じるべきであるとされる。この例外的措置がどのような制度と量的範囲を想定しているかは不明である。

第二に、司法研修所は存続し、法曹養成のプロセスにおける法科大学院との役割分担を今後検討するものとされる。司法研修所の教育それ自体の改革も論点である。

第三に、現行司法試験は、法科大学院設立後の新司法試験と一定期間並行して実施される。この場合、どの程度の合格人数が確保されるのかは不明である。

第四に、法科大学院の設置認可が文部省の管轄であるのに対して、司法試験の受験資格の認定が法務省の管轄であること。これまでとくに指摘されてこなかったこの論点が、今回の中間報告では（その基礎になった検討会議の「まとめ」ではより明確に）制度上の問題として前面に出されてきた。つまり、文部省による法科大学院の設置の認可は、その修了に当然に司法試験の受験資格を与えるものではなく、受験資格はなお別途の評価・認定に基づいて付与されるというのである。

中間報告によると、法科大学院の水準の確保と向上を図るために「第三者評価」を継続的に実施するものとされ、設置認可、受験資格付与および第三者評価はそれぞれ独自の意義をもち、かつ、相互の有機的連携を確保すべきものと位置づけられる。ただし、有機的連携の制度的整理がどうなるかは不明である。設置認可と受験資格付与を制度的に分けると、法科大学院を修了しながら、司法試験受験資格を与えられない学生が生まれることになる。かりにそうした事態が生じれば、大きな社会問題になるだろう。法科大学院のクオーリティの確保がそれにもまして重要であり、また文部省と法務省の相互の権限不侵犯というのが、この二つを分ける理由である。後者の理由は尊重するに値しないが、いずれにしてもこれでは、法科大学院志望者の選択のリスクがあまりにも大きくなる。

### (4)　法曹を目指す人たちにとって何が変わるのか

現在の日本の法曹養成制度は、比較法的にみてユニークなものである。その最大の特徴は、大学の法学教育が法曹養成過程に制度的に組み入れられておらず、「司法試験がすべて」であり、かつ、これが徹底的に平等であり、開放的であることである。つまり、受験のためにいかなる学歴も（法学部卒であることも大学卒であることも）必要ではなく、何時でも、何回でも受験できる。そして、法曹（裁判官、検察官、弁護士）になる資格をえるためには、司法試験を合格することが必要であり、かつ、それで足りる。もちろん、司法試験合格のあとに司法修習を経て、修習修了のための試験を合格しなければならないがここでの不合格はまったくの例外である。このように制度的に法曹養成と関連づけられていない大学法学部の教育は、事実上も司法試験予備校に受験生教育を奪われて、法曹養成のために機能していないと批判されている。法科大学院設立による法曹養成制度改革の「大義」は、こうして、大学が法曹養成教育の一環を担い、全体の法曹養成をプロセスとして展開し、「司法試験がすべて」という法曹養成制度を廃棄することであるとされる。

日本には九三の法学部があり、一九九九年の入学者数は約四万七、〇〇〇人である。概算で言えば二〇万人近い法学部生がいる。大学院法学系研究科の数は七一、一九九八年度の修士課程入学者数は、一、七六四名となっている。以上はいずれも国公私立の全体の数である。二〇〇〇年の司法試験受験者総数は、約三万二、〇〇〇名、合格者九九四名である。一九九九年の合格者はちょうど一、〇〇〇名という切りのよい数字なのでその内訳をみると、一名以上の合格者をだした大学は五八大学、このうちには法学部のない大学も含まれる。一名だけが二四大学、二―五名が一三大学、六―二〇名が一一大学で、残りの上位一〇大学で八一三名、そして上位五大学で六六七名という寡占的構造が存在する。上位五大学の構成はほぼ固定的である。

以上に対して、改革の提案では、毎年三、〇〇〇名程度の新規法曹（司法試験合格者）をだすべく、法科大学院で法曹養成に特化した高等専門教育を行うことになる。法曹を目指す者は、これまでさしあたり法学部に入学し、同時に司法試験予備校に通うというのがその方法論であった。そこでは司法試験に合格することが唯一の標的である。しかしこれからは、一方で法科大学院を修了しなければ司法試験を受験できず、他方で司法試験が法科大学院での履修をきちんとこなしておけば合格できるような試験に変わるので、とにかく法科大学院に入学することが最大の眼目となる。法科大学院への入学のためには四年制大学を卒業することが原則として必要だが、法学部である必要はとくにない。また、法科大学院の入試は、「適性試験」で学力試験ではないので、とくに準備することもなくなる（準備ができない？）。

一度社会に出て仕事をもちながら、あるいは通常のキャリアパスから外れて一念発起して独学でも司法試験を目指す人たちは、あらためて三年の法科大学院に入学し、履修することが困難であろう。法科大学院が夜間大学院や通信教育でも履修可能になればこの困難は多少改善されるかもしれないが（中間報告はこの点についてリップサービスを怠っていないが）、これまでの司法試験の受験勉強のように、自分の都合のよい計画で独習し準備するというわけにはいかなくなる。

### (5)　法科大学院構想への危惧

いずれにしても法曹志望者は、法科大学院に殺到することになるが、その選抜をするための適性試験とはどんなものになるかがまず問題である。「適性」は、本人の努力と関係がなく持って生まれたものであるとすると、それを選抜の基準にすることは公平なことなのだろうか。適性があれば定員と関わりなく入学を認めるというのならばともかく、一定数を選抜する目的のための適性試験は、問題がありはしないだろうか。そして、かりに適性試験が、持って生まれたものを測るだけでなく、準備や事前訓練によってそれへの対応能力を向上させうるものであるとすれば、法科大学院の「適性試験」のための予備校ができるだろう。

次の問題は、法科大学院が法曹志望者にとって容易に利用できる形で設置されるかどうかである。法科大学院の設置が大都市に偏在するのではないか、また、その授業料が相当に高くなるのではないか（私大の場合）ということが、かねてから問題とされている。法科大学院は、きわめてインテンシブな教育を行うので、これまでの法学部に比して、学生あたりの教員数の比率をはるかに大きくするなど教育経費がかさばることになろう。

文部省の予定する専門大学院については、学生一〇人あたりに一人の教員、教員全体の中で実務家の割合が三割という基準が示されている（専門大学院の基準を法科大学院にそのまま適用するかどうかは中間報告の段階では未定である）。中間報告は、なるほど法科大学院が全国に適正に配置されるべきこと、また、奨学金・授業料免除の制度の充実や法科大学院設置に対する公的資金による財政支援の必要性について言及している。しかし、今後の国家財政の全体の緊縮傾向のなかで、これらがどの程度実現するか保障の限りではない。

法科大学院の履修と修了を司法試験受験の要件とする新制度が学歴無用の「司法試験が全て」の制度よりも、法曹を目指す者のアクセスを大きく制約するものであることは間違いがない。なるほどこのような制約は、より質の高い法曹を生み出すために必要であるというのが改革の理由である。しかしこのためには、現実に法科大学院で十分な教育が行われる保障のあることが大前提である。筆者はすでに繰り返しこの問題点を指摘しているが（広渡清吾「法曹養成と法学教育の行方」『学術の動向』二〇〇〇年五月号、同「法学教育の位置と法曹養成」『法律時報』二〇〇〇年八月号）、法科大学院の設立は、上でみたように約二〇万人の大学法学部学生を教育している法学教師たちを人的リソースにして初めて可能なものである。

中間報告では実務家教員を大幅に活用すること、「研究者教員と実務家教員の……連携協力」の必要性が指摘されるが、法科大学院の主役が現在の法学教師であることはいうまでもない。三、〇〇〇人の合格者を毎年確保するためには、八割程度の合格率を想定しても四、〇〇〇人程度の法科大学院定員が必要である。三学年合計で一万二、〇〇〇人である。文部省が専門大学院の要件として求める学生一〇人に対して専任教員一人という基準は厳しすぎるものであり、アメリカ弁護士協会（ＡＢＡ）基準の安全圏である二〇対一でもよいという考えもあるが（宮澤節生「司法改革ウォッチング」『月刊司法改革』二〇〇〇年一一月号九頁および註八）、これをとったとしても全体として六〇〇人の専任教員を確保しなければならない。

司法試験合格者数のトップを常に占め、おそらく何処よりも法科大学院への対応力をもつと考えられる東京大学法学部のスタッフ数は、現在約七五名である（学生数約一、七〇〇名）。東大は現行司法試験において合格者の二割強を占める。これにみあう合格者数を新司法試験の下でも確保しようとすると、少なくとも定員六〇〇名ということになるが、このようなことはおそらく無理であろう。そこで半数の三〇〇名とすれば三年履修を原則にして四五名の専任教員が必要だが、この大部分を現有スタッフから調達する（実務家などをあわせて）として、法学部教育および研究者養成などの現行大学院教育に大きな影響が及ぶことはいうまでもない。いずれにしても教員の新たな採用補充が必要になるが、どこからその人材をえることができるのか。なぜなら、他の大学法学部も同じように法科大学院設立のために人材調達に奔走しているのである。

こうした事情を予見すれば、法科大学院の設立は、新規に市場に参入する法学教師数などを勘案しつつ（これも養成・調達を急ぐと教育する側の水準の低下が問題になりうる）、徐々に全体の規模を計画的に拡大していくしか道がないと思われる。しかし大学側は競争関係にあるので、それぞれ学部教育および既存の大学院に負担を皺寄せする形で法科大学院の教員数を確保して認可を求めるであろう。これに対して文部省が設置認可を漸次的拡大の計画的コントロールの手段として使うことは、法科大学院の設立が公平性・開放性・多様性を原則とすることから許されない。そこでここから、設置認可に上積みして司法試験受験資格の付与というさらなる関門を設ける意味がでてくるのかもしれないが、設置認可した法科大学院に受験資格を付与しないというケースは、社会的にほとんどスキャンダルであり、現実に実行できるかどうか疑わしい。結局残るのは、名義上法科大学院の専任教員となった者が学部やその他の大学院の非常勤講師を引き受けて、全体として教育活動に水増しが生じるということではなかろうか。

本当に法科大学院に志をもつ大学は、そのスタッフのもてる力量を全面的に発揮し豊かなカリキュラムを準備するべく、法学部を廃止し、法科大学院に専念するという決断があってもおかしくない。私立大学は経営上それができないということであれば、国立大学が先んじてそのような道を開くべきである。また、逆に、法科大学院の設立に横並びで走ることなく、この際法学部教育に固執し、新たな戦略で再活性化し、それによって個性化をはかる大学があるべきではないかと思う。

### (6) 法学教育・法学研究の全体を見通した総合設計の必要

法科大学院設立の道を選ばずに法学部を再活性化するという戦略は、果たしてどのように現実的なものでありうるだろうか。また、法科大学院と並存し、その「基礎」となる法学部のあり方はどのようなものとなるのであろうか。司法改革の観点からは、もっぱら法曹養成と法科大学院に焦点がしぼられているが、日本社会をより法的に構成される社会にする、また日本社会の法的リテラシーを高めるというより大きな目標からみるならば、法曹養成のための法科大学院、法学部および法学研究大学院そして法曹隣接業種の専門職養成などを視野に収めた総合的制度設計が試みられることが必要である

よい法律家は、実務と直結した法知識と法技術および短期間に詰め込まれる「法曹倫理」だけで充分なものとして育つわけではない。ドイツの大学法学部教育は、法曹養成過程に制度的に組み込まれ、法曹教育のより理論的部分を担当するとされるが、そこでも司法試験の受験勉強による法学教育の変質が問題とされ、その改革が呼び掛けられている。改革の方向は「法の素材を歴史的、哲学的、社会的かつ経済的な基礎や関連を視野に入れて、方法的に自覚された深められたやり方で洞察する」力を育てることを法学教育の根幹とすることである（連邦憲法裁判所長官、連邦最高裁長官を含む裁判官、弁護士、検察官、大学教授六一名連名のア

ピール。Die Erneuerung der universitären Juristenausbildung tut not !, NJW 1997, S. 2935–2937)。

経済界のニーズそして今日の「時代精神」ともいうべき経済的プラグマティズムは、すぐ役に立つ法律学を求めがちである。そのような要請を無視することは誤りであるが、しかし、「真に役に立つ」道をそれに対して提示して見せる必要がある。広くて深い基礎的・理論的法学研究があってこそ、応用と実践の法律学が安んじて活動できるのであり、そのような重層の学問研究の上に、法律プロフェッションの教育も有効なものとなるのである。法学教育と法学研究の全体の場が、professional schoolとしての法科大学院によって席巻され、それが優越する構造になるとすると、法曹養成の真の道は途絶してしまうであろう。

どのような改革構想であれ、試行錯誤による実施は避けられないかもしれない。しかし事柄が深刻であれば一層、制度の機能のシミュレーションに具体的に立ち入って「錯誤」を最小化することがプランナーの責任である。司法制度改革審議会の法科大学院に関する構想は、関連する諸問題に視野が及んでおらず、なお多くの点で不安と危惧を抱かせるものであり、かつ、具体的実施について責任をもった道筋が示されているとはいえない。審議会は最終報告をまたずに法科大学院の実現に向けて関係機関が検討を始めることを期待しているが、拙速にこの構想を進めることは許されない。

『法の科学』第三〇号「特集・だれのための『司法改革』か――『司法制度改革審議会中間報告』の批判的検討」に掲載

# 6　法曹養成教育と法の基礎科学

二〇〇二年八月

## (1)　法科大学院の設立と法学教育研究の行方

この小特集は、「法曹養成と基礎法学」と題して二〇〇二年二月二四日に日本学術会議第二部基礎法学研究連絡委員会が基礎法学関係六学会の共催および後援（日本法社会学会・日本法哲学会・比較法学会・法制史学会共催、比較家族史学会・民主主義科学者協会法律部会後援）をえて開催したシンポジウムの内容を基にして、編まれたものである。

二〇〇四年度からと予想される法科大学院の設立が教育研究についてとりわけ大きな影響を及ぼす分野として想定されるのは、いわゆる基礎法学の分野である。教育研究組織それ自体については、法科「大学院」の設立が法学と政治学を統合した伝統的な法学部および法学政治学研究科のあり方、さらに一般的に法曹養成のプロセスから明示的に排除される法学部のあり方にいかなるインパクトを与えるかという問題が重要である。上記のシンポジウムでは、ここでの第一の問題に焦点を絞り、「法科大学院の設立が基礎法学の教育研究にどのような意味を持つか、そして今後の法曹養成教育において基礎法学がどのような役割を果たしうるか」を検討の課題としたが、第二の問題にも議論が及んだのはいうまでもない。

「基礎法学への影響」とは、誤解をおそれずにいえば、多くの場合ネガティブな文脈においてイメージされている。それは、「期待」されているのではなく、「危惧」されているのである。その理由は、法科大学院の設立そのものへの疑問もさることながら、そこでの法曹養成教育の内容（カリキュラム）についての審議・検討がいわゆる実定法学と法実務に偏重し、基礎法学の位置づけが極めて貧しいというところにある。

政府レベルでの検討は、現在司法制度改革推進本部のもとに設置された「法曹養成検討部会」で進められている（二〇〇一年一二月から検討開始）。司法制度改革審議会は、法科大学院の教育理念・目標についてそれなりの見識を提示していた。しかし、法科大学院のカリキュラムの具体的な検討の段階に入ると、公法、民事法、刑事法のいわゆる法律基礎科目および法曹の倫理と技能の涵養に向けられる実務基礎科目に圧倒的な比重がおかれ、たとえば、検討過程での有力な案である「法科大学院の教育内容・方法等に関する研究会」案では、三年間で基礎法学・隣接科目群には選択必修で四単位が予定されているにすぎない（二〇〇一年一一月二二日公表、文責・田中成明『法律時報』二〇〇二年一月号六六頁以下）。

ここには二つの問題がはらまれている。一つは、基礎法学研究者からその教育研究活動の制度的基盤が奪われるのではないかという問題である。もう一つは、こうした偏重が法律学のあり方、それゆえこれを基礎にする法曹養成のあり方を歪めるのではないかという問題である。後者が本質的問題であるが、前者も問われるべき深刻な問題である。

## (2)　大学組織の変化と基礎法学の意義と役割

法科大学院の設立は、司法制度改革審議会の位置づけによれば、大学が社会的プロフェッションとしての法曹の養成を直接に引き受けるものである。それゆえ、大学での養成過程におけるカリキュラムは、このプロフェッションに必要な資格・能力の涵養を目的とするものとして構成されなければならない。法曹の資格・能力を認定するのは大学それ自身ではないから（これは法務省の所管に属する）、大学は、いわば注文にしたがって生産する製造者の立場に立つことになる。

法科大学院に予定される第三者評価制度は、いわば注文者によるチェックシステムである。ここでは、これまでの大学の法学教育研究にない要素が付け加わることになる。もちろん能力と見識の高い法曹を養成することは社会的に価値あることであり、大学にとって光栄ある仕事である。これまで日本の大学法学部は法曹養成と制度的な関連を持たなかったのであるから、この点から顧みれば、法科大学院は「大学における法学教育を、日本の歴史上はじめて法曹養成制度の中核に位置づけ」て「国際水準に引き上げ」るものであり、「すべての法学者が歓迎すべきもの」であるといえなくもない（宮澤節生「法科大学院教育に対する法社会学者の主体的関与を求めて」『法律時報』二〇〇二年三月号一〇二頁）。しかし、法科大学院教育が注文生産の性格を帯びることは、留意されていなければならない。

基礎法学の意義と役割は、この点に関わる。法実務における「法」は、法的な紛争解決の基準としての実定化された法であるが、法の存在と機能は実定法を中核にしながらも、変化する歴史と世界の数多くの社会のなかで、実に多様な相において認められる。こうした多様性の認識なしに法の全体像をとらえることはできないし、法の全体像の把握は実定法の存在と機能の相対性の認識をもたらすものであり、この認識はよりよい法実務を作り出していく不可欠の基盤であると考えられる（この点については(3)で後述する）。

このような仕事の基幹部分に基礎法学は従事している。法律学は、大学における研究の蓄積の上で実定法学と基礎法学のそれぞれの作業と認識を含み込んだ知の在庫を保有しており、それは研究者の恒常的活動を媒介にその鮮度を更新していくものである。結論からいえば、法曹養成教育は、社会的に適切な法の役割を実現していく担い手を作り出すために、法律学のこの総体としての成果に基礎づけられ、たえずそれとのフィードバックを必要とするものと考えるべきであろう。注文生産といっても、生産者のストックの品質が決定的である。

この場合、法科大学院がどの程度の役割を果たしうると考えるのか。法曹養成教育を基礎づける基礎法学的教育は、①法科大学院のカリキュラムのなかに完結的に包摂すべきものとするか、あるいは②法科大学院入学前の学部教育において習得されるものとして位置づけることができるか、後者の場合、②-ⅰ法学部のカリキュラムとして、あるいは②-ⅱそれ以外の学部の法学のカリキュラムとしても可能か、あるいは③法科大学院前後に段階的に配置できるかなどが今後の組織論・制度論的論点になる。ただし、①以外の場合には、法科大学院志望者に一定の科目の履修を要件として課すなどの措置が必要となろう。

ところで、法科大学院の設立は法学部解体につながるという議論がある。アメリカ型ロースクールを模範として、事前の法学履修のないことをむしろ積極的に推奨する立場からは、法学部のリベラル・アーツ学部化＝法学部の廃止が語られる。これとは違って筆者は、職業教育と教養教育の二分論が短絡的発想であり、法律学の在り方からみれば「リベラル・アーツ的法律学」がありうると考える。ここでこそ基礎法学的研究が行われ、かつ、すべてのリーガル・プロフェッションにとっての基礎教育を用意するというのも一つの有力で本質的な選択肢である。

法科大学院が法曹養成に特化した組織として運営され、かつ、それほど多くは設立されないとすれば、リベラル・アーツ的法学教育を行う法学部の存在意義は小さくないと思われる。また、有力大学が法科大学院とともに法学部を経営し、縦割り的に法曹養成コースを設定することは、すでに明確になっているが、ここでの法学部教育は従前よりも、より基礎法学的教育に比重をかけることになるのではないか。この縦割り的法曹養成には批判が強いけれども、アメリカモデルを至上として既存の法学部を文字通り解体するという革命が望ましいものかどうか疑わしく、適切な範囲でこれを認めるべきであり、基礎法学教育をそこで活かすことが積極的に考えられてよい。

以上に関連して、二〇〇二年三月に財団法人日本法律家協会法曹養成問題委員会（委員長・田尾桃二元仙台高裁長官、青山善充・石川敏行・井田良などの各教授、柳田幸男弁護士、房村精一法務省民事局長などが委員である）が公表した「法科大学院における教育の在り方についての中間まとめ」は、ニュアンスのある見解を示している。それによると、法科大学院の役割は「法曹界のみならず企業、官庁、ＡＤＲ機関、ＮＧＯ等広く社会の様々な分野に……法律を使いこなすことのできる人材を供給できるプロフェッショナル・スクールである」としたうえで、「法科大学院の修了者は、司法試験受験を経由するか否かにかかわらず、独自の完結した教育理念を持つ法科大学院が予定する教育課程を修了したものである限りは、有為な人材として評価され、社会的に活躍の場を与えられることが必要である。」、「仮にある法科大学院が、必ずしも司法試験の合格率にとらわれず、法化社会の要請に応じて幅広い法律家の養成を目指そうとするとき、これを『目的を外れた』存在として位置づけることも適切であるとはいえない。」と述べている（『ジュリスト』二〇〇二年五月一―一五日号二二八―二二九頁）。

法科大学院がここで示されるように「幅広い法律家の養成」機関となるとすると、これは既存の法学部の機能を強化したようなものとなり、したがって縦割り的に法科大学院と法学部を併設する大学以外については法学部の解体―制度論的に考えると―をもたらしうる。

文科省の二〇〇一年度末の調査では、法学関連の学部・研究科をもつ一一七大学のうち、九八大学が法科大学院の設置を予定ないし検討している。二〇〇二年四月二三日には「法科大学院協会設立準備会」が東京で開催されたが、そこには「一〇〇弱」の大学の学長・学部長が参加し、会長に奥島早稲田大学総長、副会長に佐々木東大総長を選出したという。この組織は、入試選抜、カリキュラム、教員研修など法科大学院の共通の課題を処理する大学の互助組織という位置づけのようである（日本経済新聞二〇〇二年五月四日付）。二〇〇四年度からどれだけの法科大学院が発足するかはなお不明であるが、多くの大学が法科大学院の設立を考えていること、志望者の確保のために学部の併置を想定していることは間違いなさそうである。

法科大学院の設立に伴う大学の法学教育組織の変化を考える場合には、社会に対する大学の人材養成の全体の動向について、パースペクティブをもっておく必要があろう。これからの大学における教育は、二一世紀の社会において必要とされる知のあり方によって規定されるであろう。それは一般的にいって、一方でより深い専門性・技術性を習得させること、他方で幅の広い、質の高い基礎的知識と知性の涵養であろう。短期的には企業が人材養成コストを負担できなくなっていることもあり、大学への専門技術教育へのニーズが高まっている（研究開発費用の企業負担能力が小さくなって、大学発ベンチャー・産学連携が声高に主張されている）。少子化、高齢化のトレンドをこれに加えると、教育をうける期間が長くなり、高学歴化が進む。高等教育は一回限りのものではなく、継続教育や再教育を含むものとなるだろう。

先進国比較においては、日本の大学院進学者の割合の小さいことが指摘されている（人口一、〇〇〇人当たりの大学院学生数はアメリカ七・七人、イギリス五・五人、フランス三・六人に対し日本一・四四人。産経新聞二〇〇二年三月六日付）。学部教育と大学院教育の関係は、前者において総合的な知の育成を目標としそのうえに標準的な専門教育を行い、後者においてさらに高度な専門教育（専門職業人の養成を含めて）行うという方向に進むのではないか。

この中では、法学教育の場も多様化することが想定される。いくつかいえることは、第一に、法学教育

（法曹養成教育を中心として）へのニーズが拡大するであろうこと、第二にそのニーズはこれまでよりも法律家養成オリエンテッドになり、したがって法実務的教育の比重が大きくなること、第三に大学の法学教師の役割において研究に対し教育の占める比重が増大すること、などである。

教育を学問内在的に基礎づけることが大学における教育の使命であり、法曹養成教育においても、より広義の法学教育においても、総合的な（基礎法学と実定法学の）法律学研究に基礎づけられる教育をこれまで以上に、あるいはこれまでの在り方を自省して、自覚的に追求することが、大学で法学研究に従事する者の責務である。基礎法学の意義と役割は、そのなかで確認され、発揮されなければならない。

## (3)　専門知と専門家の在り方及び法の基礎科学

法曹の養成に基礎法学教育がなぜ必要かを学問論的に検討してみよう。その論点は、第一に法律学のコンセプト、そして第二に専門家論である。すなわち、法に従事する専門家としての法曹は法の全体像について見通しをもっていなければならない。そして、専門家は、技術の体系のマスターにとどまるのではなく、技術の体系の革新を行うことができなければならない。この二つの要件は、法曹に必要なものである。

### (i)　法律学のコンセプト

基礎法学という用語は実定法学という用語と一対のものとして利用されることが多い。この場合には、二つのものが法をどのように捉えるか、法をどのように取り扱うかについて異なった方法をもち、そのかぎりで異なったものであることを示しているが、二つの関係は法律学の一つのコンセプトに統一されうる学問的分業であると考えられる。

法律学は、法という社会的実践の手段を研究する学問であり、かつ、法という現象を歴史的社会的現象として認識しようとする学問である。法律学はまた、実用の学として、社会的実践それ自体を含み、解釈や立法における体系的言説も法律学の範囲である。法律学はそれぞれのディメンジョンで「法」を取り扱うが、それぞれの「法」は相互に関連しつつ多様である。それはそれぞれの「法」が法律学の全体の領域において相対的な地位を占めるものであることを含意している。実定法を実用的に取り扱う能力（「法律を使いこなす能力」）が法曹の本質的要件であるが、それがそのディメンジョンだけに留まるとすると、社会的に妥当性のある、かつ、より創造的な法実務を展開する契機を欠くことになりかねない。法律家が法の全体像に立ち返る能力は、自己の法実践の自省を通じた発展に不可欠のものと考えられる。ここは、第二の論点の専門家論に通じるところでもある。

法律学のコンセプトを以上のように理解するとすれば、「法曹として法を学ぶ」学び方は、この法律学のコンセプトを踏まえるものでなければならない。たとえば、法社会学者の棚瀬孝雄が「法解釈」という法曹の社会的実践を対象化し、検討するための法科大学院における教育アジェンダを提案しているが、そのシラバスをみると、そこで最新の研究のサーベーを踏まえて、法解釈についての理論問題のほぼ包括的な論点整理が行われている（「法解釈の方法―法科大学院における法社会学」『法律時報』二〇〇二年三月号六四―六九頁）。

これらの理論においては、法のプラクティスの中で原理とされるもの、その環境、条件、法の実践家が目指そうとするもの、使われる手段の射程や問題性、法の実践家がおちいる問題、それらの検討を通じての法の発展可能性や法の自己抑制の必要性の解明など、法の多様なディメンジョンが解剖されている。これらは、法解釈を対象とした認識論的分析であるが、法の実践家の実践に直接的なアドバイスを与える場合もあり、全体として法実践家の自己認識を深め、パースペクティブを広げるものであろう。このような教育アジェンダは、まさに法の全体像への見通しを与えようとするものである。

### (ii)　専門家・専門知のあり方

法曹を現代の専門家・専門知の在り方との関わりで考察することは重要である。法哲学者の笹倉秀夫は、日本法哲学会公開シンポジウム「司法改革の理念的基礎」における発言のなかで、次のような議論を示している。かれによれば、近代の歴史過程では、近代化の内容として、一方で合理化と他方で人間化という二つのモメントの運動が認められ、知の在り方もこれに対応して二様の運動方向をもち、かくして教育の態様もこれに応じて「技術・技能を外から注入」する instruction と、「人間に問題設定と解決能力を身につけさせる」education とに分かれて展開したとする。プロフェッションの養成はこの二つの課題を同時にもつのであり、法曹養成教育には instrument として法律を使いこなす技術を習得させるとともに、同時に、法＝正義への感覚をもって問題を発見し、解決する能力を獲得させせなければならない。後者について基礎法学教育の意義がある、というのが笹倉の主張である。

アメリカの哲学者ドナルド・ショーンは、「実践的認識論」の立場から新しい専門家論を展開している(Donald Schoen,The reflective Practitioner : How Profssional think in action, 1983. 邦訳『専門家の知恵―反省的実践家は行為しながら考える』佐藤学／秋田喜代美訳、ゆみる出版、二〇〇一年)。

かれは、専門家の実践を科学技術の合理的適用と見る見方（技術的合理性の原理）、「専門家は技術的合理性にもとづく技術的熟達者（technical expert)」であるという見方がいまや社会的に不適切になっており、専門家は「行為のなかの省察 reflection in action」にもとづく「反省的実践家（reflective practitioner)」とならなければならないと主張している。なぜそうなのか、かれの説明の印象深い箇所は次のようである。「技術的合理性の視点からみると、専門家の実践は問題の『解決（solving)』の過程である。そこでは、選択する、決定するという問題は、すでに存在する目的と手段のメニューから最適のものを選ぶということである。しかし、このような問題解決においては、どのように問題が『設定（setting）』されるのか、そこで達成する目的は何であり、どのような手段が選択されるべきなのか、という問題を設定する過程が無視されているのである。」（同書五六-五七頁）

すなわち、かれによれば、問題の解決は、すでに存在する技術的体系によって、ただ合理的に行われうるものではなく、いかに問題を設定するかを省察することが必要であり、また、メニューのない問題に対して行為のなかでの省察を不可避的にともなわざるをえないものである。かくして技術的合理性の原理は、専門家としての役割を果たさせるものではない。よい実務専門家は、実務においてリサーチする人（reseacher in practice）であり、既存の与えられた知識の体系を個別の場合に応用—適用するというのではなく、一回的な実践が認識のプロセスとなっていく人である（同書一五四頁、一五六頁）。それゆえ、専門家の教育は、そのような能力の涵養を目指すのでなければならない。

ショーンの以上の指摘は、法曹養成教育において、メニューとしての実定法の知識の習得だけではよき専門家が育たないこと、法律学のコンセプトを踏まえた法学教育が必要であることを示唆するものである。これに照らしてみると、二〇〇二年四月一八日に中央教育審議会が提案した「専門職大学院」の考え方（法科大学院もこれに該当する）は、これまでの「専門大学院」の考え方よりも、より技術教育にシフトし、リサーチ的要素を払拭すべきことが含意されており（日本経済新聞二〇〇二年四月一九日付）、現代の専門職養成の視点からすると逆行ではないかと危惧される。

実定法の教育だけではよき法律家を養成できないことが明瞭であるが、これは既存の基礎法教育を法曹養成教育に持ち込めばそれでよいということでもない。よき法律家の養成にとっていかなる基礎法学的教育が必要かは、それ自体として発展的に検討されるべき課題であり、本小特集の諸論稿は、具体的な素材をもってその検討を行うものである。

そこでの基礎法学的教育は、なにを目的とするのか。一般的に言えば上で見たように専門家に対して、その技術を科学研究とのたえまない交流で吟味し、自省し、発展させ、適切に使用する能力を涵養することに寄与することである。それは、専門家が実定法の素材のうえだけに立つのではなく、上で示したような法学の全体としてのコンセプトの理解に立つように教育することである。現代では科学それ自体も、その内在的論理だけでは暴走し、人間とその社会にマイナスの負担をもたらしうることが気づかれている。科学そのもの、科学のあり場所を問う科学も必要とされている。こういう時代にあっては一層、科学研究に技術をフィードバックする能力はいうまでもなく、さらに科学をも自省する基礎的な能力の涵養に道を開く教育が、これからの法律家の養成には求められる。

### (iii)　法の基礎科学

そのような能力は、法というものへのアプローチにおいて、対象を相対化し（relativise）、他との関係において関係づけてとらえ（relate）、そのあり方を自省する（reflect）ための知見と方法を身につけることによって、また、こうした基礎的なアプローチが問題解決の先端的な道を開く可能性をもつことを了解することによって、形成されていく。こうした能力を養成するための前提となる研究をわたしはここでさしあたり「法の基礎科学」（basic science of law）と呼んでおく。実際に行われている基礎法学研究の多くはこのような法の基礎科学へのチャネルであり、実定法学の営みのなかにもここに括られるものがあるであろうという趣旨である。よい法律家の養成は、これまでの基礎法学研究の蓄積に基づきつつ、法律家養成教育にふさわしい内容と形態の開発をともなった基礎法学教育を抜きにしては成功しないと考える。

『法律時報』二〇〇二年八月号の特集「法曹養成と基礎法学」に掲載。日本学術会議第二部基礎法学研究連絡委員会および基礎法学関係六学協会の主催による同じタイトルのシンポジウム（二〇〇二年二月二四日・専修大学にて開催）における総論報告

## 7　法曹養成教育と法科大学院——高度専門職教育の位置

二〇〇四年三月

### (1)　法科大学院の開設

専門職大学院としての法科大学院は、二〇〇四年四月から全国の六八大学で、一学年の学生総定数五、五九〇人をもって開校されることとなった。「都知事独断の大学改革」をめぐって教員の多数から批判が行われ、法科大学院専任予定者の教員四名が辞職し、認可要件に問題を生じた東京都立大学についても、二名を新たに補充することで開校が認められた。近くは文科省における設置審査のプロセスに関して、審査規準の事前開示の不十分さや審査自体の公平さなどに少なからぬ疑問が示されたなかでの、そして議論のはじめからこれまで、法学部や研究者養成大学院との制度的整合性が依然として問題とされるなかでの、法科大学院の船出である。

専門職大学院は、周知のように二〇〇二年八月の中央教育審議会（以下中教審）答申「大学院における高度専門職業人養成について」に基づいて制度化されたものであり、その目的は「学術の理論及び応用を教授研究し、高度の専門性が求められる職業を担うための深い学識及び卓越した能力を培うこと」（学校教育法）とされている。これは、一九九九年に創設された「専門大学院」が研究者養成的な要素を残していること、制度的な柔軟性を欠いていることを踏まえて、高度専門職業人養成に一層純化した制度を創設するものと説明されている。こうした専門職大学院への議論にはずみをつけたのは、司法改革（一九九九年七月に設置された司法制度改革審議会の二〇〇二年六月の最終報告、これに基づく改革の具体化）の流れから提起された新たな法曹養成制度としての法科大学院の構想であった。

### (2)　法曹養成制度の比較

一般的にいって「高度専門職業人」をどのようなシステムで養成するかは、国によってまた、領域によって様々であろう。日本の制度としても、伝統的に典型的な「高度専門職業人」である医師（獣医や歯科医も含む）は専門学部の修業期限を長くする形で養成教育を行っており、専門職大学院の創設が可能になったあとで議論された薬剤師養成制度の改善も、専門学部の修業期限を延長する形で制度改正が行われることになった。これをみると「高度専門職業人」養成と専門職大学院制度の結合の必然性が喧伝されるほどのものかどうかは、疑わしい。

法曹（通例、裁判官・検察官・弁護士を法曹三者と称する）の養成システムは、各国の伝統によって、これも多様である。比較法的にみると、これまでの日本の法曹養成制度の最大の特徴は、大学における法学教育を制度的な必須の要件としていないということである。司法試験の受験者の多くは、実際には法学部教育を履修した者であるが、司法試験の受験には制度的に大学卒業も、ましてや法学部卒業も要件とされていない。また、受験回数の制限も置かれていない。このような司法試験の開放的性格は、一方で多様な人材を法曹に引き寄せることを可能にしたが、他方で司法試験の比重を極端に高め、合格者の数が低く押さえられることによって受験競争を激化させ、かつ、司法試験予備校へのニーズを拡大してきた。昨年（二〇〇三年）の司法試験の受験者総数は四万五、〇〇〇人をこえ、合格者数は一、一七〇人（これでもこの一〇年来増員が行われてきた)、合格率は二・五八%であり、極めて狭き門である。

法科大学院は、アメリカのロースクールをモデルに考案されたものであるが、もともと、前提となる学部・大学院制度および法曹制度のあり方がアメリカと日本では異なる。ロースクール・モデルにいかに近づけるかを改革の目標とすべしという主張も強かったが、結果においては、①大学における法学教育を法曹養成の必須の要素とし、この教育を経なければ法曹になれない(司法試験を受験できない)ものとする、②そのための教育機関を学部卒業を入学要件として大学院レベルに設置する、という点でロースクール・モデルとの対応が見られるものとなった。

アメリカでは、カレッジ(四年制)の卒業を入学要件とするロースクールでの三年の法学教育を経て、各州のBar Association(弁護士会)が実施する司法試験の合格によって法曹資格が認定される。アメリカでは専門学部としての法学部がなく様々な専門を履修した者がロースクールを訪れ、また、司法試験合格後の制度的な実務修習がなく、それぞれの場所でのＯＪＴがその役割を果たすとされる。

これまでの日本の法曹養成制度は、相対的にみてドイツの制度に近かった。ドイツでは、大学法学部(四年間)での法学教育を経た者が国家試験としての第一次司法試験を受験することができ、合格者が司法修習生としての実務研修を積み(二年間)、その成果を確認する第二次司法試験の合格によって、法曹資格が与えられる。

日本では法科大学院の設立後も、専門学部としての法学部が存続し、実務教育を行う司法研修所での司法修習も一年間(従来よりも短縮)行われることになっている。また、法科大学院修了後に国家試験として行われる司法試験および司法研修所における修了試験の試験二回制も従前通りであり、この点ではなおドイツ的である。アメリカとのなによりもの差異は、アメリカではロースクールがprofessional schoolとして、研究大学院である graduate school とは明確に異なった位置づけを与えられていること、および、法曹プロフェッションの資格認定が国家の権限ではなく、職業団体としての Bar Association の役割であることである。

アメリカと日独では、法曹のあり方が対照的である。アメリカの法曹は社会的プロフェッションとしての弁護士が基本であり、したがって上述したように弁護士団体が資格認定の権限をもつ。裁判官や検察官は、弁護士活動を経験した者のなかから、方式にはバラエティがあるが、選ばれる。これは「法曹一元制」と呼ばれており、イギリスも同じである（というよりイギリスから由来する）。

これに対して、ドイツも日本も裁判官は、司法修習が終わった者からただちに採用されるというキャリア裁判官制度をとっている。検察官も同じである。日独の法曹養成は歴史的にみると、国家の法律家である裁判官（や検察官）を養成することに重点がおかれてきたといえる。日本の司法改革の議論において、日本でも法曹一元制を導入すべきだという主張が弁護士を中心に強く行われたが採用されず、従来のままである。付言すると、ドイツ以外のヨーロッパ大陸諸国、フランス・イタリア・スペインなどは、第三の型である。そこでは、国家の法律家としての裁判官・検察官と社会の法律家としての弁護士が別建てで、つまり、前者についてては国家の設置する教育機関で、後者についてては弁護士会の設置する研修機関でその養成が行われている。

### (3) 法科大学院における専門職教育

司法試験に偏重した法曹養成から、教育のプロセスを中心に据える法曹養成に改革する。これが、法曹養成教育機関として新たに「法科大学院」を設置する最大の意義である。従来の法学部教育は、法曹養成の役割をまったく持たなかったわけではないが、制度的にそのように位置づけられていなかった。法科大学院では、したがって、法曹という高度専門職の養成を目指して、法学の理論教育のみならず、法実務に橋渡しをするための実務準備教育が行われる。

法科大学院における専門職教育のあり方については、次のような論点がある。

第一に、上述の比較論から見られる通り、法曹養成の基本的な目標を裁判官とするか、弁護士とするかという論点である。英米では弁護士が法曹の基本型であり、ドイツでは裁判官が基本型であるが、近年ドイツでも、司法修習の内容を弁護士活動を重点におく方向に改革すべきであるという議論が有力である。日本の今回の司法改革は、法曹人口の大幅増員を掲げており、その大きな部分を弁護士が占めることになり、また社会の法律家の役割の増大が期待されるのであるから、弁護士オリエンテッドな教育の比重は、大きくなるべきものと思われる。法曹一元制の導入の是非をともかくとして、この点は将来の日本の司法のあり方にも関わるであろう。

第二に、プロセス重視の教育がいかに行われうるか、いいかえれば学生が司法試験の受験勉強に偏することなく法科大学院の教育に集中できるかという論点である。法科大学院は、法学既修者のための二年コースと法学未修者のための三年コースを予定している。法科大学院の課程修了後に、司法試験が行われる。この司法試験の内容、難易度および合格率が、プロセス重視の教育の成否に大きく関わると考えられる。

内容および難易度は、いわば制度のソフト面であり、試行錯誤も可能であるが、合格率は司法試験合格者数をどの程度に想定するかという制度のハード面に関わるものである。司法改革の政策担当者の見通しによれば、現行一、〇〇〇人強の合格者数を二〇一〇年頃には三、〇〇〇人程度とする目標が示されている。ただし、新制度発足から五年間は、現行司法試験が併用され、その後は法科大学院の教育を経ずに司法試験を受験できる例外コースとして「予備試験」制度が実施されることになっており、合格者枠がすべて法科大学院修了者にあてられるわけではない。

法科大学院の学生の総定数は、来年度の追加の設立がすでに見込まれるのでおおよそ六、〇〇〇名程度となろう。とすれば、最終合格率は、五割をかなり下回ることが想定される。現行司法試験のもとで、上位一五大学が合格者の八五％強を占める寡占状態からみると、この合格率がすべての法科大学院に均霑されるという見通しはたてにくい。多くの法科大学院が合格者をいかに増やすかに頭を悩ますことは、容易に想定できる。司法試験があいかわらず教育プロセスの重しになる構造が、ここには見てとれる。こうした与件は、一方で法科大学院の分極化と選別淘汰の可能性、他方で合格者数を学生総定数に可能なかぎり近づける医師国家試験型（合格率九割超）への展開のシナリオをすでに予測させる。

第三に、もっとも本質的な論点であるが、専門職教育とは何か、という問題である。法科大学院のカリキュラムについては、アメリカのロースクールのカリキュラムも参照されて、実定法教育および実務基礎教育が法科大学院教育の中心に据えられている。これまでの法学部における法学教育は、法曹養成に特化しないことのゆえに、法知識と法的思考能力を身につけた民主主義をささえる市民の養成を緩やかな共通の教育目標にしてきた。これへの反動にもよるが、法科大学院の教育を実定法を利用・応用する専門家的・実務的能力の養成に特化すべきものという主張がしばしば行われる。これは、しかし、法科大学院創設の意義をまったく理解しないものである。

高度専門職業人としての法律家を目指すという場合、現行の実定法と法実務を相対化し、これを批判的に検討し、新たな法を創造する能力の養成に向けて広い意味での法の基礎科学的教育をどのように行うべきかという視点は、欠かすことができない。現代の専門家とは、既存の技術（現行実定法・現行法実務）を十二分に咀嚼しながら、新たな問題に対処しうるために、それらを創造的に発展させる能力をもつべきものであり、"researcher in practice" というべきものである。こうした教育を支えるためには、法学研究の批判的・創造的な発展が不可欠であり、「知ること」を目的とする「学問知」と獲得された「知を応用し、社会に媒介する」ための「専門知」を総合したところに、高度な専門職養成教育が成り立つのである。

法科大学院の実際のカリキュラムは大学ごとに工夫が行われるのであるが、時間数の制約のなかで、総じて現行実定法・現行法実務の詰込み教育になる可能性を予想させる。新制度の下での司法試験の内容がどのようなものになるかも、法科大学院の教育のあり方に関わってくる。法科大学院が上記のような基本理念にたって教育を行うことについて、法科大学院教員スタッフの責任は重い。しかし、これは法科大学院教員スタッフの個人的力量にのみかかる問題ではなく、法科大学院設立後の法学教育・研究の全体のあり方をどのように考えるかという問題に関わっている。

## (4)　法学教育・研究における今後の課題

法科大学院の設立は、従前の制度との整合性をどのように図るかという問題を生み出すが、ここでは二つの問題が重要である。一つは教育機関としての法学部の位置づけ（教育目標）をどうするか、もう一つは法学研究のあり方がどうなるか、である。

法学部についていては、①法科大学院進学を進路の一つに加えて従来どおり多様な進路にあわせた一般的な法学専門教育を行うものとして存続、②法曹養成以外の進路目標にターゲットをあてて比較的な特色を打ち出して改革、③廃止ないし新学部に転換など、これから各大学で模索が行われることになろう。アメリカで法学部が存在しないことを参照フレームとして持ち出す意見も有力だが、これまでのように法学教育を求める社会的ニーズが法曹職に限定されるものではないとすれば、全体としての法学部廃止はありえない。

法学研究のあり方については、制度的側面と同時に、実質的な側面も考えなければならない。制度的には、研究者養成大学院の実定法学系修士課程が法科大学院に一元化し、博士課程で他の修士課程（基礎法学系、政治学系）と合流する形での再編を主なパターンにしながら、廃止や他の研究科との再編・統合などがこれから検討されることになろう。

実質的な側面では、法科大学院教員スタッフの研究環境・研究条件が問題である。法科大学院には実務教員が二割程度以上配置されることになっているが、実務教員は実務に携わっていてこそ「教育内容」（専門知）を作り出すことができるのであるが、この点がどのように配慮されるかという問題もある。長期的には法科大学院の教員スタッフは、法科大学院修了・司法試験合格者ないし法曹資格取得者が通例であることになろう。

法科大学院教員スタッフが実定法学に集中し、かつ、教育専任者の常態を示すような環境が形成されることになると、創造的な法学研究の基礎の上にはじめて可能になる高度専門職としての法曹の養成は、所期の目標を達成しえないおそれがある。法学研究の水源を絶やさずより豊かなものにするために――それが法科大学院の成功の要諦でもある――、制度的には法学部・研究者養成大学院および法科大学院の整合的関係をどのように作り出すか、また、実質的には法学研究のバランスのとれた総合性をどのように確保していくことができるか、両面を含んでたとえば法学研究の新機関（「法学総合研究所」）の設立を構想することができるかなど、これらはすべて今後の課題である。

『学術の動向』二〇〇四年三月号の特集「高度専門職教育と日本社会」に掲載

# 8　司法改革における法律家

二〇〇四年八月

## (1)　はじめに

一九六〇年代の高度成長を基礎に、一九七〇年代の二つのオイルショックを乗り越えて世界第二位の経済大国に成長した日本の資本主義は、九〇年代に入り東西冷戦構造の終焉と経済のグローバル化の新たな条件のなかでこれまでの「成功体験」の見直しを余儀なくされている。九〇年代後半に橋本内閣の掲げた「六大改革」以降、日本の国家と社会の体制的な改革戦略は、この見直しに対応するものであり、一九九九年六月の司法制度改革審議会の設置を直接的端緒とする今次の司法改革もその一環として位置づけられている。

司法改革は、訴訟制度に関わる改革（制度的基盤の改革）と法曹制度に関わる改革（人的基盤の改革）に大別される。司法が社会のなかでどのように作用するかを考えるとき、司法を担う「人」の問題は、長期的に死活的な意味をもつものである。

## (2)　法曹制度改革の流れとアクター

法曹制度の今次の改革は、法曹の大幅増員およびそれを可能にする新しい法曹養成制度の導入（法科大学院の設立）を核心部分にしているが、これに直接につながる動きは、八〇年代後半の法務官僚層のイニシアチブから始まっている。(1)

まずそこでは、「高齢化」する司法試験合格者の現状に対して、「国際化・社会の高度化」への対応可能な「若年層法律家」の獲得がキーワードだった。これは日弁連の同意をえない見切り発車的な若年齢合格者別枠制の実施（一九九六年度から）に行き着くが、同時に法曹三者と有識者が構成する法曹養成制度等改革協議会の意見書（一九九五年一一月）は、法曹人口増加のための司法試験合格者数の増員を「中期的には一、五〇〇名程度の目標」として打ち出し、また修習期間の短縮を提案した。同意見書の提案は、一九九七年一〇月の法曹三者の合意をえて、司法試験合格者数を一九九八年度に八〇〇名程度、一九九九年度から一、〇〇〇名程度に増加させること、修習期間を一年六ヵ月に短縮することとして実現された。

財界からの発信は、一九九四年六月の経済同友会の提言「日本社会の病理と処方」がその嚆矢である。提言は、これからの目標である「個人の多様性を活かす社会」には「透明で公正な手続きによってトラブルを解決するために誰でもが利用できる司法」が必要であり、そのために法曹人口の大幅拡大・現行司法修習制度に代わる他の制度の導入・民間人の弁護士登用・法律扶助制度の充実など、抜本的司法制度改革を進めることが重要だと述べた。

当時、渡辺洋三はこれを分析して、提言にみられる政策を「司法民活路線」と特徴づけて批判した。(2)この政策は、市民と権力の対抗・緊張関係を想定しない市民社会像を前提とし、司法を単なる紛争解決のためのサービス機関に矮小化し、サービスを提供する司法・法律家に、紛争解決ニーズの主体・顧客としての市民を対置するものである。渡辺のこの指摘は、提言の後に展開する今回の司法改革が「市民のため」を標榜することの本質的な意味をすでに的確に言い当てている。

規制緩和・行革路線の射程には、当初から司法改革が含まれていた。一九九五年一二月の行政改革委員会第一次意見書「規制緩和に関する意見（第一次）」は、「司法は規制緩和後の世界の基本インフラ」であるという位置づけの下に「法曹人口の大幅増員」を指摘した。最後のはずみをつけたのは、一九九八年五月の経団連の「司法制度改革についての意見」であり、その意見の提出先であった自民党司法制度特別調査会の同年六月の報告「二一世紀司法への確かな指針」である。これは、「司法制度審議会」の設置および司法予算への「特別の配慮」を提案し、ロースクールの導入・弁護士制度の改革・議員や企業法務従事者への弁護士資格賦与などを含んで司法改革の論点を網羅的に示した。

小渕内閣のもとで組織された経済戦略会議は、一九九九年二月に最終報告「日本経済再生への戦略」を提出するが、ここでも規制緩和による「事後チェック型社会に相応しい司法制度の改革」が課題として位置づけられ「法曹人口の大幅な拡大を目指す」こととされた。司法改革は、行政改革と経済再生の双方から位置づけられたのである。

日弁連は、一九八九年五月、一九九一年五月 および一九九四年五月と三次にわたって国民のニーズに広く応えるための「司法改革宣言」を行っていたが、一九九八年一一月に「市民司法の確立」を目指す「司法改革ビジョン案」を採択した。日弁連は、財界・自民党の司法改革提案に対して土俵にのる準備を整えたのである。一九九九年六月司法制度改革審議会設置法が成立、同審議会は最終報告を二〇〇一年六月に提出、同年一〇月には司法改革推進法が制定され、司法改革推進本部が設置されて、矢継ぎ早の制度改革が進展しつつある。

これらとちょうど並行する大学改革の流れは、法曹養成制度の核としての法科大学院構想を横から推進する。一九九八年一〇月の大学審議会答申「競争的環境のなかで個性の光り輝く大学」は、「専門大学院」の設置を提言したが、そのなかには日本版ロースクール（法科大学院）も想定されていた。国立大学の法人化の議論が進むなかで、法科大学院構想は大学活性化の方策としても受け止められる。一九九九年九月には東京大学法学部が先陣を切って法科大学院に関するシンポジウムを開催し、各大学も「法科大学院」の準備に動きはじめた。二〇〇二年八月の中教審答申「大学院における高度専門職業人の養成について」は、「専門大学院」の趣旨をより徹底する制度として「専門職大学院」の設置を提案し、その典型例として法科大学院が位置づけられた。法科大学院の設置と国立大学の国立大学法人への移行は、司法改革と大学改革の絡みを象徴するように、ともに二〇〇四年四月からとなった。

全体の流れを俯瞰すると、最高裁判所・法務官僚と日弁連が対抗しあっていた司法改革をめぐる構図に、財界と自民党の規制緩和・国家体制改革論に基礎づけられた司法改革政策がかぶさってきた。このなかで、改革の方向について裁判所・法務官僚と財界・自民党との内部矛盾があり、裁判所・法務官僚が改革抵抗勢力にみえる局面が生じた。財界・自民党は「大きな司法」路線（司法予算の充実・法律扶助制度の充実など）を支持しているように振る舞った。また、司法制度改革審議会の議論においても、裁判所・法務官僚の抵抗に対して、市民の側にたった要求が一定程度採用されていった。これらから、日弁連のいう「市民司法」の確立に向けて活路があるという状況認識が生まれたと思われる。しかし、司法改革の実際は、規制緩和政策に規定され、司法の憲法的原理の擁護と国民の裁判を受ける権利の確立に照らして、多くの問題をはらんで進展している。

## (3)　法曹制度の改革の論点

改革の内容を概括すれば、第一に大幅な法曹の増員のために新たな法曹養成制度として法科大学院が設置されること、第二に法曹の増員は当然に弁護士の増員につながることもあり、弁護士会および弁護士制度についてこれまでの支配的な弁護士モデルを転換させるような大幅な改革が行われつつあること、そして第三に裁判官制度について法曹一元制の導入がかなり強く主張されたが、これは採用されず、問題の核心である「裁判官の独立性の保障」を充実させるという筋を必ずしも明確にしない部分的な改革が進められていること、である。第二および第三の問題については、それぞれ別の報告（論稿）が用意されているのでここでは簡単にのべることにし、第一の問題にやや詳しく立ち入ることにする。小田中聰樹が改革の評価基準を法曹制度に関して次のように指摘しており、検討に際してはこれを参照できる。[3] すなわち①裁判官については、「司法官僚制の権力的構造を解体しようとしているか」、②弁護士については、「弁護士の人権擁護性及び弁護士自治を擁護・強化しようとしているか」、そして③法曹養成については、「法曹養成の民主化を推進しようとしているか」である。

裁判官制度については、周知のように、比較法的にみると、[4] 英米型の弁護士を供給源にした法曹一元制、ヨーロッパ大陸型のキャリア裁判官制があり、養成過程については、前者のアメリカではロースクール一元型、後者ではドイツの一元的司法修習型とフランス・イタリア・スペイン等の裁判官・弁護士別途研修型にわかれる。

批判の対象である「司法官僚制」の形成はキャリア裁判官制と結びつきやすいが、キャリア制が必ず、日本的な意味での司法官僚制に帰結するわけではなく、ドイツのように裁判官の独立保障のシステムがあわせて確立されることが可能である。それゆえ、制度的にみれば、法曹一元制が改革のための絶対的な選択肢というわけではない。そのようにみれば、キャリア制の下での裁判官の独立と裁判所の自治の在り方にかかわる裁判官の選任・処遇、裁判所の運営などについての個別の制度の内容が決定的に重要なものになる。今回の改革が多少とも前進面を獲得するのか、逆に官僚制を温存し、より巧妙な形で裁判官統制を強めるものではないかどうかが論点である。

弁護士について比較法的にみると、日本の弁護士自治の強さは、法制度的にも、実質的にも最高のレベルにある。また、弁護士の社会的プレステージが高いことも同様である。ドイツでは、ドイツ裁判官同盟と異なり、ドイツ弁護士連盟の年次大会に連邦司法大臣がかつて出席したことがないなどということが弁護士側から嘆かれている。イギリスのバリスタ、ソリシタのギルド的、プロフェッション的自治とその強さは、歴史的な形成物であるが、日本の弁護士自治は戦後の弁護士法の理念と構造によるところが大きい（もちろん弁護士法が戦前来の弁護士運動の成果のうえにあるとしても）。また、司法修習制度における法曹養成の一元性や弁護士規模の相対的小ささなどを条件とするいい意味での「社会的エリート」性の保持も、日本の弁護士自治の強さの間接的な要因として考えられる。

弁護士制度の改革は、戦後日本の弁護士法の下で形成された弁護士自治およびそれに基礎をおく弁護士業務のあり方に照準があてられている。裁判官制度の改革と異なり、弁護士制度の改革は「本質的」なところに迫っている。「社会の医師」であるとされ、また「公益に奉仕する」ことを強調される弁護士像は、「顧客としての国民・公益奉仕の対象としての国家へのサービス提供者」というイメージを前面に押し出し、「権力との対抗・緊張関係のなかで仕事をする弁護士」の像をかすませている。必至である弁護士の大幅増員は、弁護士業務のビジネス化の意識を強め、ビジネス・チャンスの拡大に弁護士の目を向けさせている。

こうして人権擁護のための弁護の自由・弁護士の独立を中心にした弁護士モデルから依頼者主権論・公益奉仕論のセットを包摂する弁護士モデルへの転換の動きが、弁護士制度改革を主導しつつある。このなかで、弁護士法の本質的な諸規定を擁護しつつ自治と独立を要素とする新たな弁護士モデルがどのように形成されるかが論点である。

## (4) 法科大学院の設立と法曹養成教育

法科大学院は、二〇〇四年四月から全国で六八校、一学年学生定員数五、五九〇人をもって発足することとなった。申請にもかかわらず不認可とされた大学(四大学)もあるので、追加の申請・設置認可がさらに予想される。以下、重要と思われる論点を取り上げてみよう[5]。

① 法科大学院の設立は、本当に必要であったかどうか。これまで多数の合格者をだしている大学法学部は、自校の教育に自信をもっており、そこでは現行の司法試験制度と司法修習制度の改革で十分ではなかったのか、という疑問がなお払拭されていない。しかし、毎年三、〇〇〇人程度の司法試験合格者という水準での法曹人口大幅増員を課題とするかぎり、一発勝負の司法試験における「点での評価」から法科大学院における「プロセスとしての養成」へ、という構想は説得力をもった。法科大学院の設立は、大学が法曹養成の課題を正面から引き受ける(逆にいえば社会から付託される)ことであり、法曹養成のより理想的な形態としてこれを画期的とみることが可能である。ただしこういえるための条件は、法科大学院の教育内容にかかることになる。

法科大学院構想には、司法試験受験資格が法科大学院修了者に限定されることからする批判・反発があった。これ対しては予備試験制度が導入され、例外コースが設けられた。しかし予備試験制度は、逆に法科大学院の発展を阻害するという批判がある。この点の調整問題は、予備試験の合格者の数をどの程度にするかというところに先送りされている。新制度発足から五年間は現行司法試験が併用されるので、予備試験実施はそれ以降になる。

②　法科大学院教育は、新たな試みであり教員スタッフの努力にかかるところが大きい。スタッフ整備は、大学設置・学校法人審議会の審査で確認されるが、設置基準によると設立から一〇年以内は専任教員（学生定数一五人あたりに一人必要）の三分の一までは他の学部などの兼任教員を算入してもよいことになっている。これは、法科大学院の専任とされるスタッフの三分の一が従来の職務を兼担している可能性があるということである。従来の学部・大学院教育に積み増しする形で法科大学院が設立されるという一般的な状況は、過渡期の教員問題（加重負担と員数不足）を生ぜしめる。また、専任教員の二割程度以上の充足を要求される実務家教員については、その趣旨を活かすために実務活動とのフィードバックのために、任期制の採用などが必要ではないかという問題がある。

③　教育カリキュラムの設計について、法律基礎科目、実務基礎科目、基礎法学・隣接科目系および展開・先端科目系と構成されるカリキュラムの下で、法律基礎科目が詰込み教育にならないか、法曹実務教育がマニュアル化しないか、創造性を養う法学の基礎的訓練がどのように確保できるかなど、いくつもの危惧がある。法学既修者と未修者に各別にどのように対応するかもカリキュラム問題の一つである。

また、カリキュラムは、新司法試験制度の在り方に連動する。新司法試験の概要は、短答式試験・論文試験を同時に実施すること、口述試験は行わないこと、試験科目は民事法系・刑事法系・公法系の三つの系（論文試験にはさらに選択科目が加えられる）とすることなどが決まっているが、全体としてなお流動的である。

④　「プロセスとして法曹養成」を十全のものにするためには、司法試験の選抜的性格が資格認定型に切り替わることが望ましい。しかし、二〇一〇年から三、〇〇〇人程度と想定される合格者数に対して、ほぼ六、〇〇〇人程度の法科大学院修了者が予想され、かつ、予備試験による受験者も勘案すると、合格率は五

割をかなり下回ることになろう。この合格率は、現行司法試験の下で上位一五大学が合格者の八五％を占める状況を前提にすると、七〇近い法科大学院に均霑するとは考えにくい。合格者数が少ない法科大学院の「経営問題」が早晩生じること、他方で合格者数増大への社会的圧力が高まること（合格率九割超の医師試験型への移行への圧力）が今後の問題として想定されうる。

⑤　司法修習制度は存続するが、期間が一年間に短縮され、民事裁判・刑事裁判・検察・弁護士各二ヵ月の実務修習、選択制の総合型修習二ヵ月および研修所での集合修習二ヵ月とされる。

問題の一つは、修習生の手当てが給与制から貸与制に変更すること（財務省案）である。もともと法曹養成を大学教育に組み込むことの経済的メリットは、増大する法曹養成の公的負担を養成される者の授業料負担に切り替えるところにあるから、修習生の給与制の廃止も同じ方向のものである。養成制度のコスト負担に受益者負担の論理が入ることは、結果として、養成された法曹・弁護士の業務のビジネス化を助長する方向に作用するであろう。

⑥　法科大学院の設立は、これからの法学研究にどのような影響を及ぼすか。これについては、端的に実務への傾斜が強まり「外国法研究」や「歴史研究」が弱体化するであろうという見通しをのべる者がいる。[6]この議論は、法学の脱「規範価値」化と日本国憲法の見直しにまで法科大学院の設立が影響を及ぼすものと予想する。これに対しては、これまでの実定法学の蓄積における懐の深さとグローバル化時代の法曹養成の課題からみて、この議論がいかにも浅薄であり、実態を無視するものであるという反論が行われた。[7]

筆者の立場からみれば、前者は危惧として想定されうるものであり、後者は、建設の志として確認すべきものである。法科大学院の教育に参加しようとする政治学からも、この志の方向に共鳴する見解が示されている。[8]すでに筆者が繰り返し主張しているところであるが、法科大学院における法曹養成教育は、実定法を相対化できる視野をもち創造的法実務を担い得る人材、すなわち“researcher in practice”の養成でなければならない[9]。いうまでもなくこれは目標であり、その達成が保障されているものではない。

⑦ こうした人材の養成を見通す場合、法学未修者、つまり、異なった学部専門教育を経た者がどのような法律家に育つかは、興味深い点である。各法科大学院の入試では、最初から人数割りで未修者を採る場合（東大・京大・上智大など）と入学後にはじめてコースを振り分ける場合（早稲田大・関大など）とに分かれるようである。さらに、アメリカのロースクールのように、法律学位（JD・LLM）以外の高学位（MD・PhD・MA）をもった教員が相当数を占める（トップ一〇のロースクールで三七％、全ロースクールでも二七％）という状況[10]が、法科大学院の未来像として想定可能かどうかも一つの論点ではある。

## (5) おわりに

司法制度・法曹制度の改革状況を比較法的にみると、先進国では司法の経済学（司法の規制緩和とコストダウン）が、アジア諸国・体制移行国では司法の政治学（三権の一つとして民主的に安定した司法制度の確立）が焦点となっている。日本の今次の司法改革は、国家体制の再編という政治的性格とグローバル化対応の規制緩和・コストダウンなどの経済的性格の二重の側面をもっている。いずれであるにせよ、憲法に基礎づけられた司法論（国民の裁判をうける権利の保障、権力の憲法的・法的統制、司法と裁判官の独立の確保、弁護士の独立と弁護士会の自治の擁護）を踏まえて改革の方向性をチェックすることが重要である。法科大学院における法曹養成は、大学の自治・学問の自由を擁護する課題と統一することによって、創造的な法曹を作りだすことが可能になろう。

(1) 以下の経過について小田中聰樹『人身の自由と構造』信山社、一九九九年、第六章参照。
(2) 渡辺洋三（江藤介泰・小田中聰樹と共著）『現代の裁判』岩波書店、一九九五年、二八一頁以下参照。
(3) 小田中『司法改革の思想と論理』信山社、二〇〇一年、第三章参照。
(4) 以下の比較法については広渡清吾編『法曹の比較法社会学』二〇〇三年参照。
(5) 以下の整理について『ジュリスト』二〇〇三年三月二五日号「特集・新しい法曹養成制度と法科大学院」参照。
(6) 前田雅英「法科大学院とアカデミズム」『UP』二〇〇三年一一月号。
(7) 木庭顕「法科大学院と実定法学」『UP』二〇〇四年一月号。
(8) 山口二郎「法科大学院と法曹教育への危惧」『法律時報』二〇〇三年一一月号、小野耕二「法科大学院の政治学に何が必要か」『UP』二〇〇三年一二月号。
(9) 広渡清吾「法曹養成教育と法の基礎科学」『法律時報』二〇〇二年八月号、同「法曹養成教育と法科大学院」『学術の動向』二〇〇四年三月号。
(10) これについてはダニエル・フット教授のご教示による。

『法の科学』第三四号「特集・司法改革における法律家」に掲載。二〇〇三年の民主主義科学者協会法律部会学術総会（一一月二三―二四日・金沢大学）における同じタイトルのシンポジウムの総論報告

# 9　法科大学院の創設と法学教育・研究のあり方

二〇〇五年一二月

## (1)　はじめに

二〇〇四年四月から全国で六八の法科大学院が発足した。さらに二〇〇五年四月から六校が新たに加わり、総数七四校、学生定員の総数は五、八二五人となる。法科大学院は、法曹（弁護士、裁判官、検察官）の養成をもっぱらの目的とする専門職大学院である。

法科大学院は、アメリカ合衆国のロースクールを参照しながら、日本版ロースクールとして着想され、制度設計が進められた。法科大学院は、これまでの法学部や法学研究大学院のあり方に大きな影響を及ぼしうるものでありながら、司法改革の旗のもとで極めて早いスピードで設置に至ったので、こうした問題をめぐる議論はほとんど顧みられることなく、法科大学院フィーバーが法学界を席巻した。

いま、設置の作業も一段落し、法科大学院の教育が進行し、修了者の司法試験を迎える段階になっており、あらためて、法科大学院の設立の経緯を振り返り、位置づけ、法科大学院の今後の発展可能性も含めて、法学部、法学研究大学院との関係、法学教育・研究のあり方について考察することが必要である。本稿は、そのための整理を試み、いくつかの問題提起を行うものである。

## (2) 法科大学院創設の経緯と背景

### (i) 法科大学院を生みだした二つの改革

日本のこれまでの法曹養成は、司法試験一本主義と特徴づけることができる。なるほど多くの司法試験受験生は実際には法学部の教育を受けているが、制度上司法試験の受験のためには、大学での法学教育の修了は要件とされていず、どんな学歴、経歴の持ち主であっても司法試験さえ合格すれば法曹への道が開かれ、法曹養成教育は、司法試験合格後の司法研修所でのトレーニングにもっぱら委ねられた。

司法試験一本主義は、合者数が極めて限られる司法試験の難関さと相まって、受験者を技術に偏した受験準備に駆り立てることになった。大学法学部は、制度的に司法試験に必須のものでないばかりか、事実上も司法試験にとって役に立つものとみなされなくなっていった。こうして、大多数の受験者が法学部に所属しながら司法試験予備校を利用するというダブル・スクールの現象が、一般化してきたのである。

法科大学院制度は、法曹養成のこのような状況を改革すべく、導入されたものである。改革の理念は、それゆえ、法曹養成準備教育を大学教育のなかに位置づけ、「プロセスとしての法曹養成」（司法試験という「点」が中心になる法曹養成ではなく教育の過程を重要であるとする法曹養成）を行うこととされ、この教育の修了をもって国家試験である司法試験の受験の要件とすることによって、法科大学院は、質の高い法曹を量的にも多く生み出すことを可能にする制度であると位置づけられた[1]。こうなれば予備校による受験技術教育の弊害の除去などは、いうまでもないことである。

法科大学院の創設は、その理念通りに受け止めるならば、司法試験を最重要の関門とする制度から大学での法曹養成教育を最重点とするものへと日本の法曹養成制度のあり方を転換させるものであり、画期的なことである。また、この画期的な転換が、極めて早いスピードで準備され実現されたということもあわせて特筆されるべきであろう。

法科大学院の創設には、二つの改革が結びついている。一つは司法改革である。司法改革では、質の高い法曹をこれまでよりも大量に養成すること、端的に法曹人口の拡大が司法の人的基盤整備の柱とされ、法科大学院は、そのための手段として位置づけられた。もう一つは、大学改革である。少子化による大学入学者数の逓減にもかかわらず大学をより社会に必要な制度とするためには、高等教育の期間の延長および内容の多様化が条件となる。大学において正面から「高度専門職業人の養成」が課題として設定され、そのための「専門職大学院」の制度が一般的に導入されるのは、そうした見通しによる。(2) 法科大学院は、その典型例として、設計された。

二つの改革は、時期的にもあい近接しながら、展開した。周知のことであるがいくつかの事実をクロノロジカルに書き上げれば、次のようである。

一九九八年五月経団連「司法制度改革についての意見」および一九九八年六月自民党司法制度特別調査会報告「二一世紀司法への確かな指針」がロー・スクールの導入を提案。一九九八年一〇月大学審議会答申「二一世紀の大学像―競争的環境の中で個性の光り輝く大学」が「専門大学院」導入を提案、例示として「法律実務」分野に言及。

一九九九年六月「司法制度改革審議会」が内閣府に設置される。一九九九年九月東京大学法学部が「シンポジウム・法曹養成と法学教育」を開催し「日本型ロー・スクール案」を発表、二〇〇〇年一一月司法制度改革審議会中間報告が「法科大学院」の具体的制度を提案。二〇〇一年六月司法制度改革審議会が「司法制度改革審議会意見書―二一世紀を支える司法制度」を発表、法科大学院の創設を提言。二〇〇二年八月中央教育審議会答申「大学院における高度専門職業人の養成について」で「専門大学院」の趣旨をより徹底する「専門職大学院」の導入を提案、あわせてその典型例として「法科大学院の設置基準等について」を答申。二〇〇二年一一月法科大学院創設関連諸法の成立（学校教育法改正、法科大学院と司法試験の連携に関する法律、司法試験法改正、裁判所法改正など）、二〇〇三年五月法科大学院への裁判官及び検察官その他の一般職の国家公務員の派遣に関する法律の成立。

念のために付け加えておけば、専門大学院は一九九九年度から導入され、経営、マネージメントなどの分野で一〇校が発足し、二〇〇四年度からの専門職大学院の導入にともない、これら一〇専門大学院は専門職大学院に切り替わり、かつ、新たに一五程度の専門職大学院が公共政策やビジネスの分野を中心に設置された。したがって、専門職大学院は、法科大学院七四の他に、これら二五有余の種々のものが運営されている。

### (ii)　改革の背景

二つの改革の背後には、九〇年代後半、橋本龍太郎内閣が提起した「六大改革」以降進められるいわゆる新自由主義的改革の大きな動きがある。それが目指しているのは、従来の国家の役割に比重をおいた政治から、市場の役割を重視し、競争と効率を社会の秩序原理とする政治への転換である(3)。このなかで司法改革への先鞭をつけたのは、一九九四年六月の経済同友会の提言「日本社会の病理と処方」であり、そこでは訴訟・司法を活用できなかったことが日本社会の病理として捉えられ、「透明で公正な手続によってトラブルを解決するために誰でもが利用できる司法」を創り出す必要性が強調された(4)。

これまで司法改革にとくに関心を示すことがなかった経済界は、経済のグローバル化のなかで、行政への依存、業界協調、長期的取引関係を前提とした非法的処理や談合による問題処理ではなく、司法を活用して迅速かつ合理的な紛争処理を図る方向に転換の必要性を認め、そのために使い勝手のよい裁判制度の整備と法曹人口を拡大して司法処理コストを引き下げることを要求する立場に立った[5]。民訴法学者の谷口安平が一九九九年の段階で、今回の司法改革が経済界のバックアップによって実現可能性をもつことを予見したのは[6]、こうした事情によっていた。

司法試験制度における受験技術の偏重と合格者の年齢上昇は、すでに八〇年代後半から問題とされ、法務省が主導する形での法曹三者（最高裁判所、法務省、日本弁護士連合会）の協議を経て、一九九六年度から「若年齢合格者別枠制」（受験回数三回以下の受験者を別枠で合格させる制度）が実施された。また、すでに法曹人口の拡大は社会のニーズとして法曹三者に突きつけられ、法曹三者の合意によって司法試験合格者数の増員が図られることになった。しかし、現行制度の行き詰まり、したがってより根本的な司法試験制度、法曹養成制度改革の必要性が次第に明らかなっていたと考えられる[7]。

もともと法曹人口増員に消極的とみられていた日本弁護士連合会（日弁連）は、内部に強力な反対派をかかえながらも、法曹人口増員を含んだ司法改革の土俵に積極的にのる政策を選択した。日弁連は、一九九八年一一月「市民司法の確立」を目指す「司法改革ビジョン案」を採択した。そこには、経済界と市民の支持をえつつ、法務省と裁判所に対抗して官僚司法を改革するという戦略があり、それが可能だという情勢判断があったと思われる。

司法改革をめぐる以上のような状況は、司法改革の重要な柱の一つである法科大学院の創設をほとんど五年間程度の早いスピードでとにかく達成させることになったのである。

## (3)　日本版ロースクールとしての法科大学院制度の特有性

### (i)　ロースクールと法学部の関係

これまでの日本の法曹養成制度は、①国家試験としての司法試験、②合格者の「司法修習生」としての司法研修所における統一研修（裁判官、検察官、弁護士の進路志望によって分けない）、③研修後の二回目の試験、および④合格者への法曹資格（裁判官、検察官に任用される資格、弁護士として登録する資格）の賦与（不合格は例外的）という要素から成り立っていた。法科大学院の設立によって、①の部分は、ⓘ法科大学院における教育の修了、ⓘⓘ修了を要件とする司法試験という形に改革される。

日本の従来の方式は、以上の四要素において、ドイツの方式と相似していた。ただし、ドイツの方式は、大学法学部での法学履修が要件であり、この点で日本と異なっている。というより、大学の法学履修を法曹養成の必須の要素としないこれまでの日本の方式が、欧米諸国と異なる独特のものであったのである。(8)

法科大学院の修了を司法試験の受験資格とすることで、日本は欧米並みになったのであるが、大学における法曹養成準備教育を「大学院」レベルで行うことにした点で、ドイツ型ではなく、アメリカ型となった。アメリカの方式では、カレッジで四年の大学教育を修了し、三年制のロースクールに入学、その修了を要件とし、各州毎に実施される司法試験（国家試験ではなく全米法曹協会による試験）を合格すれば法曹資格が与えられ、実務研修はそれぞれの進路において具体的な職務に従事しながら行われる。

これまでの日本の独特の問題は、大学での法学履修を制度上法曹養成の必須の要素としてこなかったことであるが、法科大学院の設置によって、それは、大学のなかに法曹養成機関としての法科大学院とならんで、法学教育機関としての法学部が並存するということに移ったのである。それゆえ、アメリカのロースクールを参照しつつ、日本の法曹養成制度の改革を論じる際には、法学部との関係が制度的にクリアすべき重要な問題として最初から存在していた。法科大学院が「日本版ロースクール」として議論されはじめたのは、この点に問題の中心のあることが認識されていたからに他ならない。

### (ⅱ)　東京大学法学部の案

法科大学院に向けての各大学の議論に決定的な作用を及ぼしたものとして、一九九九年九月に東京大学法学部が開催した「シンポジウム・法曹養成と法学教育―法学部・法学大学院の果たすべき役割」があった。このシンポジウムでは、新たな法曹養成制度について、東大法学部「法曹養成と法学教育に関するワーキンググループ」案（以下、東大案）が示された[9]。この東大法学部シンポジウムの前にも、京都大学と大阪大学が同種のシンポジウムを開催したが、具体的な構想案は示されていなかった。東大案にそって、法学部と法科大学院（この段階では「法曹大学院」「ロースクール課程」などと呼ばれている）との関係がどのように考えられたか、みてみよう。

東大案に先行する具体的構想としては、二つの案がすでにあった。一つは、アメリカ型をモデルとし三年制のロースクールを導入すべきとする柳田幸男弁護士の案であり、この案では法学部は法学専門教育からリベラルアーツ教育を行うものに機能転換することとされる（アメリカ型ロースクール案）[10]。もう一つは、法学部と法学修士課程を統合した日本型ロースクール案であり、法学部四年次の法曹コースと修士課程二年を統合してロースクール課程を構想する田中成明京大教授の案が代表的なものであった[11]。

東大案は、法学部が法曹養成に限定されない人材養成機能をもつことを理由に法学部の廃止を含むアメリカ型ロースクール案をまず排する。したがって、法学部の存置を前提に日本型ロースクール案が検討される。ただし田中案のような統合型ではなく、法学部と修士ロースクール課程を制度的に切り離した上で、教育課程として学部の法曹コースとロースクール課程を内容において連携する案が示される。その連携は厳格であり、法曹コースの修了をロースクール課程入学試験の受験資格とするものとされる。田中案のような統合型の難点としては、法学部の法曹志望以外の他のコースの学生に対して法曹コースを特別に扱うことになること、法学部の教育が法曹コースを含んで学部卒業によって修了させるべきであることがあげられている。

東大案では、田中案も同様であるが、大学院としてのロースクール課程に進学する学生が inbreeding に考えられている。ただし東大案は、他大学や他学部の出身者にロースクール課程への出願を認めるかどうかを検討課題としており、認める場合には合格後一年間の特別コースの設置などをあわせて検討すべきであろうとしている。ロースクール課程の設置後に法学部を存置し、かつ、そこにもなお法曹養成機能を与えようとする考え方は、このように田中案であれ、東大案であれ閉鎖型のロースクール構想として表現されたのである。

ロースクールの制度にとって重要なその他の論点について、東大案をみておくと、次のようなものがある。

①司法試験の受験資格は、ロースクール課程修了者に原則として限定する。司法試験はロースクール課程の履修の修了を確認するようなものとすべきであり、ロースクールが法曹養成機関であるという存在意義を没却しない程度の合格者枠の拡大が必要である。それゆえ、逆にロースクールの定員数に一定の限度を設けざるをえないこととなろう。②過渡的に現行司法試験に一定の合格者枠を確保することはやむをえない。③司法研修所による司法修習は存続させ実務教育を行うものとし、ロースクール課程は理論教育を中心に行

う。④ロースクール課程での成績評価を司法試験の判定に加えることも考えられる。

成立した法科大学院の制度は、以上の東大案と比較してみると、その中心が法学部とロースクールとの制度的連携関係を原則として否定するところにあることが明確になる。

### (iii)　成立した法科大学院制度の位置づけ

すなわち、法科大学院は、大学学部卒業を入学の要件とし、三年の履修期間を原則とするものとして構成される。法科大学院の入学試験は、法学の事前履修を必要としない「適性試験」とされる。ただし、法学既修者として出願する者には法律試験科目を課すことができ、法科大学院の履修期間を二年として希望することができるとされた。この点においては、法科大学院は、アメリカ型ロースクールの理念により近い形で決着をみたといえる。

しかし、その他の論点についていえば、法科大学院の制度は、より保守的な要素を示すものとなっている。第一に、司法試験の受験資格は法科大学院修了者に限られるが、現行司法試験が過渡期に存続し（二〇一〇年まで）、その後は「予備試験制度」が導入され、同試験の合格者には法科大学院の修了資格なしに司法試験の受験資格が与えられる。第二に、東大案が指摘したような法科大学院全体の定員の限定は行われず、したがって司法試験合格者枠が限定されることにより司法試験は、従前通り競争試験となり、法科大学院修了者である受験者の七―八割を合格させるという当初の想定が困難になる。第三に、司法試験の性格は従来通りの国家試験であり、東大案の指摘した法科大学院の成績評価を加味する案は顧慮されなかった。

二〇〇四年度の初めての法科大学院の入学試験をみると、入学定員を法学未修者と法学既修者の枠に分けて入学選抜する大学と、枠を分けず入学選抜を行い、入学後に一定の試験なりの措置によって未修者と既修者を分別する大学の二つのタイプに分かれている。二〇〇三年度司法試験合格者数の上位一〇大学でみると、前者が八大学、後者が二大学であり、前者の八大学で法学未修者と法学既修者の枠の比率は、おおむね一対二となっている[12]。ただし、法科大学院（六八校）全体では、未修者の比率が約六割程度となっている。多様な経歴の法学未修者（これは自己申告なので実際に法学を履修しなかったということと同一ではない）を三年間教育し法曹として養成することが、これまでに日本の法曹養成にない法科大学院の新たなメリットであるとすれば、その観点からこの未修者の比率がどのように評価できるか重要な論点であろう。

法科大学院発足後のもっとも重要な争点は、司法試験合格者数の問題である。司法制度改革審議会は、二〇一〇年までに少なくとも年間三、〇〇〇名程度の合格者を確保すべきことを指摘していた。二〇〇五年度の合格者数は一、五〇〇名である。二〇〇六年度からは、法科大学院の修了者（履修二年の法学既修者）に対する新司法試験が実施される。問題は、合格者数そのものと同時に、年間合格者総数を新司法試験と二〇一〇年まで過渡的に継続する現行司法試験にどのように振り分けるかというところにある。

新聞が伝えるところによると法務省は、現行司法試験の合格者数を毎年逓減させることとするが、たとえば二〇〇六年度は新司法試験に八〇〇名、現行司法試験に八〇〇名を割り振る等の案を検討しており、この案によれば新司法試験の合格率（当該年度の法科大学院修了者および推計される複数回目の受験者を含めた数に対する合格者の比率）は、二〇〇六年三四％、二〇〇七年二二％、二〇〇八年二〇％、その後も二〇％程度で推移すると予測されている[13]。

これに対して法科大学院関係者は学生を含めて、低い合格率が法科大学院の教育を受験準備に偏したものにして本来のプロセスとしての法曹養成の趣旨が活かされないと主張して、法科大学院修了者の合格数を大幅に増加させることを要求している。こうした要求については、現行司法試験を目指してきた者の不利益を軽くする必要があること、法科大学院の一定の質の確保が必要であることなどが指摘されるが、さらに法科大学院も七―八割の合格率を確保できるところとそうでないところの二極分化が生じて淘汰が進み、その結果として生き残る法科大学院だけを取れば、当初想定の合格率に近くなるだろうという、多くの法科大学院が目をむきそうな意見も出されている。(14)（このの ち法務省司法試験委員会は法科大学院修了者の合格者数をアップする方針を発表した(15)）

実際、合格者数を確保できない法科大学院は、その結果として入学志望者を確保できないことになるであろうから、全体としての合格者数が限定されれば、法科大学院間の合格者数競争を通じて選別淘汰が進むことになることが予想される。三―四回の新司法試験が行われれば、七四の法科大学院のランク付けがはっきりするであろう。七四の法科大学院が全体として法曹養成教育機関として存続するのか、あるいは他の教育目標を考えざるをえなくなる法科大学院（しかしそれは設置の目的に矛盾する）がでてくることになるのか、事態は流動的である。

二〇一〇年に合格者数三〇〇〇人程度という目標をどう考えるか、社会のニーズを勘案しつつ大幅に増員することが必要なのか、法科大学院におけるプロセスとしての法曹養成の意義に立ち返りながら、この問題は法科大学院の今後の帰趨を決めるものとして論じられなければならない。

## (4)　ドイツおける法曹養成制度の改革

ドイツでも法曹養成制度の改革の議論が続いており、最新のものとして二〇〇二年七月に法改正が行われた。ドイツの改革議論は、“Alles schon dagewesen”（もうみんな一回は議論すみだ）と皮肉られるような状態であり、今回の法改正も決定的なものではなく、さしあたりの妥協の産物という印象である。とはいえ、日本の法科大学院と法学教育のこれからを考える論点をドイツの改革議論から引き出すことも可能であり、そのような視点から、ドイツの問題に触れておくことにしたい。

（i）ドイツモデルの転換の模索

ドイツの法曹養成制度は、二段階養成制度で、かつ、統一法曹養成制度として特徴づけられる。二段階というのは、大学における法学教育による理論的教育と司法試験合格後の司法修習生に対する実務教育を二つの構成部分にし、それぞれの修了について国家試験が行われる（司法試験第一次試験、第二次試験）ことである。また、養成教育は、裁判官、検察官、弁護士の進路に関わりなく統一して行われ、すべての法律家に共通の資格として「裁判官資格」が与えられる。法曹養成の全過程は、国家（連邦の各州）によって担われる。

ドイツのこの方式は、ヨーロッパでも特有のものである。フランス、イタリアなどのヨーロッパ大陸諸国は、大学の法学教育の修了ののち、司法官（裁判官・検察官）と弁護士が別の研修プロセスを経て養成されるシステムである（分離養成型）。イギリスは、法曹一元制であり、大学の法学教育を受けた者がバリスタおよびソリシタのそれぞれの団体による研修を経て法曹の資格をえる。ドイツの法曹養成制度は、歴史的にみると、官僚（法曹）養成について国家の側が大学に不信を抱き、国家機関における長期の実務修習を制度化したことをルーツにするものだといわれている。

ドイツの二段階養成制度に対するもっともラディカルな改革案は、大学で理論と実務の両者を教育し、法曹としての資格認定を大学の試験として行うというものである。社会全般の改革が行われた一九六〇年代後半に、二段階養成制度に対して「一段階養成モデル」が提唱され、具体的に一九七一年から八四年にかけて、七州八大学で一段階養成モデルが実験的に導入された。

そのうち成功例とみなされるアウグスブルク大学の場合では、七年間大学と大学外で理論と実務を組み合わせた教育を行い、最後に国家試験としての司法試験が行われた。合格後の司法修習はない。この一段階養成モデルは、「ドイツ型ロースクール」といってもよい。養成期間もアメリカのカッレジ四年とロースクール三年で計七年に対応し、試験は一回で法曹資格が与えられ、その後の研修は具体的な職務に従事しながら行われるというのも同じである。ただし、司法試験が国家試験であることは、異なる。一段階養成モデルは、しかしながら、実験で終わってしまいその後は採用されることなく今日に至っている。[16]

ドイツの近年の改革論は、国家の役割を縮小させるという行財政改革の要求を背景にして生まれている。そこで改革の方向は、国家的養成プロセスを切りつめることであり、具体的には経費のかかる統一司法修習制度を廃止すること、他方で大学における養成教育の比重を高めることである。一九九〇年ヘッセン州の国務大臣コッホ（Karl-Heinz Koch）の提案は代表的なものであり、それ以降の改革案の要素をほぼ含んでいるといわれている。それは、次のようなものである。[17]

①統一的な法曹養成を廃止する。大学の法学履修修了で修了資格（学士・Diplom）をあたえ（現在は第一次司法試験合格によって法学の履修修了が認定される）、その修了資格をえた者が、司法官（裁判官・検察官）、弁護士、行政法律家、企業法律家など、それぞれの進路を選択することとし、その職域毎に研修と資格認定のシステムを設けることとする。②ただし、どの職域でも認定する資格は従来の「完全法曹」（裁判官資格）とし、相互の職域間の移動が自由にできるようにする。③大学の法学教育は、三年間の基礎の教育を前提として、選択する進路毎に一年半の重点領域の教育をおこなう。④大学に上級専門課程（Aufbaustudium）を設けて、より専門化した法領域で理論と実務を深めることができるものとする（たとえば環境法、経済法、社

会法、ＥＵ法）。この履修をおえれば完全法曹の資格が認定されるものとする。

このコッホの提案は、大学法学部に法曹の基礎資格の認定権および上級専門課程の修了による完全法曹の資格認定権を与える点で、従来よりも大学の比重を高めるものであるが、基本の狙いは統一司法修習の廃止にある。

このような提案の延長線上で、一九九八年一一月にドイツ司法大臣会議（各州司法大臣の協議体）は、より明確な次のような改革案を発表した[18]。それによると、第一に、法学部の履修期間を五年とし、理論教育とあわせて実務教育を行い（基礎課程二年、発展専門課程一年、大学外実習課程一年、専門選択課程一年）、修了に際して統一法曹資格を与える試験を行う。この試験は、大学実施部分と国家実施部分から構成する。第二に、統一修習制度は廃止し、進路に応じて「試用期間」として研修を行う。司法官、行政法律家は、国家が行い、弁護士は、弁護士会が行うものとする。

司法大臣会議案は、かっての一段階養成モデルに戻っており、かつ、分離養成型の要素を取り入れ、また司法試験について大学と国家の共同所管とするところに特徴がある。しかしここでも、統一司法修習の廃止が基本目標であることに変わりはない。この案は、しかしながら、賛成する州が相対的には多数ながら、過半数をえることができなかった（この段階では賛成七州、保留五州、反対四州）。

大学法学部の側は、こうした政治サイドの案に対して、法学教育のあり方論を起点にして、法学教育を歪めないような司法試験制度に改革することを中心の論点とする。司法試験受験予備校（Repetitorium）の隆盛は、ドイツでも日本と同様に問題となっているからである。「教えられた素材が試験の対象となること」、「教育プロセスにともなった成績評価が重要視されるべきこと」、「余裕のあるカリキュラムと選択制の拡大を可能にするものに」などの司法試験のあり方に対する大学側からの批判は、最終的には「司法試験を国家試験ではなく大学試験に」という要求に発展している[19]。

(ii)　二〇〇二年の法改正

二〇〇二年のドイツの法改正は、二段階養成制度に手を触れず、司法試験制度の改革を主な内容にするものであった。二〇〇三年一〇月の冬学期から改正法が施行されている。

改正の最大のポイントは、第一次司法試験について、大学側の責任分担を認めたことである。従来「第一次司法国家試験」と呼ばれていたが、名称もたんに「第一次司法試験」とされる。この試験では、国家試験として必修科目（公法系、民事法系、刑事法系、基礎法系）の試験、および大学試験として受験者が選択する「重点領域」(Schwerpunktbereich)（必修科目と選択科目から構成）についての試験が行われ、両試験の合格をもって第一次試験の合格とし、前者七割、後者三割の比率で配点して両試験を総合した評点をだすとされる。

どのような重点領域を設定するかは、それぞれの大学法学部のカリキュラムに委ねられるので、この点では大学の個性の競争という趣旨が活かされうる。また、大学試験の部分は、履修の最後にまとめて一回限りで行う方式のみならず、各学期毎にレポート、筆記試験、口述試験を実施して評点を積算していく方式が、学生にも教師にも負担の少ない方法として選択されている（たとえばベルリン市とブランデンブルク州はこの方式を採用している[20]）。

その他の改正点は、まず、法学教育における国際性の重視であり、外国語による法学の講義や法学に関係づけられた語学コースの設置などが予定される。また、司法修習および法学教育において弁護士業務への比重を高めることであり、司法修習での弁護士修習期間が四カ月から九カ月に拡大された。ドイツの法曹養成は、統一法曹資格としての裁判官資格の取得を目指すものであることから、司法修習生の大半が弁護士になるにもかかわらず弁護士業務研修にふさわしい配慮が行われていないことについて、弁護士会からは強い批判があった。二〇〇二年の法改正は、これに応えたものである。ただし、弁護士会には、ヨーロッパ大陸型の弁護士の分離養成制度に改革すべきだとする意見も強くある。さらに、裁判官の任用要件として「社会的能力」(soziale Kompetenz) が規定され、技術的専門的能力に偏ることのない法律家を養成すべきことが明示された。

なお、ついでにいえば、一九九八年の大学基本法改正で、bacheler（学士）および master（修士）制度の導入が可能となり、さらに二〇〇二年同法改正でこれが一般的制度とされたので、法学部でも独自の修了資格の認定ができることとなった。これまでは、司法試験第一次試験の合格のみが法学履修の修了を認定するものであった。バチェラー・マスター制度の導入は、ドイツの大学の修了資格認定制度を国際的スタンダードにあわせるのと同時に、ドイツ各大学の個性の発揮と競争の手段として位置づけられている[21]。

ドイツの法曹養成制度の改革議論の焦点は、以上みるように一貫して、理論的教育と実務的教育の結合の仕方如何、法曹養成における大学と国家の役割分担如何、法学教育と司法試験の関係如何という問題に存する。

法科大学院が大学における法曹養成機関として設置されたことは、日本においても制度論上、ドイツと同じ問題が登場することを意味する。上で見た東大案は、司法試験に法科大学院での成績評価を加味するという論点を示していた。これはささやかではあるが、司法試験における大学と国家の役割分担のアイディアである。法科大学院の教育と司法研修所の修習生教育との分担関係のあり方如何は、法科大学院の教育内容の問題としてすぐに深刻な問題となる。司法修習については、法科大学院の創設にともなって修習期間が一年半から一年に短縮され、また、二〇一〇年一一月から司法修習生の給与制が貸与制に切り替わることとなっており、さらに統一司法修習のあり方、その是非も今後の議論の射程に入ってくる可能性がある。

## (5) 法科大学院と法学部、法学研究大学院

### (i) 教育制度としての専門職大学院の位置づけ

法科大学院は、専門職大学院の一類型として創設された。専門職大学院は、高度専門職業人養成を任務とするものであり、既存の研究者養成大学院と区別される。これは一応明確な区別である。では、専門職大学院と学部との違いはどこにあるのか。学部も専門学部として専門職業人を養成する機能をもつはずである。法律家とならんで社会的に専門家の代表とみなされる医師は、医学部で養成される。獣医師は農学部で、歯科医師は歯学部でそれぞれ養成される。これらの学部は、養成対象の専門性の高さから修学期限が通常の学部の四年ではなく六年とされている。アメリカのプロフェッショナル・スクールの代表的なものには、ロースクールとならんでメディカルスクールがある。日本では医学部六年で医師を養成するのであるから、法曹養成を六年制の法学部で行うということが制度的な選択肢としてはありえないわけではなかった。近年、薬剤師の養成制度の改革が議論され、専門職大学院の導入後であったにもかかわらず、薬剤師養成の専門職大学院の設置ではなく、薬学部を六年制に切り替えることが決定された。このようであるとすれば、専門職大学院は、期限を延長された専門学部というようなものである。

教育学者の天野郁夫は、専門職大学院制度が、日本の高等教育制度において専門職業教育をどのように行うのかという戦後教育改革以来の課題を明確に整理しないままに、司法改革の圧力のもとで「法科大学院構想の登場にいわば強いられる形で出現したものである」と評している。専門職業教育は、専門学部、工学系

に見られるような形で研究大学院修士課程、大学卒業者を対象にした専修学校などで行われており、専門職大学院の創設は、本来これらを整理し位置づけ直す機会でなければならなかったのである。二ないし三年の法科大学院の修了によって「法務博士」が与えられるとされているが、これも天野によれば、他の博士号との不均衡があり、専門職学位一般への十分な検討なしに、法科大学院構想が優先したものと批判される(22)。

こうした事情からしても、法科大学院が法学部および法学系の研究者養成大学院（以下、法学研究大学院）とどのような関係に立つのかという問題は、専門職大学院と学部・研究大学院の一般的関係から論じるというより、法学教育・法学研究の領域に即して検討するべきであろう。

### (ii)　法科大学院の設置と法学部の動向

全国で一〇〇前後ある法学部・法律学科等は、毎年四万五、〇〇〇名程度の法学士を送り出している。七四の法科大学院の学生定員の総数は六、〇〇〇名弱である。法科大学院は、法学を履修していない者も入学できる。それをカウントすると、おおまかにいって法学士の九割程度は法曹とはちがった進路を選択することになる勘定である。

もともと、戦後の大学法学部は、法曹養成を一つの要素に含みながらも多様な社会的進路を想定して、十分なリーガル・リタラシーを備えたジェネラリストを送り出すことを教育目標にしてきたと思われる(23)。

法学部について今生じている事態は、まず全体としての流動状況である。日本学術会議第二部が二〇〇四年一二月に実施した「法学部教育の今後のあり方に関するアンケート」（以下、「法学部アンケート」）は、七六法学部および一五の法学教育を行っている学科（経済法学科、企業法学科等）の計九一機関から回答を集約した（アンケート発送先は一一九機関。両者をあわせて以下、「法学部等」とする(24)）。

これによると、法科大学院の設置以外に、公共政策専門職大学院等の別途の専門職大学院を設置し、また設置を計画している法学部等は、二割程度ある。法学部等の半数については、学生定員の変化が生じ、または計画されている（「減少した」が二五・三％、「増加した」が五・五％、「検討する・検討中」が一七・六％）。

法科大学院は、学生一五名あたり一名の専任教員を設置要件として求められている（設置後一〇年間について専任教員数の三分の一は学部等との兼任を認める緩和措置がある）。専任教員のうち二割程度は実務家教員（五年以上の実務経験のある者）であることが設置基準で要求されおり、これらが現在の大学教員以外の弁護士・裁判官・検察官等の現職あるいは経験者から採用されるとしても、七四の法科大学院の専任教員の大半は、法学部から法科大学院への教員の移動によってまかなわれる。教員集団もこのように流動化している。

このような流動的な状況の中で、法学部の未来像を探れば次の三つくらいのものが想定できる[25]。

第一に、法学部教育に専門職業人教育の要素をより強く取り込むことである。法科大学院への進学を含めて、その他のリーガル・プロフェションの資格取得、企業法務、公務員などの進路に応じた教育を提供する方向である。この場合、コース制などの採用によって、より選択の自由度の小さいカリキュラムを提供するか、あるいは、科目選択のオリエンテーション程度にとどめて学生の選択の自由に委ねるか、その方法は分かれうる。

第二に、これとは逆に、これまでの法学専門教育をより「リベラル・アーツ」化する方向がある。法学と社会諸科学との連携を重視し、法というものに対する基礎的な認識と理解を深め、基本的な法知識を取得させ、自由と民主主義を担う市民を育てるような教育である。カリキュラムは、自由度の大きなものになるであろうが、逆に基本的科目についての必修制も考えられる。他学部の講義の受講と単位認定を幅広く認めることなども重要な措置である。

第三に、法学部を文系諸学部と合同し、法学教育のカリキュラムの独自性を相対的に弱めて、他の人文社会系の学問分野との連携・交流を強めていくという方向である。これは、法学教育のあり方をより多様にする制度的枠組みを創り出しうる。つまり、この枠組みの下では、上記の第二の「リベラル・アーツ」化をとるとすれば、より幅広くこれを進めることが可能になる。他方で第一の方向を目指そうとすれば、人文系、経済系の科目との組み合わせによってより広い基礎をもった専門職業養成コースの設置やオリエンテーションが可能になると考えられるからである。

「法学部アンケート」は、これからの「法学部の教育目標」を尋ねているが、回答によれば、「主として学生の多様な進路に応じた専門職業的な教育を目指す」が三五・二%でもっとも多い。これは上記の第一のパターンに対応する。これに関連して別の設問で、法学部において「法科大学院の進学を希望する学生のために特別の対策を採っているか」に対して、「採っている（または採る予定がある）」という回答が回答数の六割近い（七五大学中四三大学）ことは、注目しておいてよい。次に多いのは「主としてジェネラリストを養成する法学専門教育を目指す」二二・〇%、さらに「主として法学部色を薄めリベラル・アーツ的な教育を志向する」が六・六%である。「検討中」が一四・三%であり、分類されえない個別の意見が一三・二%となっている。

個別の意見の多くは、上記の三つの選択肢の組合わせを考えているものである。ここからうかがえるのは、三つの選択肢が実際には排他的なものではなく、リベラル・アーツ的な基礎教育の上に専門職業的教育を行うという結びつけ方が可能であるということである。

「ジェネラリストの養成」という回答は、「さしあたり現状維持」という意味で理解すべきであろう。しかしこれも、法曹養成教育が法科大学院に特化された条件の下で再構築される必要があり、したがって、新たな方向付けということでいえば、上記の第一および第二のいずれかにあるいはその組合せに収斂するともいえる。

「法学部アンケート」は、「法学部の今後の見通し」について尋ねている。「現状のままで存続する」が二四・二％で、これは法学部の教育目標を「ジェネラリストの養成」と回答した割合とほぼ対応している。しかし、多数は「法学の枠組みを堅持しつつも、役割を見直し、新しいあり方で発展させる必要がある」（六五・九％）とし、「当面このまま存続するが将来文系他学部との統合・再編がありうる」も五・五％である。上記の第三の方向も現実的選択肢に含まれていることがわかる。「廃止することがありうる」の選択肢を選んだものは無かった。

法学部廃止論（リベラルアーツ学部への改変等）は、アメリカ型ロースクールの導入を強調する際にしばしば唱えられた。しかし、これまで社会に対して法学部の果たしてきた人材養成の役割（逆に言えばこれに対する社会のニーズがある）は、法曹養成に特化した専門職大学院ができたということだけで消え去るものではない。日本の事情を知るアメリカのロースクールの教授は、アメリカ・モデルによる法科大学院の創設に賛同しながら、アメリカにないメリットとして、日本の法学部を存続させる意義を強調している。その意義は、法学士（四年間の法学教育を修了した者）の層としての存在が、日本社会の法的知識を支えて、専門法曹と市民の間のギャップを小さくする機能に求められている[26]。

日本の法学部等は、このような基本的役割をしっかり押さえながらも、独自の法曹養成教育機関の創設のなかで、その存在理由と教育目標を再構築して示していくことが求められる。おそらくここでは、これに対する一律の解、万能の処方を求めるのではなく、多様性のなかで個性を発揮するという考え方でこれからの問題を見通していくことが必要であるように思われる。

法科大学院の設置は、法学研究大学院にも大きな作用を及ぼしていると考えられる。法学研究大学院の数は七〇強、修士の学生定員の総数はおおよそ三、四〇〇名程度であったが、これが再編過程にある。

再編のタイプは、おおよそ次の三つと考えられる。

第一は、法科大学院が独立大学院（「法務研究科」等）として設置される場合であり、既存の研究大学院とは独自に運営されるので、研究大学院に変化がないか、または研究大学院の学生定数の減少が生じるといった変化にとどまる。

第二は、法科大学院が従来の法学研究科の一専攻（法曹養成専攻等）として設置される場合であり、研究科内での専攻の再編が行われて、研究科全体として、専攻数の増加ないしは減少が生じる。法科大学院は修士課程に準じるので、博士課程への進学について法科大学院と研究大学院の連携が生じる。法科大学院の修了者がその研究科内部で博士課程に進学しうるかどうか、その場合の要件は何かが問題となる。またこの場合、実定法専攻で研究者を志望する者は、原則として法科大学院を経由するものとし、研究大学院の修士課程は実定法以外の専攻者だけで構成するという再編タイプがある。ここでは両者の連携はさらに進んで、統合的になる。

第三は、これまでの研究大学院の運営が小規模であり、また、司法試験受験者が腰掛け的に大学院に進学していたり、あるいは大学院生がほとんど実定法専攻者である場合であり、法科大学院の設置の結果として研究大学院を独自に存続させる意味が薄れて、研究大学院が廃止される。

「法学部アンケート」は、研究大学院を設置している法学部等に法科大学院の設置による影響を尋ねている。研究大学院に改変があったという回答は、ほぼ半数である。改変の内容は、専攻の再編による専攻コースの増加または減少、研究大学院の学生定数の減、さらに研究大学院の廃止も含まれている。個別の大学における再編がこれらのいずれであるにしても、今後の基本問題は、法学研究者の養成において法科大学院がいかなる役割を果たすのか、ということである。

上記第二の、より統合的なタイプにおいては、実定法専攻の研究者養成について法科大学院が前期課程（修士課程）を代替するようになっている。法科大学院が第一の場合のように独立に設置されている場合でも、法科大学院修了者が博士課程への進学を希望した場合、少なくとも実定法専攻である限り、研究大学院の修士課程から入り直すことを要求することにはならないであろう。このようであるとすれば、法科大学院は、実定法専攻に関する限り、研究大学院の前期課程の一部を構成しているのと同じである。

法科大学院が法学研究大学院の前期課程を代替するというモデルは、消極と積極の二つの方向を持つ。消極モデルは、「代替できる」というにとどまり、法学研究大学院の前期課程は実定法専攻に関しても併存する。これに対して積極モデルは、むしろ「代替すべきである」と考えるものである。この場合にはさらに部分積極モデルと全部積極モデルがありうる。前者は、実定法専攻に限って、後者はすべての（実定法系、基礎法系を問わず）法学研究領域の研究者養成について、法科大学院の修了を要件とすることになる。

全部積極モデルを採ると、法科大学院は法曹養成のみならず、法学研究者養成においても中心的な機関となり、法科大学院を共通の基盤として、法曹志望者は司法研修所に、研究者志望者は博士課程にそれぞれ進むという構造ができる。この構造は、なるほど専門職業人の養成に特化すべき専門職大学院のコンセプトと調和しない。しかし、専門職大学院のコンセプト如何という一般論ではなく、法学研究者の養成という課題のなかで、法科大学院をどのように位置づけるかという問題としてここでは考えてみることが必要である。そして、実はこの問題は、法科大学院における教育のあり方、そして法科大学院の教員の研究のあり方と相関するものである。

筆者は、原理的にいえば、法曹養成教育も研究者の養成と同じ課題を持つべきであると考え、そのように主張してきた(27)。現代の法律家は、社会の紛争を法的に解決しようとするとき、習得した既存の法と法知識のみに頼ってすますことができない。法律家の活動は、実践において研究し、創造的な法実務を形成するという役割を避けることができない。これからの社会が要求する法律家は、researcher in practice とでもいうべき人材である。

法科大学院の教育がこうした人材の養成にきちんと向けられるものであれば、そこで行われる教育は、研究者養成のためにも極めて有意義なものである。将来とも法学研究者であろうとする学生と法曹志望の学生が法科大学院で共に学びあうということは、十分に可能な想定である。この場合、法曹志望の学生と研究者志望の学生は、学び会うなかで重点の置き方を異にするであろうから、このような重点の置き方をことにした学び方を可能にするように、法科大学院のカリキュラムが用意されることが前提である。

出発した法科大学院の実際は、専門職大学院としての要件の下に、実定法と法実務に関わる実際的な教育を中心にせざるをえないでいる。合格者枠のしばりの下で、司法試験の重圧が学生達を支配し、教師もまたそれを意識せずにはおれず、研究を棚上げせざるをえないという状況が広く見られる。「法とは何か」を広い社会科学のパースペクティブで捉えること、歴史や比較の視点で法を眺めてみること、現行の法制度を相対化しうる視野を獲得するために自由に思考すること、このような教育は法科大学院の今の枠組みの下では、さしあたりかなり困難であると考えざるをえない。

「法学部アンケート」は、研究大学院をもつ法学部等に「今後の法学分野における大学院のあり方」を一般的問題として尋ねている（回答数六五）。多数は、「研究大学院と法科大学院が並行する制度が続く」と考えている（四八・四％）。また、かなりの数が上記第二の統合的なタイプ、「少なくとも実定法専攻者は法科大学院を経由して後期課程に進学する」と考える（一八・七％）。そしてごく少数ながら、上記の「全部積極モデル」を採用し、「法科大学院がすべての研究者養成の前期課程になる」という回答がある（三・三％）。

ここでも状況は流動的である。方向を規定するのは、今後の法科大学院での教育と研究の実際である。この実際は、個々の法科大学院毎に分化してくることが予想される。法科大学院が司法試験の予備校化する可能性は、一般的には否定できない。他方で、法科大学院が将来の法実務のために学びながら、同時に「法とは何か」を深く自由に探求することのできる場所として発展することが否定されているわけではない。法科大学院の今後の発展の様相は、法科大学院教員など関係者の努力もさることながら、司法試験の合格者枠や試験のあり方、また、司法修習のあり方などの外在的条件に大きく左右されるものとなるであろう。

### (6)　おわりに

法科大学院の創設は、日本の大学が法曹養成を自らの課題として制度的に引き受けることであった。その場合、アメリカ型のロースクールを直輸入することとは、これまで法曹を実質上養成してきた法学部の存在を無視することであり、それゆえこれとの整合性をどうつけるかが最初の関門であった。これに対して提供されたモデルが「日本型ロースクール」（田中案・東大案）であり、それは法学部と大学院修士課程レベルを実質的に直結して法曹養成課程を設置するものであり、そこでは大学単位での inbreeding な養成が基本とされた。

この閉鎖的な「日本型ロースクール」構想は、開放的で多様な人材の育成という標語のもとに否定され、法科大学院は法学部と制度的な連携関係をもたないものとして、アメリカ型により近いものとして形成されることになった。この段階で、法科大学院の設立後の法学部がどうなるのかという問題は、法科大学院の制度設計の外の問題となってしまった。

法科大学院は、専門職大学院として設置された。専門職大学院と既存の研究大学院は、制度上棲み分けが行われているが、実質的に法学領域において具体的に二つの大学院が研究者養成という視点からどのように係わるのかという問題が明確に生じており、これもまた、法科大学院の制度設計の外の問題となっている。

法科大学院は、以上のように法学部および研究大学院との関連問題を大学の現場に残したまま発足し、運営が開始された。関連問題に解をみつけ、法曹養成に成果をあげるとともに、法学領域全体の教育と研究を発展させることが求められている。現在の流動的状況の中では、その発展がある一律の制度的な仕組みに収斂すると考えるのではなく、各大学は、法学部・法学研究大学院・法科大学院について、それぞれの基本的な存在意義を踏まえながら、一定の選択と改善を通じて連携の在り方を追求するべきではないかと思われる。発展を見通すための条件は、七四の法科大学院がそのまま存続するのかということを含めて、確定していない。本稿は、そうした流動状況の中で、解を求める手がかりを探ったものである。

（1）司法制度改革審議会「司法制度改革審議会意見書―二一世紀を支える司法制度」二〇〇一年六月参照。
（2）『学術の動向』「特集・高度専門職教育と日本社会」二〇〇四年二月号参照。
（3）渡辺治「司法改革の本質と背景」『法と民主主義』二〇〇一年七月号三―一五頁。
（4）この報告書の分析について渡辺洋三『現代の裁判』（江藤价泰・小田中聰樹と共著）岩波書店、一九九五年、二八一頁以下参照。
（5）広渡清吾「司法改革をどう見るか―いくつかの文脈と論点」『法と民主主義』二〇〇五年一月号、四―一三頁参照。
（6）谷口安平「司法改革の新しい潮流―民事司法を中心に」『月刊司法改革』一九九九年一〇月号、二八―三四頁。

（7）この間の経緯の分析として小田中聰樹『人身の自由と構造』信山社、一九九九年、第六章参照。
（8）法曹養成制度の比較分析については広渡清吾編『法曹の比較法社会学』東京大学出版会、二〇〇三年参照。
（9）『法曹養成と法学教育―法学部・法学大学院の果たすべき役割―』東京大学法学政治学研究科「法曹養成と法学教育に関するワーキング・グループ」一九九九年九月二〇日「法曹養成と法学教育シンポジウム」ディスカション・ペーパー（討論資料）一七頁。
（10）柳田幸男「日本の新しい法曹養成システム（上）（下）」『ジュリスト』一一二七号一一一頁以下、一一二八号六五頁以下、一九九八年。
（11）田中成明「日本型法科大学院構想について」『自由と正義』五〇巻九号一四頁以下、一九九九年。
（12）朝日新聞二〇〇四年四月二日付朝刊。
（13）朝日新聞二〇〇四年一〇月八日付朝刊。
（14）朝日新聞二〇〇四年一二月二一日付朝刊「理念生かせ新司法試験」司法研修所上席教官加藤新太郎氏の談話。
（15）二〇〇五年二月二八日の「併行実施期間中の新旧司法試験合格者数について」によれば、二〇〇六年度には新試験合格者数が九〇〇ないし一一〇〇人、旧試験合格者が五〇〇ないし六〇〇人、二〇〇七年度には前者が二〇〇六年度の二倍程度、後者は三〇〇人程度をそれぞれ目安とするとされる。http://www.moj.go.jp/SHINGI/SHIHO/05228-1-1.html 参照。
（16）石部雅亮「法曹養成制度のドイツ型」『法社会学』五三号二〇〇一年一一一―一二一頁、高田篤「ドイツにおける法曹教育の中核としての『法学』・法学部―法治国家の前提条件」同前一二二―一四五頁参照。
（17）Koch, Karl-Heinz, Überlegungen zur Reform der Juristenausbildung, Zeitschrift für Rechtspolitik mit ZRP-Gesetzgebungs-Report, 2/1990, S. 41–46.
（18）Deutsche Richter-Zeitung, 1/1999, S. 3 ; Schöbel, Heino, Volljurist ohne Referendariat - ein Irrweg, Juristische Ausbildung, 1/1999, S. 21–26.
（19）Münch, Ingo von, Juristenausbildung, Neue Juristische Wochenschrift, 2/1998, S. 2324-2328.
（20）Borchert, Hans-Ulrich, Die Modernisierung der Juristenausbildung in Berlin und Brandenburg, Neue Justiz 10/2003, S. 505–510.
（21）広渡清吾「変容する社会国家と大学―現代ドイツの雇用と失業問題の周辺」加瀬和俊・田端博邦編『失業問題の政

治と経済』日本経済評論社二〇〇〇年一八二-二〇六頁参照。
(22) 天野郁夫「専門職大学院の発足」『学術の動向』二〇〇四年三月号、一〇-一三頁。
(23) 広渡清吾「法学教育の位置と法曹養成」『法律時報』二〇〇〇年八月号、三七-四〇頁。
(24) このアンケートの内容は、二〇〇五年二月一八日に開催された日本学術会議第二部および法学政治学教育制度研究連絡委員会主催のシンポジウム「法学部をどうするか―法学教育と法学研究の将来像」で発表された。
(25) 法科大学院と法学部・法学研究大学院の関係については広渡清吾「法科大学院と研究者養成」『IDE』二〇〇五年一月号でも論じた。
(26) マーク・D・ウェスト（ミシガン大学ロースクール教授）「アメリカで耳にする法科大学院構想に関する噂の真相」『法律時報』二〇〇四年二月号、二四-二九頁。
(27) 広渡清吾「法曹養成教育と法の基礎科学」『法律時報』二〇〇三年八月号、六四-六八頁。

小田中聰樹先生古稀記念論文集『民主主義法学・刑事法学の展望』（下巻）に掲載

# 10 「法科大学院時代」に法学教育および法学研究者養成をどう考えるか

二〇〇六年七月

## (1) 法科大学院に関心と議論が集中することの危険性

一九九九年六月に司法制度改革審議会（以下司法審）が設置され、司法改革が政治的なアジェンダに載せられて以降、大学の法学研究者は、新しい法曹養成機関としての法科大学院の創設をめぐって文字通り右往左往せざるをえない状況の下に置かれてきた。

二〇〇四年四月に六八の法科大学院が開校し、翌年さらに六校が新設され、現時点で七四法科大学院が一学年の学生定員五、八二五人を擁して運営されている。二〇〇六年五月には、法科大学院のはじめての修了者（二年制の既修者）が新司法試験を受験する。

法科大学院は、その教育に従事する教員の加重負担という問題を含みながら、司法試験合格者枠と司法試験のあり方との関係において、なお安定した基盤を獲得しえていない。法科大学院の制度創設の理念は、「司法試験一本主義」とでも評すべき司法試験に偏重した従来の法曹養成制度を改革し、大学院レベルにおける法曹養成教育を中心にした「プロセスとしての法曹養成」に転換することに求められた。その際には「法科大学院では、その課程を修了した者のうち相当程度（例えば約七―八割程度）の者が……新司法試験に合格できるよう、充実した教育を行うべきである」（司法審意見書）という想定が行われていた。

実際には法科大学院の約六、〇〇〇人の定員に対して、法務省司法試験委員会は、「平成二二年（二〇一〇）年ころには新司法試験の合格者数を三、〇〇〇人程度にすることを目指すべきである」（司法審意見書）を目途にしながら合格者数の今後の発展を想定しているようである。とすれば、法科大学院修了者の約半分はその枠からはみ出し、自ずと新司法試験における競争が激しさをますことになる。競争試験の性格が強まれば、新司法試験は「プロセスとしての法曹養成」にふさわしい試験制度とはいえなくなる。こうした見通しのなかで、すでに法科大学院の選別淘汰と法曹資格を取得できない大量の「法務博士」の進路問題が語られ始めている。

以上のように、法学研究者の関心と議論は、法科大学院の創設を経て、いま今後の帰趨をめぐるものへと移動したが、なお依然として法科大学院に集中している。しかし、法科大学院の個別の経営問題を離れて日本の法曹養成の今後のあり方を考えようとすれば、むしろその基礎たるべき法学研究のあり方、法学研究者の養成問題、および日本社会のリーガル・リテラシーを支える大学法学教育のあり方を視野に入れて、総合的にその相互関係を考慮しながら、法科大学院、法学部および法学研究者養成大学院の将来像を追求することが必要である(1)。法科大学院に関心と議論が集中することは、法科大学院を含めて日本の法学教育・研究体制に大きな歪みをもたらすことになりかねないと思われる。

## (2)　法科大学院創設後の法学部教育のあり方

### (i)　法科大学院と法学部のとりあえずの関係

法科大学院の創設をめぐっては、これまでの法学部（法学専門高等教育機関）との関係をどのように位置づけるかが最重要の問題として考えられた。法科大学院構想の議論の初発においては、法学部の存続を前提として法学部後期課程と大学院修士課程を結合し、それを新たな法曹養成課程とする「日本版ロースクール」構想が提起され、これに対して法学部をリベラル・アーツ学部に切り替え（法学部の廃止を意味する）、法学部に依存しない新たな大学院として法科大学院を設置するアメリカ型ロースクールの提案が行われた。

最終的に、法科大学院は法学部教育を前提にしない独立の三年制専門職大学院として、その限りでアメリカ型のものとして制度化されたが、入学者について法学既修者というカテゴリーを設けて、履修期間二年の例外を認めることとした。これは、法学部の存続を前提にし、法学部を経由して法科大学院に入学する例が多くあることを考慮したものである。

既修者の割合は、各法科大学院毎に異なっており、法科大学院全体では約四割程度である。法科大学院によって入学の際に既修者と未修者の枠を設けるところと、入学後に振分け試験を行うところがあるが、前者では法学部出身者が必ず既修者として出願するわけではなく未修者として出願することもあり、また、後者では法学部出身者でも既修者としての基準に満たないとされる場合もある。振分け試験を行う法科大学院では、既修者の割合がかなり低めに押さえられている。これは、既修者が先行して新司法試験を受験するので、各法科大学院がその際の合格率を高くすることを考慮してのものと思われる。

既修者のカテゴリーが法科大学院制度の運営の上で公式のものになっているので、これに対して法学部の側でも、法科大学院志望の学生に対して法科大学院進学コースの設置など特別の対策をとるところが半数近くに上っている。また同一大学で法学部と法科大学院を有しているところでは、法学部の六割以上で、この対策を講じているという調査結果が出ている。

(ii)　アンケートに見る法学部の存続と今後の教育目標

上記の調査は、日本学術会議二部（法学・政治学）が法学部および法学研究大学院の現状と今後のあり方について、二〇〇四年一二月に全国一一九機関に対して行ったアンケート調査である（アンケート先、法学部・法学関係学科、回答数九一、回答率七六・五％。以下では法学部・法学関係学科を法学部等という）[2]。

アンケートの結果によれば、法学部等の今後については、「役割を見直し法学部の枠組みを堅持しつつも、新しいやり方で発展させる必要がある」が約三分の二（六五・九％）を占めている。続いて「現状のままで存続する」が約四分の一（二四・二％）、さらに「当面このまま存続するが、将来文系他学部との統合・再編がありうる」が少数ながらある（五・五％）。「廃止することがありうる」の回答はゼロである。このように法学部等はその存続を当然のこととして考えており、その大勢は「存続して改革」であり、改革には文系他学部との統合・再編も含まれうる。

それでは、改革の方向はどのように考えられているだろうか。「法学部の教育目標」については、まず「主として学生の多様な進路に応じた専門職業的な教育を目指す」が三分の一強（三三・五％）でもっとも多く、次に「主としてジェネリストを養成する法学専門教育を目指す」という従来型が五分の一強（二二・〇％）で続き、さらに「主として法学部色を薄めリベラル・アーツ的な教育を目指す」が一割に及ばない（六・六％）。これらは、「主として」の選択肢の表現に示されているように、基調の置き方が回答されており、三つ以外のその他の回答では上記の三つを組み合わせる意見が多く見られる。

法科大学院設置後にすでに多くの法学部等でカリキュラムや履修方法の変更が行われているが、これらは、上記の「法学部の教育目標」の選択に相関するものとなっている。「コース制の導入等によって必修制の枠を強め、学生の進路をより考慮した教育を行う」（三六・三％）、「法学の基礎的科目や教養教育・隣接科目の割合を増大させる」（二四・二％）、「学生の選択の自由をこれまでよりも拡大する」（二九・九％）などが、変更の内容として示されている。また、これらに関連して教養教育の見直しも進んでおり、すでに見直しを行ったところおよび「検討中・今後検討する」を含むと半数以上になる。

### (iii) 法学部教育についての考え方

アンケート調査の結果は、法学部等の現場が目指す統一した像を示すものではないが、今後の法学部のあり方を考える重要な手がかりを与えるものである。これまでの法学部教育は一般に「法学を専門とするジェネラリスト」養成を目標としてきた。これは、逆に言えば、法曹を含めて具体的な特定の専門職をターゲットにすることなく、これらに共通に必要な専門教育を行うことを意味し、それゆえ、より高い基準に標的を合わせて教育を行うことにつながった。こうして、法学部教育においては、法曹に必要な法解釈論的教育をかなり高度の水準で（しばしば学生の受容能力と関わりなく）行うことになっていたのである。

法科大学院の設置は、法曹養成を念頭においた高度の法解釈論的教育を行う負担を法学部教育から取り除くことになった。このことは他方で、法学部教育に新たなアクセントを求めることになる。アクセントの付け方は、アンケートの結果が示すように、一つは学生の進路に応じた専門職業的な教育をターゲット・オリエンテッドに行うことであり、他の一つはより基礎的な法学教育（リベラル・アーツ的な法学教育ともいいうる）を行うことである。司法審意見書も法科大学院設置後の法学部教育について「法学基礎教育」の重視という論点を指摘している。

この二つの方向は、決して矛盾するものと捉えられるべきではない。むしろ相補ってそれぞれの持つ意義は、より発揮されるものと考えられる。目的志向的な専門職業的教育は、法学専門教育の基礎が十分に教育されることによって専門学校的な教育との差異化が可能になり、目的志向的でありながら同時に応用能力を養成する教育であることができる。他方、リベラル・アーツ的な法学教育は、それだけでは社会的進路の選択に関する学生のニーズに必ずしも十分に応えられない。もちろん、これは学生の選択に係るものであるが、法学部はメニューを用意することが求められよう。この社会的進路の一つにはいうまでもなく法科大学院が数えられる。

以上は法学部教育についての一つの考え方である。各大学は、それぞれ個性的な教育目標とカリキュラムに基づいて法学部の今後の発展を追求することが期待される。この際に強調すべき基本的論点を付け加えるならば、アメリカのロースクールに倣って法科大学院が導入されたが、法学部はアメリカにない制度であり、この制度のメリットが多くの法学士を養成することによって日本社会の法的リタラシーを高め、法曹と市民のギャップをアメリカのように大きくしないところにある、ということである。(3)

## (3)　法学研究者の養成

### (i)　法科大学院と法学研究者養成大学院との関係

法科大学院の設置によって、より深刻な状況を生み出しているのは、法学研究者の養成問題である。これは、法学研究のあり方の問題を含んでいる。

法科大学院の創設は、一般的にいって法学教育・研究における法解釈学（それもとくに基本科目について）の比重を高めるものであることが予測された。大学の現場で見られた基礎法学系のポストの実定法基本科目のポストへの振替えなどは、その一つの徴表ともいえた。ただし、基本科目以外の実定法科目や基礎法科目を重視する法科大学院も少なくない。

法科大学院の設置によってこれまでの法学研究者養成大学院（以下、法学研究大学院）にどのような変化が生じているかをみると、あらためて上記の予測が現実のものとなりつつあること、また、それを超えて研究者養成それ自体が困難になる状況がうかがえる。

日本学術会議第二部のアンケート調査によると、法学研究大学院を有している法学部等は、今後の大学院のあり方について、その約三分の二（六五大学中四四大学、六七・七％）が「学位取得のための通常の研究大学院と専門職大学院としての法科大学院が並行して存続する」と回答している。しかし、「少なくとも実定法専攻者は法科大学院を経由して後期課程に進学することになる」とする回答が四分の一強（一七大学、二六・二％）あり、さらに少数ながら「法学研究者は実定法専攻であると否とに拘わらず司法試験を合格した上で研究者になることが望ましいので法科大学院がすべての研究者養成の前期課程となる」とする回答がある（三大学、四・六％）。

この三つをパターン化すれば、法科大学院が法学研究大学院の修士課程（博士前期課程）を代替するかどうかを基準にして、①非代替型（並行型）、②一部代替型（実定法系のみ）、および③全部代替型（実定法系、基礎法系を問わない）と分けることができる。これまで法学研究者養成において有力であった大学について、②または③を採るところが少なくない。司法審意見書は、二つの関係について「形式的には独自のものとして両立するが、内容的に連携することが望ましい」と指摘していた。

### (ii) 法科大学院は修士課程（博士前期課程）を代替できるか

代替型は、法科大学院の教育をもって法学研究大学院の修士課程を代替できるとするものである。果たしてそうであろうか。法科大学院は実定法基本科目と法曹基本実務を中心として教育し、かつ、修了後の司法試験（上記したように相当に厳しい競争試験）に備えさせるものである。これに対して通常の修士課程は、古典の読解、外国語文献の講読、課題探求のための演習、研究論文の執筆などによって研究者としての基礎訓練をおこなうものである。学生の負担能力からして、法科大学院の教育に重ねてこのような基礎訓練を受けることがどの程度可能であろうか。また、法科大学院の側についてみれば、実際にこれらの研究者養成のためのカリキュラムがどの程度用意されうるのであろうか。

実定法専攻者の場合は、実定法基本科目についてしっかり教育を受け、また法実務を学ぶことによって実定法研究者としての基礎を造ることになる、といえるかもしれない。しかし、基礎法専攻者の場合には、法科大学院で基礎法専攻者用の独自のカリキュラムの準備がなければ代替可能性は相当に疑わしいものになる。また、法科大学院を経て博士課程に進学する場合に、学生に研究論文（ないしそれに準じるもの）を執筆させるとすれば、「二足の草鞋を履く」学生の負担は相当に大きなものになる。負担を避けて研究論文の執筆不要とすれば、博士課程進学の要件と審査基準を欠くことになりかねない。このように法科大学院をもって修士課程を代替するという制度は、これまでの研究者養成のあり方から見て相当な無理を通すものであると言わなければならない。

代替型が仮に「特別の手当をしなくとも法科大学院教育そのものが研究者養成の基礎訓練になる」という考え方に立っているとすれば、その考え方を通すために次のことが前提とならなければならないであろう。

第一に、法科大学院がその制度目的である「高度専門職業人を養成する専門職大学院」であることを超えて、研究者養成の基礎訓練機関でもあるという実体的な条件（カリキュラムや教員の指導体制等）を作ることが必要である。第二に、法科大学院で学ぶ学生が新司法試験の受験圧力に歪められずに、自由な学問研究の基礎づくりができる外的制度条件を確保することが必要である（定員枠や新司法試験の内容の適正化、研究者志望者への奨学金の拡充等）。

この内外の二つの条件確保を曖昧にして代替型を実施していけば、法学研究が実定法解釈と法実務の研究に傾斜して、隣接社会諸科学の広い視野に基礎づけられる法律学、実定法を相対化する多様で創造的な法律学を枯れさせ、それればかりか法学研究を目指す者それ自体を減少させる危険性がある。法科大学院を経由して研究者を目指すことは、法曹になるよりも通常の学生にとって負担が大きく、かつ、将来についてのリスクも大きいからである(4)。

### (iii) 法学研究者をどのように養成するか

以上のように言ったとしても実際には、非代替型（並行型）と代替型が前者を多数派としながら並存する状況がある。この状況をあらためて考察すると、法科大学院の創設がもたらした研究者養成への根本的変化は、「法曹資格を有した研究者の養成」が制度化されるということである。代替型の持つ意味は、これである。

この点に関しての重要な論点は、司法審査意見書が「法科大学院教員の少なくとも実定法科目担当者は、将来的には、法曹資格を持つことが期待される」と提言していることである。この提言が受け止められるとすれば、非代替型研究大学院は、代替型大学院に対して競争上明らかに不利になる。非代替型大学院に入学する学生は、将来法科大学院教員になる道を始めから閉ざされることになり、その下では代替型大学院への選好が強まる可能性が大きいからである。他方、代替型大学院への進学が負担の重い道であるということで回避されれば、学生にとって非代替型大学院の選択は第二次的な選択を意味し、客観的に代替型と非代替型の間に選択上の位階が生じる可能性がある。非代替型大学院は、現在は多数派であるが、仮に上記のような競争条件が働くと非代替型から代替型への移行が動機づけられる。

　アメリカのロースクール教員は、ごく少数の例外を除いてはJD（Juris Doctor・ロースクール修了によって与えられる学位）を有している。(5) 司法審意見書は、このことを念頭に置き、また法科大学院のプレステージを高めることを考慮して上記の提案を行ったものと考えられるが、その作用は上述したように非代替型大学院に競争上の不利を生み、代替型大学院を有利にすることになる。しかし代替型大学院は、上記に示したように、現状の条件の下で法学研究者養成コースとして問題を孕むものである。少なくとも上記の二つの条件の確保なしに「法科大学院教員を法曹資格をもった研究者」に限定するという制度的な仕切りをすることは、法学研究およびそれを基礎にする法科大学院教育の今後の発展を考えれば全く適切でない。

　以上を踏まえて、法学研究者の養成について論点をまとめてみよう。

　本質的問題は、法律学という学問を国際的レベルにおいても創造的に発展させることのできる研究者をどう養成することができるかである。上記の二つの制度について、一定の原理を立てていずれかへの制度的収斂を促すことは、実際上困難である。とすれば、実際上のあり方は、両制度がこの目的に向けてそれぞれの条件の下で（代替型は上記で指摘した少なくとも第一の条件確保を追求しつつ）研究者養成を競うことである。

　この場合、司法審意見書の提案のような制度的仕切りは、競争妨害的であり適切でない。法科大学院教員は、いずれの制度で養成された研究者であっても、教育・研究を担当する能力がそれとして個別に評価されればよいことである。もともと法曹資格は、専門職の就労資格であって、研究者の能力認定とは別個のものである。

　代替型の場合、学生が新司法試験を受験せずに法務博士の取得を経て博士課程に進学することをコースとして設定すれば（それを奨励すれば）、法科大学院において研究論文を執筆させる等研究者養成のための措置をとることがより可能になる。非代替型では、併設している法科大学院の教育と適切にリンクすることによって、研究者養成に実定法解釈や法実務についての基礎訓練を交えて多様性と幅をもたせることができる。また、非代替型では今まで以上に博士学位の取得を目標として明確にすべきであろう。

長期的には、法曹志望者と研究者志望者が法科大学院でともに学び合うというあり方が展望できないわけではない(6)。現代の法曹が technical expert ではなく、researcher in practice でなければならないと考えるならば、法科大学院の教育は研究者を養成する教育と重なり合うべきであるからである(7)。他方、研究者志望者にとっても実定法と法実務の基礎を十分に学ぶことは、法学研究の基礎として重要であるからである。ただし、こうした可能性は、創設された法科大学院が今後どのような発展を示すかにかかり、かつ、制度的な条件整備に依存するものである。それゆえ、今のところ現実的なものではありえない。

### (4) おわりに

法科大学院の創設によって、日本の法学研究とそれを基礎にした教育（法曹養成教育を含む）は、いま、大きな流動状況にある。法学研究者養成、法曹養成教育、法学教育を総合的に発展させていくために法学研究者は、その全体像を視野に入れて制度と実際のあり方を探求しなければならない。この際には、法学研究者の共同の作業が必要である。西谷敏がいみじくも指摘するように法科大学院の創設をめぐる過程では「多くの法学研究者が意外に『企業主義』的であることを露呈」(8)した。法学研究者は、このことを自覚しつつ各大学の個別利害をこえて、法学研究者養成、法曹養成教育および法学教育の今後について、積極的に共同の討議と実践を進めることが期待される。

（1）筆者は法科大学院をめぐる議論の中で一貫してこの論点を強調してきた。広渡清吾「法学教育の位置と法曹養成」『法律時報』二〇〇〇年八月三七–四〇頁、同「法科大学院をどう考えるか」『法の科学』三〇号二〇〇一年一七二–一七九頁参照。

（2）日本学術会議第二部対外報告『法科大学院の創設と法学教育・研究の将来像』二〇〇五年七月参照。日本学術会議のHPに掲載。

（3）ミシガン・ロースクールのウエスト教授は、法科大学院の創設そのものには肯定的評価を示しているが、ここには「二〇年後の日本の法学教育と法科大学院」を展望する「凝集力のある長期プランの欠落」があると指摘し、この「プラン」として学部法学教育の成果である「教養として法学知識を身につけた準プロフェッショナル」を「失うのは滑稽なことである」と述べている。マーク・D・ウエスト「アメリカで耳にする法科大学院構想に関する噂の真相」『法律時報』二〇〇四年二月号二四–二九頁参照。

（4）西谷敏「法学の将来と若手研究者」『法の科学』三五号二〇〇五年四–七頁参照。

（5）ダニエル・フット教授のご教示による。また同教授によればアメリカのロースクールの教授はJDあるいはLLM(Master of Laws）の法学学位に加えて、他の研究分野の高学位（PhD, MA, MD)を持つ者が多い。その割合は、全ロースクールで二七%、トップ一〇のロースクールに限ると三七%に上る。

（6）広渡清吾「法科大学院の創設と法学教育・研究のあり方」小田中聰樹先生古希記念論文集『民主主義法学・刑事法学の展望』（下巻）日本評論社二〇〇五年三二一–三三四頁参照。

（7）広渡清吾「法曹養成教育と法の基礎科学」『法律時報』二〇〇二年八月六四–六八頁参照。

（8）西谷・前掲七頁。

『法の科学』第三六号「特集・司法改革の総決算—憲法の理念に基づく真の司法改革を目指して」に掲載。

# II

# 知的再生産構造の基盤変動

# 11　独立行政法人化問題と東京大学

二〇〇〇年三月

## (1)　日本の大学——国立大学と私立大学

現在の日本の大学をめぐって最も重要な問題となっているのは、「国立大学の独立行政法人化」問題である。政府・文部省は、国立大学を「独立行政法人」と称する新たなシステムに移行させようとしている。これについて論じる前提として、まず日本の大学がその設置者の違いによって三種類に分かれることを説明しておこう。

第一にその設置者が国であるものは国立大学である。第二に都道府県・市町村などの地方公共団体が設置者であるものは公立大学、そして第三に設置者が私法人としての学校法人であるものは私立大学である。日本では、ドイツと異なりこの中で私立大学の役割が大きい。一九九九年五月現在で、大学数は、国立大学が九九、公立大学が六六、私立大学が四五七であり、学生総数は、国立大学が約六二万人、公立大学が約一〇万人、私立大学が約二〇〇万人である（以上二七二万の学生数には、約一九万人の大学院生数を含む）。

＊以上のほかに短期大学（修業年限二—三年）がある。その総数は五八五校で学生総数は約三八万人であり、内訳は国立二三校、約一万人、公立五九校、約二万人、私立五〇三校、約三五万人となっている。

国立大学全体についての国の予算は、大学の特殊性を考慮して通常の予算から切り離された特別会計制度の下で一括して運用されている。それぞれの国立大学は、入学検定料（一人当たり一万七千円）・授業料（一人当たり年額約四八万円）からの収入や附属病院の収入などをもつが、これらの収入は一括して特別会計に計上される。もちろん、このような国立大学の収入だけでは国立大学の研究教育経費は賄えないので、通常会計から国立大学の特別会計に毎年繰り入れが行われる。その額は最近ではおおよそ一兆五千億円である。この繰り入れ額は、特別会計の支出総額の六〇％程度であり、この割合は傾向的に減少している。なお念のためにいえば、、私立大学に対しては私立学校振興助成法に基づいて国の助成が行なわれており、助成の総額は私立大学全体に対して年間三千億円程度である。公立大学に対しても年額一千億程度の国の助成が行われている。

国立大学の教職員は、国の他の行政機関の職員と同様に国家公務員であり、法律による身分保障を有している。

東京大学は国立大学であり、その中でももっとも歴史が古く、かつ、最大の規模を有しており、この問題に対する東京大学の態度決定は問題の帰趨に極めて大きな影響を及ぼすものとみなされている。

## (2)　国立大学の法的地位

日本の国立大学は、文部省の下にある国家行政組織の一部分であり、独立の法的地位を有していない。したがって、予算や定員の配分・管理は、原則として一般行政組織に適用されるのと同様のルールにしたがって行われる。また、研究教育組織の新設・変更などは、法律によって監督庁である文部省の認可を必要とするとされている。しかし、いうまでもなく日本国憲法は学問の自由を保障する規定をおいており（第二三条）、学問の自由は制度的な「大学の自治」を含むものと解釈されているので、国立大学の管理運営については慣行的に自主性が承認され、また、学長、部局長（学部長、研究所長など）および教員（教授、助教授、講師および助手）の人事については法律によって大学の自治権が保障されている。

「国立大学を独立行政法人にする」という政府の現在の提案は、大学を国家行政組織から切り離し、大学に独自の法人格を与えるというものである。この提案は、大学に独自の法的地位を与えるという点で従来からの大学の地位の改善のように見えるけれども、その実質的内容には大きな問題が含まれており、憲法によって保障された学問の自由に抵触するおそれさえある。

## (3)「独立行政法人」のシステムとその問題性

### (i) 独立行政法人通則法

独立行政法人の制度は、もともと行政改革を推進する国の政策において、行政機構をスリム化する手段として構想されたものである。それは、行政の役割のうち企画部分と執行部分を区分し、執行部分を担当する機関を独立させて独立法人とし、企業経営的な手法を持ち込んで効率的な行政を行わせることを狙いとするものである。すでに約九〇の行政機関（その中には、国立の博物館、美術館や多くの国立の研究機関が含まれている）が、二〇〇一年から独立行政法人に移行することが決定されており、そのための法的基礎として「独立行政法人通則法」が制定されている。この法律は独立行政法人のシステムをおおよそ次のように予定している。

法人の長は所管の大臣が任命する。法人は三ないし五年の期間について、所管の大臣から指示された中期目標にしたがって中期計画を作成して大臣の認可をうけ、これに基づいて毎年の年度計画を作成し、これを所管の大臣に届け出て、かつ、公表し、この計画にしたがって事業を遂行する。計画期間が終了すれば、事業の成果について所管の省および行政の監察権限をもつ総務省によって二段階の評価をうける。この評価は、所管の省が当該独立行政法人の次の時期の存続と活動内容を決定するに際しての決定的な資料となる。

独立行政法人の財政については、計画期間中の予算は保障され、独立採算制は採られない。予算制度は従来のインプット・コントロールからアウトプット・コントロールに切り替えられ、いわゆる「渡しきり交付金」の制度が採用される。また、独立行政法人の職員は、国家公務員の定員に関する法律上のコントロールから免れる。そこで、法人は自由に職員数をきめることができるものとされる。

### (ii)　大学に不適合な通則法システム

通則法によって示される以上のようなシステムは、一定の業務を効率的に執行すべき行政機関には適合的かもしれないが、学問の自由に基礎づけられた研究教育を目的とする大学には、「行政法人」というその名称を含めて、根本的に相容れないものといわなければならない。予算および定員の管理が自由になるという一見したメリットは、大臣によって指示された中期目標・認可の必要な中期計画のもとで、アウトプットの評価を所管の行政機関が上級機関として行なうというシステムの一部分にすぎず、大学がこのシステムに移行することを正当化するようなものではありえない。大学にこのシステムが押しつけられるとすれば、それは憲法第二三条違反の疑いが大きい。

### (iii)　政府の意図

国立大学の独立行政法人化の政策にみられる政府の意図は、他の行政機関と同様に大学を行財政改革の対象としてその経営を合理化し、同時に、アウトプットの評価を通じて、大学の研究教育により強く政府の志向する政策を反映させたい、というものである。とくに政府は、行政改革において国家公務員の数を一〇年間で二五％削減するという目標を提示しており、これを達成するための手段として国家公務員数の大きな部分を占める国立大学教職員を独立行政法人の職員に移行させる（これによって国立大学の教職員数は国家公務員の法律上の定数から除外される）ことを考えているのである。

また、日本では、青少年人口が今後減少の過程に入り、それとともに大学入学者が減少することが見通されている。この場合、入学者の獲得をめぐる大学間の競争が激しくなり、国立大学・私立大学を問わずに大学の廃止、統合が進むことが予想される。政府は、国立大学を独立行政法人とし、このような競争的環境の下で自己責任による経営を行わさせ、それを通じて国立大学全体のリストラが進行することを狙っているとも考えられる。政府の想定されるこうした意図に対しては、国立大学の意義、つまり、日本全国の各地域に均一的に配置されて、高等教育の機会均等を確保し、また、各地域の学術研究および文化的発展を支えるという意義を否定することになる、という批判が向けられている。

## (4)　独立行政法人化問題をめぐる対応

### (i)　文部省の考え方

文部省は当初、政府部内で、国立大学の独立行政法人への移行に反対の態度をとっていたが、昨年の九月に方針を転換し、通則法の予定するシステムを大学の自主性・自律性を保障し、大学の使命に適合するように部分的に修正したうえで、国立大学を独立行政法人に移行させる考え方を、国立大学側に提示した。しかし、文部省の新たな提案は独立行政法人に移行した場合の大学の在り方について不明な点を多く残しており、また、この文部省の新たな提案が政府全体の方針として承認されるかどうかもなお流動的である。にもかかわらず、来る四月ころには、二〇〇一年度の政府予算案の作成スケジュールとの関連で、国立大学の独立行政法人への移行の問題について最終的な決定が文部省および国立大学によって行われなければならない、という情勢である。

### (ii)　国立大学側の主張

国立大学は、通則法に予定されたシステムの下では、大学が独立行政法人になることができないことを共通に主張している。文部省もこの点は同じ意見である。しかし、それではどのように、どこまで通則法のシステムを修正すればよいのかについては、明確な見解が形成されないままで推移している。そもそもこの点について明確な見解を形成するための前提となる基礎的な情報が、政府によって十分に与えられていないといったほうがよい。また、国立大学の中では、修正されたバージョンであれ何であれ、そもそも独立行政法人なるものに反対であるという意見も多い。

### (iii)　東京大学における検討

東京大学では、総長の指示のもとに独立行政法人の問題に関する検討委員会を設置して検討を行ない、同委員会の報告書が今年の一月に総長に提出された。検討委員会は、独立行政法人のシステムがいかなる問題をはらんでいるかについて実際的な検討を行なうとともに、それとは独自に東京大学の今後の中期的な在り方を構想するという役割を持った。委員会の報告書によれば提案されている独立行政法人のシステムは、文部省の修正されたバージョンも含めて、大学の自主性・自律性の保持、および独立行政法人に移行することによるメリットなどについて不明な点が多くこのままでは大学として承認できないものであることが結論として示された。しかし同時に報告書は、大学の固有の理念に照らせば、大学が一般国家行政機構から独立した自治の単位となることは本来的なことであり、独立した自治の単位としての大学という考え方が、行財政改革の文脈から離れて、今後の大学の在り方を構想する基礎になりうることをあわせて指摘した。

## (5)　独立行政法人化問題をどう考えるべきか

### (i)　大学財政の問題

ドイツにおいて州の財政緊縮政策のなかで大学の財政問題が深刻になっており、州によっては大学について包括予算制度（Globalhaushalt）を採用し、あるいは一定期間の財政保障を約束する大学契約（Universitätsvertrag）が利用されていることは、伝え聞いている。

日本においても大学の財政問題は重要な問題であり、また、財政問題は独立行政法人化問題における最も深刻な論点の一つである。日本の科学・技術研究への国家の財政資金の投入は決して少なくないが、巨大プロジェクトや国策的プロジェクト、一般に政策的研究への投資が重要視され、競争的に配分される研究資金の割合が次第に多くなり、大学の基盤的研究・教育経費への手当てが軽視されつつある。

### (ii)　大学の責任と財政保障

あらためて考えると、国立大学の独立行政法人化問題は、日本の国立大学を一方で「独立した自治の単位」として、これまで以上に自由で自律的な研究・教育のユニットにすると同時に、他方でそのような研究・教育活動のための国による財政保障を確立する、という課題を明確に我々に示すことになった。この二つの課題は決して両立しないものではなく、むしろ大学の歴史的、社会的使命に照らして本来的に両立させるべきであり、政府がこれを保障しなければならないものである。しかし、このような保障を与えるべきことを大学が主張するためには、大学の業績についての自己点検と評価のシステムが、一方で学問の自由・大学の自治と他方で税負担者である国民への説明義務を両立する形で、構築されることが必要であろう。大学が自己の社会的使命をたえず点検し、自己変化を遂げうるシステムを内在していることによってこそ、一方で自由と自律および他方で財政の保障を要求することができるのである。

### (iii)　大学自治のあり方

大学を「独立の自治の単位」として考える場合、大学全体と大学を構成する個々の部局、つまり、大学院研究科・学部・研究所の関係、および大学の構成員たる個々の研究者の地位をどのように位置づけるかが重要な問題である。大学が自治の単位であることは、対外的な独立性を意味するが、同時に内部的な自治の構造をどのように形成するかがもう一つの重要な側面をなす。学問の自由の担い手は、根本的には大学を構成する一人一人の研究者であるから、そのことを基礎に大学の内部的自治の構造を組み立てなければならないが、しかし、そこでは個々の研究者の利己主義が許されるわけではなく、また、個々の部局の個別利害が絶対化されるべきではなく、大学全体の使命の達成を追求しうるシステムが構築されなければならない。

### (iv)　東京大学における議論

東京大学では、現在これらをめぐって議論が行われている。一二の研究科、一〇の学部、一二の研究所およびその他二二の共同施設を擁する総合大学としての東京大学が、学術研究の進展と社会の要請に応答して、柔軟に自己変化を遂げて、適切にそのアイデンティティを更新していくために、どのような内部システムの構築が求められるのであろうか。いくつかのアイディアが示されている。

第一に、研究組織と教育組織を一体化した組織を当然とする従来の考え方に対して、研究組織と教育組織を分離して設置し、これによって研究と教育のそれぞれの必要性に対応して、それぞれの組織の改編を円滑にするという考え方が示されている。この考え方はすでに実行され、東京大学では二〇〇〇年四月から情報の分野で新たな研究組織および教育組織が、既存の諸部局の協力の下に発足することになっている。

第二に、研究組織の流動性を高め、新たな研究分野の開拓を促進するために、研究者が一方で基礎組織（所属する部局）と他方で研究プロジェクトの実施などを中心とするネットワーク研究組織に両属することを原則にするという考え方が示されている。このような原則は個々の研究者に強制されるものでは決してないが、実際にこうした考え方の下に東京大学のなかには少なくないネットワーク的研究組織が生まれつつある。

第三に、東京大学の研究・教育活動を点検・評価し、自己変化を方向づけるための機関として学術評価委員会を設置するという考え方が示されている。学術評価委員会の評価活動は、各部局における自己点検・評価活動を基礎にして、そのメタ評価として行なわれ、学術評価委員会はこれらに基づいて研究・教育活動の全学的な方向づけを提案するのである。

以上のように東京大学は、グローバリゼーションの中での国際的な役割、また、日本の社会と市民に対する責務、そして人類にとって普遍的な真理の研究と教授という根本的な任務を確認しながら、独立行政法人化という難問をかえってバネにして、次の世代の東京大学を創りだそうとする努力のなかにある、ということができよう。

東京大学・ミュンヘン大学シンポジウム「大学の未来」における報告（二〇〇〇年三月二一―三日・ミュンヘン大学にて開催）

# 12　グローバル化する社会における大学と国家

二〇〇一年六月

## (1)　普遍的なるものに奉仕するエリート的知の共同体としての大学

大学という理念には、もともと普遍的なるものを追求するという理念が含まれていると私は考えています。近代において大学は、形成されていく国民国家の発展の知的手段として位置づけられ、社会のエリートの養成や産業の発展に寄与することが求められてきました。大学の維持・運営は基本的に国家の責任として位置づけられ、国家が大学の財政を負担してきました。とくに日本の近代における大学は、西欧の哲学・思想・文化・制度、そして科学技術を日本の社会に導入し、国家の発展をうながすことを主要な任務にしてきました。大学が「普遍的なものを目指す」場所であるということは、西欧のあり方が普遍的なあり方であるとみなされることによって、矛盾なく成り立っていたのです。日本の大学は、社会が先進的な西欧に向けて開いた窓口であったといえるかも知れません。このような歴史的段階においては、一方で大学が普遍的なものを目指すことと、他方で発展する国民国家の利益を追求することは、まったく矛盾なく同じことであると考えられることができました。

## (2) 大学の大衆化、社会の国際化、アジアとの交流の飛躍的拡大

第二次世界大戦後、先進国の経済成長は、その国の人々の生活水準を大きく向上させ、科学技術の発展に見合って、人々の高等教育へのニーズを大きくしました。一九六〇年代後半以降、各国で大学への進学率は上昇の一途をたどりました。大学は、全体としてみると、社会の特別のエリートを養成するところではなくなり、教育の平等への国民の要求に対応して門戸を大きく開いていくことになりました。また日本においては、その経済的発展と政治的民主主義の定着によって社会のなかに自信が生まれ、アメリカを含んだ西欧の社会のあり方を普遍的なもの、先進的なものとみなして、そこからひたすら学び続ける、という考え方や姿勢は次第に力を失ってきました。

さらに、一九八〇年代後半以降、日本社会は国際化（Internationalization）、そしてのちにGlobalizationとよばれる現象のもとで、社会それ自体として、日本の外からのさまざまな作用に対面することになりました。とくに、この時代には、アジアの諸地域からの人の流れが急速に大きくなり、日本とアジアの学術交流が飛躍的に伸びていきます。同時に欧米との学術交流も、それと並行して一層発展していきました。東京大学の外国人学生数は一九八四年には六〇〇名強でしたが、二〇〇一年五月には二、〇〇〇名を超え、この間三倍以上に拡大し、現在このうち約八割がアジアからの学生たちです。

日本の大学は、かってのように、普遍的なものを代表する西欧先進社会に対して向けられた社会の窓、といったものではなく、それ自体としてますます世界に開かれていく、また、開かれていくべきものである社会のなかで、グローバルな知的な交流のフォーラムを形成するものとなりつつあります。

### (3)　新たな大学像と国家の役割

私の考えによれば、二一世紀の今、大学は、自己の能力の開発をのぞむ人々を広く受け入れ、また、できるかぎり世界に開かれた知的な交流のフォーラムを作り出し、そして、真に普遍的な利益、極めて一般的にいえば、人類社会の平和と福祉をすすめる学術研究と高等教育を作り出すことを自己の課題にしています。そして大学が全人類的な知的交流のフォーラムとなる現実の基盤は、実際に形成されつつあります。東京大学を例に取れば、一七〇を超える bilateral な学術交流協定を基礎に、世界の四〇カ国、一五〇を超える大学・学術研究機関と研究および教育上の交流を展開しています。また、いくつかの重要な multilateral な大学間の取り組みも進んでいます。昨年度には、約九、〇〇〇人の研究者が、東京大学と世界の諸大学の間で相互に訪問しあっています。わたしは、グローバルな知的交流のフォーラムとしての東京大学の特別の役割は、欧米とアジアの node となるところにあると考えています。

さて問題は、本質的に全人類的課題を担う大学が自らを維持し、発展させる費用をどのように保障されるかということです。日本の場合、六〇〇を超える四年制大学があり、国が設置者である国立大学が約一〇〇校、地方自治体が設置者である公立大学が約七〇校程度あり、その他は私立大学となっています。総じていえば、日本の大学は、学生が自ら払う授業料ならびに国および地方公共団体の財政支出によって賄われ、とくに国立大学はその経費の約六〇％が国によって負担されています。国立大学が基本的に国家の財政負担によって、つまり国民の税金によって賄われているという事実は、次のような社会から大学への要求を理由づけています。つまり、国立大学がもっと直接的に国民の役に立つべきであること、したがっていかに役に立っているかをもっとよく説明すべきであること、さらにその活動の自己点検を通じてたえず研究教育の質の向上を図るべきであるというものです。

これは当然のことですが、ここでは二つのことが、注意されるべきだと思われます。一つは、大学・高等教育機関に対して国家から投じられる費用が日本の場合、欧米先進国との比較において相対的に少ないということです。一九九七年のペースでその費用の大きさは日本の場合、対GNP比で〇・五％であり、ドイツは〇・九％、アメリカ合衆国は一・一％となっています。日本では、まずこの底揚げをはかることが必要です。

もう一つは、大学が国民の役に立つという関係を短期的な目に見えるような基準ばかりで計ってはならないということです。むしろ、大学は最初に述べたように、その本質において普遍的な利益を追求する場所であり、また、現代においてグローバルな知的交流のフォーラムとなっていることを考えると、国家が大学に資金を投じることは、世界的な公共的な意味をもつ責任でもあるのだ、といわなければなりません。もちろん、それぞれの国家は、ときの政府の政策に添ってナショナルな利益を擁護するものであり、大学にその役割が求められることも一定の範囲では承認されるべきことです。とくに最近では自国の経済の発展と競争力の強化のために、科学技術の成果を大学から産業に迅速に効率よく移転することが求められています。なるほど、これも現在における大学の一つの重要な役割ですが、大学の本質的な役割をこれによって置き換えてはならないと思います。

### (4)　大学における自由の本質的意味

グローバル化する社会において、大学が真にグローバルな利益を目指して、また普遍的な理念を目指して、学術研究と高等教育の営みを展開していくためのもっとも重要な要件は、研究と教育における自由だと思います。これは、大学というコンセプトにとって、古くて、かつ、新しい問題です。現代社会においては科学技術がますます重要なものになっています。科学技術は全人類の福祉の発展を導く重要な役割をはたします。しかし、同時に、科学技術は、グローバル経済のもとで、国家間の、そして企業間の競争のための死活的な手段ともなりつつあります。競争の手段として位置づけられる科学技術には、競争に勝利する目的のために計画的、戦略的に資金が注ぎ込まれ、科学者がそのために動員されます。現代では大学も、そのような競争の手段として動員されようとしています。計画的、戦略的科学技術研究は、なるほど社会においてそれとして必要です。国家はそのための研究機関を維持し、運営しています。大学の研究者がそのような計画的戦略的研究に参加することは、大いにあってよいことです。

問題は、大学を丸ごとそのような計画的、戦略的研究に動員してよいのかというところにあります。大学の研究の本質は、最終的には個々の研究者の自由と自発性に基づくところにあり、それこそが大学の研究をときどきの政府の計画や戦略から解放し、計画や戦略が確保しえない長期的な、基礎的な見地からの創造性を生み出すものとなるのだと思われます。別の言葉でいえば、大学の研究はトップダウンの方法に馴染まず、ボトムアップ型のものであり、かつ、あるべきであるということです。

現在、日本では、国立大学の改革が論議されており、従来の大学のあり方に社会から重要な批判が行われています。大学がいまのままでよい、なにも変える必要がないとは、だれも考えてはいないでしょう。問題はどう変えるかです。グローバル化する社会にふさわしい大学にするために、改革の中身が追求されなければなりません。そこでは、大学にとって古くて新しい二つの問題、国家が世界的公共に対する責務としても、大学への公財政支出の水準を改善すること、そして、大学の自由の原理を改革のすべての基礎におくこと、これらが原理的なこととして、確認されなければならないと考えています。

「日独高等教育に関するワークショップ」における報告（二〇〇一年六月一八日・東京国際交流館にて開催）

# 13 大学と司法改革――法科大学院の文脈

二〇〇一年六月

## (1) 大学と司法の産業界へのサービス機関化

一世代前、大学と司法が同時に政治的社会的イシューとなった時代があった。その際には大学と司法のそれぞれ「自治」が焦点になった。自治をもつユニットの、政治権力とのいわゆる Gleichschaltung が問題となったのである。振り返って司法についていえば、これはその後の最高裁判所による司法官僚制の強化・確立に帰結し、大学についていえば古典的大学自治からの転換（多義的文脈をもつ）の起点となった。

大学で法律学を専攻する研究者としての筆者からみると、今また大学と司法が同時的にイシュー化している。その政策的動因は、政府・自民党による一九九〇年代の一連の諸改革であるが、そこで問題となっているのは、上記との対比で表現すれば社会的経済的 Gleichschaltung といえなくもない。つまり、社会的経済的ニーズに対して、大学・司法という制度がより本質的に強化された、かつ、効率的な適応を迫られているのである。経済のグローバル化のなかで、国民経済を成長させる国民国家的インストルメントが次第にその有効性を失いつつあるが、それと並行して、従来こうしたインストルメントとして重要な役割を与えられていなかった大学・司法が逆にグローバル化対応の手段としても位置づけられつつあるように思われる。九〇年代の日本経済の失速・低迷のなかで、余裕をなくした産業界が司法と大学という公共的リソースの活用を改めて求めているのである。これがおそらく二つのものの本質的変化を求める圧力となっている。

大学の社会的役割は、極めて一般的にいえば、その学術研究を通じて社会の知的発展に貢献し、また、教育を通じて社会に必要な人材を養成し供給することである。日本には六〇〇以上の四年制大学があり、そのうち約一〇〇が国立大学である。私立大学は、全体で年間約三、〇〇〇億円程度の国庫助成を受けているが、それぞれの建学の精神に基づき、かつ、教育市場のニーズに対応しつつ学生を集め教育するものである。日本の高等教育における私立大学の貢献度の高さ（学生数の比率）は、欧米諸国との対比で異様なほどの日本の特色である。

これに対して約一〇〇の国立大学に対しては、これら大学の総自己収入（授業料・附属病院収入など）に加えて年間約一兆五、〇〇〇億円の国費が投じられる。この場合、国立各大学への財政資金の配分は、原則として同一の単価に基づき教員数・学生数を基準にして行われるので、これを称して国立大学の護送船団方式と揶揄する者もいる。国立大学の社会的経済的 Gleichschaltung を促進するためには、この護送船団方式をやめ、大学間競争を行わせることが有力な手段であるとみなされ、「個性の光り輝く大学」をそれぞれが目指すべく、国立大学を独立の法人とし、大学に経営の観点を導入することがいま政策的に推し進められようとしている（独立行政法人通則法のシステムへの大学の組み入れ）。

大学は、戦後の高度成長期以降進学率の上昇によって膨張を続けてきたが、八〇年代半ばからの少子化の趨勢のなかで、大学進学者の減少をもカウントしなければならない。その対応戦略は、生涯教育・社会人教育の展開そして大学院教育の重点化などである。大学審議会が打ち出した高度専門職業人養成のための専門大学院の設置は、この一環である（一九九九年九月文部省令大学院設置基準の改正）。これはプロフェッション養成への大学の「業種拡大」である。大学におけるプロフェッション養成は、これまで企業の特性に応じた人材養成を旨としてきた産業界が、人材養成のやり方をかえ、そのコストをカットするという方向にも対応するものである（青木昌彦他編『大学改革・課題と争点』東洋経済新報社、二〇〇一年参照）。

司法改革は、八〇年代以来の行財政改革が組織・機構のスリム化を目指すのに対して、行政主導の事前規制型の「低位法化社会」から、司法主導の事後処理型の「高位法化社会」への転換を標榜しつつ、大きな司法を目指している。つまり、司法サービスの容量の飛躍的拡大である。司法サービスの量的拡大と質的充実は、経済界の紛争解決コストを引き下げることにつながるものとして位置づけられる。国際的ビジネスのトラブルをナショナルな司法で効率的に解決したいという日本の多国籍企業の利害ももちろんある。

司法の容量拡大の核心は、法曹の数を抜本的に増大することである。弁護士を大幅増員し、かれらを競争的環境におき、人権と社会的正義よりも、市場的パフォーマンスに馴染ませるという狙いはもちろんであるが、裁判所および検察庁の人員もそれなりに増加させ、迅速かつ適切な事件・紛争処理が目指される。国家機構のスリム化の総戦略のなかで、大きな司法を実現するためには、国民の後押しが必要であり、司法改革に世論を動員するためにも、司法への国民参加が司法改革の重点事項の一つとして打ち出されている。司法制度改革審議会は、不承不承の最高裁判所をも含めて日本型ではあれ参審制の実現に道筋をつけつつある（『だれのための「司法改革」か――「司法制度改革審議会中間報告」の批判的検討』民主主義科学者協会法律部会編、日本評論社、二〇〇一年参照）。

## (2)　法科大学院に対する大学のアンビヴァレンス

さて、法曹の大幅増員の要請は、現在の司法試験合格者約一、〇〇〇人をできるかぎり早期に三、〇〇〇人に増やすという目途のもとに、新たな法曹養成制度として法科大学院を設置するという提案を生み出した（その内容の検討について広渡清吾「法科大学院をどう考えるか」前掲『だれのための「司法改革」か』一七二—一七九頁参照）。上述の議論のレベルから一段さげた目線でみれば、司法改革の側からは、これまでの司法試験と司法修習による法曹養成制度を合理化し、法曹養成教育を大学に制度的にビルドインすること、つまり法曹養成に丸ごと大学の手を借りるということであり、大学の側からは司法改革を奇貨として（？）新たに専門大学院を設立し、大学の業種を拡大するということである。ただし法科大学院設立に関わるこれまでの検討によれば、大学側にとってここでの最大の問題は、この業種拡大が極めてコストパフォーマンスの悪いものであるということである。

法曹養成教育の質について要求されるものを満たそうとすれば、人的リソース・物的施設の相当の準備が不可欠であり、法科大学院入学者に社会的に不相当の高額の授業料を負担させなければ隘路が打開できない。ユーザー負担の方向を回避する場合には、法曹養成を公的責務として国家からの補助を求める他はないが、それについて約束が与えられる状況にはない。私立大学はこうした困難に直面している。国立大学についても、法科大学院の設立に際して既存の人的・物的条件の改善が国家によって行われる保障はない。

にもかかわらず、それぞれの大学は、競争状態におかれていると、いかなる無理をしてでも法科大学院を設立するという方向に走りださざるをえない。従来の司法試験の下での有力法学部は、合格者のこれまでのシェアを保持するために、司法試験受験資格を法科大学院が独占するという制度設計を前提にすれば、法科大学院の設立なしにすますわけにはいかない。また一般的にいって、法科大学院を併設する大学法学部とそうでない法学部との間で学部受験への誘引力に格差が生じることへの危惧は、当然のこととして存在する。さらに、これまでの司法試験の下では弱小であった大学法学部が、法科大学院設立を飛躍の機会とみなすことも否定できない。

こうして、総じてみれば、法科大学院の設立による法曹の大幅増員という「国家的」大事業は、結果として、日本の九〇を超える法学部、二〇万人近い法学部生およびそれを教える法学教師という既存の資源を基礎にそれをリストラしつつ進むことになるであろう。日弁連との間で法科大学院に関する協議を何らかの形で実際に行っている大学は、その関心度は様々であろうが、東京・関東地区二四大学、近畿地区二一大学、中部・中国地区八大学、九州・東北・北海道・四国地区で二〇大学ということである（日弁連・司法改革推進本部の豊川義明弁護士のご教示による）。

こうした見通しは、法科大学院構想の真髄である「プロセスとしての法曹養成」によって法曹の量の拡大と同時に質の向上を図るという抱負と矛盾し、法曹を粗製濫造する危険を予測させる。日本学術会議第二部（法学・政治学）が二〇〇〇年七月および二〇〇一年四月にそれぞれ「法学・政治学教育改革と法曹養成」および「法科大学院と法学部教育」と題して開催したシンポジウムに筆者も企画側として参加したが、そこで目的とされたのは、競争状態のなかで少なくとも合成の誤謬的な結果が生じることを避けるべく、これまでと今後の法学部教育と法曹養成のあり方の全体像を法学政治学の学術発展を期する立場から検討するということであった。そこにおいても法科大学院の設立が、法学政治学分野の学術発展（研究と教育）に及ぼすべき影響について十分なシミュレーションとそれに基づく制度的対応の準備なしに拙速に進められることに対して、多くの危惧が示された（シンポジウムの前者については『法律時報』二〇〇〇年八月号、九月号参照。後者については学術会議の対外報告書として刊行）。

### (3) 法曹養成制度と大学の役割

これまで大学の法学部教育は、法曹養成教育をそれ自体として目的にしておらず、学生の将来の進路に多様性を想定して職業教育的なカリキュラムを採らずに、専門的な法学的知識をあたえ、かつ、リーガルマインドを養成することに一般的な目標を置いてきた。そのような法学部教育は、専門職業教育に特化しないことをもって、むしろ日本社会のリーガル・リタラシーの底上げに寄与してきたのである。他方でこのことは、法学部教育が直接的、即時的に法曹養成教育を目指すものではなかったにせよ、法曹を進路とする学生にとっても有意義な教育を行うことと矛盾するものではまったくなかった。

しかし、司法試験予備校が司法試験受験者を大学の外に吸引し、より有効だと受験の当事者たちにみなされるような受験教育を展開し、その実績を誇るような事態のなかで、大学法学部の法曹養成への実質的関わりが改めて問題とされることになるのである。それは、このような事態のなかで再生産されていく法曹の質の問題として提示される。つまり、大学の法学教育担当者は、法曹の質の劣化に手をこまねいていてよいのか、ということである。この問題は、法曹の量的拡大が政策的に提起されると、より一層現実的で深刻な問い掛けになったのである。

司法試験予備校での受験勉強を不可欠とするような司法試験、また、行き過ぎた修習生管理と創造性を欠いた実務教育が問題視されるような司法研修所教育、これらを二つの柱とする法曹養成制度について、法曹の量的拡大と質的向上を目指した改革を考えようとすれば、大学における法学教育にこれまでと異なった本質的なコミットメントが求められることは必然的なことでもある。法曹の量的拡大が基本的に産業界のニーズに発しているのであるにせよ、あるいはまた法曹の量的拡大を目指しながら法曹養成に対する公的なコスト負担を軽減したいという思惑が授業料を徴収できる大学に法曹養成を委ねるという方策を生み出したのであったとしても、国民のために質の高い法曹を作り出すために、大学の法学教育が正面から関与するというのは、それとして一つの正道であろう。したがって、問題は正道を正道たらしめる条件の考察を行うことである。いくつかの論点を提示してみよう。

第一に法科大学院を成功させるためには、そのための教師の配置と物的施設が十分でなければならない。また、法曹養成教育のカリキュラムと教育方法について、その研究が事前に十分に行われ準備されなければならない。既存の法学部が法科大学院を併設しようとする場合、既存法学部のスタッフと施設の「転用」がおおかた計画されるようであるが、これは二つの理由で安易に行われてはならない。一つは既存の法学部教育（場合によってはまた法学研究科の教育）のスタッフと施設がそれによって劣化の方向に影響を受ける可能性が大であるからである。他の一つは、法曹養成教育について特別のスタッフ（教育能力）と施設の準備を十分に行うことなしに、とにかく法科大学院をスタートさせるという危険性があるからである。

文部科学省の法科大学院設置基準がどのような内容になるかなお詳らかにしないが、設置基準のクリアがただちに上記の危惧を払拭するものとはなるまい。これまで、法曹養成に意識的に携わってこなかった既存法学部のスタッフが、特別のそのための教育方法の自己研修もなしに法科大学院に横滑りできるものかどうか問題であろう。またこのことは、法科大学院の教育に参加することを要請されている実務法律家についてもいえることである。以上のように、上記(2)で述べたことであるが、大学が競争状態のなかで、横並び的に無理をして拙速で法科大学院を立ち上げることは、法曹養成にとって新たな困難と矛盾をもたらすばかりか、全体の法学教育と法学研究に甚大な影響を及ぼしうる。

第二に、筆者は、競争的横並び的法科大学院の設立を避けることが大切であり、法科大学院構想の是非を検証しつつ、その漸進的実現を図るためにパイロット事業を実施してはどうかと考える。法科大学院の設立を自由競争ではなく、なんらかの計画性をもって進める手段は文部科学省の設置認可以外にはないが、しかし設置認可がそのような手段に使われることは大学側にとって望ましいことではなく、また、文部科学省の政策にも合致しないであろう。

それゆえ、パイロット事業の主導役は、日弁連にしか期待できない。現在の司法試験の合格者は、首都圏および近畿圏の大学出身者に集中している。合格者一、〇〇〇人であった一九九九年度についてみると、七割弱が首都圏大学、二割強が近畿圏大学である。地方における弁護士不足が法曹の量的拡大を必要とする重要な一つの論拠とされているのであるから、このパイロット事業では、たとえば南九州、四国、北陸、北海道などの地域に法科大学院を設立することとする。それぞれの地域では可能なら大学連合を受皿としながらいずれかの大学に立地することとし、準備は関連法学部のスタッフが行うが、法科大学院の新スタッフの過半は公募制で全国から募集する。これらの法科大学院は、法曹養成教育の実験的開発を進めるものとして位置づけられ、また法科大学院の教師たちの研究のあり方もここで模索される。

こうした試みが大学と日弁連の協力で行われるならば、文部科学省はこれを助成し、推進すべきである。法科大学院を経由して養成される法曹数は、それゆえ、いきなり大きな数にならず、法科大学院全体のキャパシティー（人的リソース・物的施設）の整備に応じて漸進的に増加させるものとすればよい。

第三に、法科大学院を設立し大学に法曹養成教育をビルドインすることになれば、既存の法学部および研究大学院（法学研究科）との関連について制度的な整理が必要である。アメリカのロースクールは、professional schoolとして、college（四年制学部）およびgraduate school（研究大学院）と制度的に別個独自のものとしてあるが、日本の法科大学院は学校教育法上の大学院の位置を与えられるので、特定の法学部との関連を持ち、また研究大学院と並列するものとなりうる（もちろん独立大学院ないし独立研究科として特定の大学から、また特定の学部から離れて創設することも可能である）。

この場合、法学部が法科大学院への進学コースを設けるか否か、また、法科大学院から研究科博士課程への進学を認めるかどうか、さらに法科大学院の管理運営に責任を有する教授会をどのように設置するかなどが論点となる。これらについては、一方で法学部教育および法学研究科のそれぞれの目的と他方で法科大学院の目的を明確にし、各自がその目的を達成できるように必要な調整を行わなければならない。法科大学院の設立だけを至上目的にして優先し、その都合に他をあわせるようなことをすべきではない。

### (4)　大学改革と法科大学院——理念と基礎からの再構築

国立大学の法人化問題にしても、司法改革による法科大学院設立問題にしてもなるほど大学の外から持ち込まれたもののように見える。日本社会の社会経済的変動がその根本的動因であり、具体的に経済界のニーズが強く働いているとすれば、その方向性について批判的な吟味を怠るべきではない。この場合、問題は、大学の使命はなにか、法曹養成のあり方はいかにあるべきか、このように立てられるべきであると思う。私たちは理念と基礎に立ち戻って主体的に現状を把握し、必要な改革への展望を持つことによって外在的な批判や圧力に正しく立ち向かうことができる。

司法制度改革審議会は、二〇〇一年四月二四日の会議で法科大学院の開校を二〇〇四年度とすること、法科大学院修了者四、〇〇〇人・司法試験合格者三、〇〇〇人の体制には一〇年から一五年を目処に到達すること、二〇一〇年までは移行措置として現行司法試験を併存させること、などを決定した。また、自民党司法制度調査会が要求している司法試験受験資格のバイパス（法科大学院修了者以外にも司法試験受験を認める制度）については審議会で強い異論がでて意見がまとまらなかった（毎日新聞、二〇〇一年四月二五日付朝刊）。

このような「グランドデザイン」は上記に示した諸問題をはらんだままであり、これに対しては大学と日弁連の今後の適切な対応が求められるべきである。国民の人権と権利擁護のために、紛争の適正な解決のために法曹の質を高める法曹養成制度を目指すことが、理念であり議論の基礎である。

国立大学の法人化は、その形態の如何によっては、日本の大学システム全体の変動を引き起こすものとなりうる。高等教育の場に投じられる国民経済的な総リソースの最も効率的な配分が、そこでの原理的モチーフであるからである。現在、法人化の具体的制度設計について、文部科学省および国立大学協会が並行して調査検討を進めている。もともと政府の行政改革方針では、国立大学の法人化問題は二〇〇三年度までに結論を出すものとされており、制度設計の大まかな具体案が今年度中には示されることになろう。時期的には、法人化と法科大学院設立は、あい近接して進行するものとなる。法人化が国立大学のそれぞれに固有の経営責任を担わせ、競争的環境の中で、より社会経済的ニーズに即応する大学運営の実現を狙いとするものであることから、各大学が法科大学院設立をそうした競争のターゲットの一つとみなしているというジャーナリスティックな論評も行われている。

国立大学が大学の運営について明確な自己責任を担うこと、社会のニーズに適切に対応し、説明責任を果たすこと、教育と研究の成果により敏感なシステムを構築すること、これらは大学自らがこれまで追求し努力してきたことであり大学にとって原理的なことである。そしてこれらの原理的なものは、大学という制度の有する普遍的な理念に最終的に資すべきものとして想定できる。大学は、教育と研究が構成員の自由を基礎に行われるところに本質をもち、その自由の行使において、社会と国民への責任の果たし方が模索され決定され、その決定に対する批判に応じながら活動を再生産していくものである。法人化の制度設計はこのような大学の本質を判断基準として進められ、またその適否が論じられるべきである。

ときどきの時代精神は、社会の諸制度・諸要素をあますところなく自己に服せしめる要求をもつものである。これに対し大学は、原理的に普遍に奉仕するものであり、それを確保するために個的自由が置かれ、自治としてそれが対外的に主張される。普遍に奉仕するものを社会のなかに置くことによって、時代精神は、逆にまたありうべきその誤謬から救われるのである。大学自らがそのような使命を自覚して行動することなしには、大学が直面している困難を打開することはできないであろう。上記のジャーナリスティックな論評にはリアリティがあるが、そのリアリティこそ大学が目を据えて吟味すべき時代精神への従属であるかもしれないのである。

新聞報道によれば、小泉新首相は、国会で民主党議員の質問に答えて「国立大学でも民営化できるところは民営化する、地方に譲るべきものは譲る視点が大事だ」と述べた（日本経済新聞二〇〇一年五月一二付朝刊）。国立大学の法人化問題は、国・公・私という大学の設置形態の如何を問わず日本の大学システムのグランドデザインを視野に入れて、大学という制度の普遍的理念と社会の関わり方を自ら問いつつ立ち向うべき問題として、いま展開しつつある。

『法律時報』二〇〇一年六月号の特集「『この国のかたち』と司法改革」に掲載

# 14　大学の制御と組織の変化

二〇〇一年一二月

## (1)　日本の大学の設置者の違いによる種別

日本の大学の制御と組織を論じる場合に、日本には大学の設置者が誰であるかによって異なる三つの種類の大学があることを前提として説明しておかなければならない。とくに国立大学と私立大学の組織のあり方が異なり、現在、国立大学の改革が論じられているが、そこでは国立大学が私立大学的な管理運営組織を持つべきであるとする有力な議論（国立大学の民営化論）もあるからである。

第一にその設置者が国であるものは国立大学である。第二に都道府県・市町村などの地方公共団体が設置者であるものは公立大学、そして第三に設置者が私法人としての学校法人であるものは私立大学である。日本ではドイツと異なりこの中で私立大学の役割が大きい。大学数でみると、国立大学が約一〇〇、公立大学が約七〇、私立大学が約四三〇であり、学生総数でみると、国立大学と公立大学をあわせて、約七〇万人に対して、私立大学が約一九〇万人である。私立大学の学生数は全学生数の約七〇％になる。これらは四年制の大学であるが、この他に二年制の短期大学があり、国立・公立の短期大学数は約一〇〇、学生数三万五千人、私立の短期大学数は約五〇五、学生数は約四四万人である。

国立大学全体についての国の予算は、大学の特殊性を考慮して通常の予算から切り離された特別会計制度の下で一括して運用されている。それぞれの国立大学は、入学検定料・授業料からの収入（学生当たり一年で約五〇万円）や附属病院の収入などをもつが、これらの収入は一括して特別会計に計上される。もちろん、このような国立大学の収入だけでは国立大学の研究・教育経費は賄えないので、通常会計から国立大学の特別会計に毎年繰り入れが行なわれる。その額は最近ではおおよそ一兆五千億円である。この繰り入れ額は、特別会計の支出総額の六〇％程度であり、この割合は傾向的に減少している。なお念のためにいえば、私立大学に対しては私立大学助成法に基づいて国の助成が行なわれており、助成の総額は私立大学全体に対して年間三千億円程度である。また、公立大学にも施設費として年間一千億程度の国庫補助が行なわれている。

国立大学の教職員は、国の他の行政機関の職員と同様に国家公務員であり、法律による身分保障を有している。私立大学の教職員は通常の私的な労働関係（雇用契約関係）の下にある。以下は、国立大学と私立大学に焦点をしぼって議論を進める。公立大学の問題は国立大学に準じて考えてよい。

## (2)　大学の組織構造

私立大学を設置できる法人は学校法人という特別の法人（私立学校法によって設立される）であり、文部科学省の監督をうける公益法人である。私立大学については、したがって、まず設置者である学校法人がその管理と経費負担に責任をもつこととされている（学校教育法第五条）。法人の運営組織として理事会が構成される。この理事会が大学の経営について責任をおい、これと並んで大学の教育・研究の具体的な遂行を運営するために大学全体に評議会、そして各学部・研究科に教授会がおかれるのが普通である。理事会がどのように構成されるか、つまり、理事長が学長を兼ねて（あるいは学長が理事長を兼ねて）経営と教育・研究の責任者が一体化するか、あるいは、理事会が経営者として大学の管理運営組織のうえに立つかは、大学ごとに様々である。伝統のある大きな私立大学は前者の方式をとっていることが多い。

国立大学は、設置者が国であり、管理と経費負担の責任を国がおうものとして、そこで、文部科学省の下にある国家行政組織の一部分と位置づけられ、独立の法的地位を有していない。したがって、予算や定員の配分・管理は、原則として一般行政組織に適用されるのと同様のルールにしたがって行われる。また、研究・教育組織の新設・変更などは、法律によって監督庁である文部科学省の認可を必要とするとされている。ただし、日本国憲法は学問の自由を保障する規定をおいており（第二三条）、学問の自由は制度的な「大学の自治」を含むものと解釈されているので、国立大学の管理運営については慣行的に自主性が承認され、また、学長、部局長（学部長、研究所長など）および教員（教授、助教授、講師および助手）の人事については法律（教育公務員特例法）によって大学の自治権が保障されている。法律上、大学全体に評議会がおかれ、各学部・研究科に教授会がおかれる。

評議会も教授会も法令の予定する事項についての審議権をもつが、決定権はなく、大学の決定は学長に属するものとされている。実際の運営では、決定について教授会および評議会が重要な役割を果たしているが、この点は各大学の運用において様々である。

### (3)　国立大学の改革案——国立大学の法人化

現在、国立大学の改革案として「国立大学の法人化」が政府・文部科学省から提案され、見通しとしては早ければ二〇〇四年四月から、新しい形態に移行することが語られている（ただし制度設計が複雑なので法律案の準備のためにはさらに多くの時間を要するのではないかとも言われている)。

今回の国立大学の法人化の議論は、中央省庁の行政改革においてイギリスのエージェンシーの制度に倣った独立行政法人制度が導入され、国立大学もその形態に移行するという構想が示されたところに端を発している。独立行政法人については、一九九九年七月に独立行政法人通則法が制定された。この独立行政法人の制度は、行政改革を推進する国の政策において、行政機構をスリム化する手段として構想されたものである。それは、行政役割のうち企画部分と執行部分を区分し、執行部分を担当する機関を独立させて独立法人とし、企業経営的な手法を持ち込んで効率的な行政を行なわせることを狙いとするものである。すでに約九〇の行政機関(その中には、国立の博物館、美術館や多くの国立の研究機関が含まれている)が二〇〇一年から独立行政法人に移行している。

独立行政法人の仕組みは、おおよそ次のようなものである。法人の長は所管の大臣が任命する。法人は三ないし五年の期間について、所管の大臣から指示された中期目標にしたがって中期計画を作成して大臣の認可をうけ、これに基づいて毎年の年度計画を作成し、これを所管の大臣に届け出て、かつ、公表し、この計画にしたがって事業を遂行する。計画期間が終了すれば、事業の成果について所管の省及び行政の監察権限をもつ総務省によって二段階の評価をうける。この評価は、所管の省が当該独立行政法人の次の時期の存続と活動内容を決定するに際しての決定的な資料となる。独立行政法人の財政については、計画期間中の予算は保障され、独立採算制は採られない。予算制度は従来のインプット・コントロールからアウトプット・コントロールに切り替えられ、いわゆる「渡しきり交付金」の制度が採用される。また、独立行政法人の職員は、国家公務員の定員に関する法律上のコントロールから免れる。そこで、法人は交付金の枠内で自由に職員数をきめることができるものとされる。

以上のような独立行政法人の仕組みは、一定の業務を効率的に執行すべき行政機関には適合的かもしれないが、学問の自由に基礎づけられた研究教育を目的とする大学には、組織論的に、また、「行政法人」というその名称を含めて、相容れないところが大きい。大学側は、そのように主張し、国立大学に独立行政法人制度を適用することに強く反対した。文部科学省も当初は大学側と同じ立場にたった。しかし、行政改革の一環として、また、これまでの大学の管理運営に対する批判に根ざして国立大学の改革の必要性が政府・与党から強く打ち出され、文部科学省および国立大学の連合体である国立大学協会は、二〇〇〇年七月から国立大学の新しい形態についての検討に入った。

そこでは、独立行政法人の大枠——つまり、大学を独立法人とし、目標・計画の策定、それに基づく財政の保障、そして結果の評価というシステムを導入すること——を前提としながら、大学の性格と役割にふさわしい新たな法人の形態を検討することが課題とされた。文部科学省は、二〇〇一年九月に検討の結果を「中間報告」(「新しい『国立大学法人』像について」)として発表し、各界からの意見を聴取した上で、二〇〇二年三月までに最終報告をだす予定である。中間報告の内容に対しては大学側のスタンスは、一様ではなく、また、様々な論点について批判的な意見が多くだされている。

### (4)　国立大学法人案における改革の論点

文部科学省の中間報告は、いまのところ、国立大学法人の基本的コンセプトとして次のことを提案している。第一に、現在の国立大学のそれぞれが一つの単位として法人格を取得すること、第二に、独自の法人組織を現在の大学と別に新たにつくることをせず、経営組織と教育・研究組織を分離しないこと、第三に国立大学法人の根拠法として「国立大学法人法」あるいは「国立大学法」を制定すること、第四に法人格をもった国立大学の設置者は国とすること、である。この上でさらに具体的な国立大学法人の形態をめぐる重要な論点は次のようなものである。

### (i)　組織と運営

改革の方向として中間報告で示されるのは、①学長・学部長を中心としたリーダーシップを強化し、全学的な見地から機動的で適切な決定を行う体制をつくること、②学外者を運営に参画させ、大学の外からの意見を反映し、社会に開かれた運営をする組織をつくること、③大学の個性が発揮できる柔軟な組織編制を行うこと、などである。

これらの論点は一般論としては適切なものであるが、その制度設計においては次のことを考慮する必要がある。まず、リーダーシップが独裁におちいることがないように、意思決定におけるトップダウンとボトムアップのバランスが保持される必要があり、評議会や教授会の役割を適切に位置づけねばならない。また、学外者の意見や見識を大学運営に活用し、社会とのインターフェイスを拡大することは重要であるが、教育・研究に責任を持つ者が最終的に大学の自主性・自律性を支えるという原則は維持されるべきである。

したがって、国立大学法人の長である学長を選考する場合、学外者ないし学外者からなる機関が学長選考制度立案の審議や具体的な候補者の提案に関与することは考えられるが、投票による最終選考権は教育・研究に従事する大学構成員に属するべきものである。同じ問題であるが、教授・助教授などの選考は、ピアレビューによるものとし、これまでと同様に教授会に選考権を専属させるべきである。さらに大学の組織を柔軟に編制するためには、これまでのように法令で細かく規定し、新設・改廃に文部科学省の認可を必要とするやり方をあらため、社会に責任をもつための基準をさだめて、その基準を満たせば大学の自主的な判断で組織の新設・改廃が自由にできるようにすべきであろう。

(ii) 目標・計画そして評価

これまで大学は、法律上、文部科学省の行政組織の一部として文部科学大臣の一般的指揮権限に服している。大学を独立の法人とすれば、大学は、このような行政的指揮権限から外れることになる。しかし、大学の管理と運営の経費は設置者である国が負担するのであるから、国はなんらかの大学に対する制御の手段をもつ必要がある。そして、この制御の手段は、大学の自主性を重んじつつ、これを通じてこれまで以上に大学の成果の達成が期待できるようなものでなければならない。こうした意図のもとに作られているのが、中期目標および中期計画ならびに中期目標達成度についての事後評価の仕組みである。

中間報告は、中期目標および中期計画の期間を六年として提案している。一般の独立行政法人より長くしているのは、大学の教育・研究がより長期的視野のもとで計画されるべきだと考えられたからである。問題は、中期目標・中期計画の定め方である。中間報告によれば、中期目標は大学の提案を尊重しつつ、文部科学大臣が策定し、中期計画は中期目標に基づいて大学が策定し、大臣が認可するとされている。

かりに文字どおりに、文部科学大臣の策定する中期目標にしたがって大学の教育・研究が行われるべきものとなれば、現状よりも教育・研究における大学の自主性・自律性が後退することになりかねない。大学の自主性・自律性の観点から本来的に考えれば、大学と大臣の協議によって中期目標が定められるとすべきところであろう。ただし、ここでは、設置者として経費の負担をし、管理に責任をもつという国の地位が制度上担保される必要をどのように考慮するかという問題があることは認めざるをえない。

### (iii)　大学のファイナンス

国立大学法人化の基本的コンセプトによれば、六年間の中期計画の実施に必要な財政が大学に対して国から措置されることになる。中間報告は、それが具体的にどのようなものになるかを述べているが、まだ未確定、不明なところが多く残されている。大学側の一般的な要求は、大学の基本的ニーズを満たすものを大学に共通に十分に保障した上で、大学の競争的努力と個性によって大学ごとに差異のある財政措置を行うべきであるというものである。

中間報告は、大学に措置する運営費交付金を二つの要素にわけている。一つは、学生数等の客観的な指標に基づいて各大学に共通の算定方式にしたがって計算される標準運営費交付金、もう一つは、客観的な指標によることが困難な特定の事業などに対する所要の経費額としての特定運営費交付金である。大学にはこの二つを合計したものが交付されることになる。標準運営費交付金の算定の際には、学生の納付金（授業料・入学検定料）や大学附属病院の収入は差し引かれ、これが多ければそれだけ実際に交付される標準運営費交付金の額は少なくなる。ただし、それ以外の大学の固有の収入は、大学の自己努力の成果として大学の追加的収入として認められる。

中間報告では、中期計画の六年間について安定した財政的措置が行われるかどうか、不明である。むしろ、毎年度ごとの見直しが行われる可能性がある。また、運営費交付金は大学の教育活動を経費支出の基本的な対象にしており、こうした制度が大学の学術研究に安定した財政措置を行うことができるかどうかははだ怪しい。

もう一つの重要な問題は、中期目標・中期計画に基づいた大学の活動を事後評価の対象とし、以降の財政的措置に評価結果を反映するというシステムである。この評価については、文部科学省に「国立大学評価委員会」を設置し、この委員会が実施することとされているが、委員会の構成や評価手続きはすべて今後の検討課題として残されている。日本ではすでに大学の評価を実施するための国の機関として文部科学省のもとに、「大学評価機構」が設立されていて、活動を行っている。評価機構の活動はまだ試行段階であるが本格化すれば五年に一度すべての国立大学が評価を受けるべきこととされている。「国立大学評価委員会」は、大学の教育・研究活動の評価については大学評価機構に評価を依頼することとされているが、詳細はここでも今後の検討に委ねられている。

### (5)　今後の展開および東京大学における課題設定

国立大学の改革は、二一世紀のグローバリゼーションの時代を乗り切るために日本の大学制度と実際の大学を活性化することが必要であること、そして、九九の国立大学が護送船団方式によってぬるま湯のなかにあるという危惧があって国立大学の個性化と競争化を推進することが必要であるという状況認識によって基礎づけられている。

こうした状況認識に基づいて改革を進める必要性は肯定できるが、その場合の前提には国として大学における高等教育およびその不可欠の基礎をなす学術研究に対してこれまで以上に投資を行うという基本政策がなければならない。また、大学の自主性・自律性を強化し、それを通じて大学の個性化をはかり、競争を促進するというのであれば、国による大学に関する制度設計はできるだけ大枠の必要最小限の範囲にとどめ、大学の自由な決定の範囲を拡大することが望ましい。

大学の自由を認める形態で公的ファイナンスを行うとすれば、大学はその成果について重大な責任を負うべきであり、それを確認するために事後評価の制度が必須である。しかし、事後評価のシステムが大学の本来の使命をよく発揮させるために適合的な形で設計されなければ、大学は死んでしまうであろう。大学の教育・研究は、大学の使命を担う一人一人の教育・研究者の学問と教授の自由、それに基づく身命をかけた日々の活動があってこそ、はじめて成りたち、成果を生むものである。大学全体のマネージが有効適切に行われることは、それを助けるためのものであって決して逆ではない。学長などの大学のトップマネージメントや文部科学省の官僚は、せいぜい産婆役になれるだけであり、自分で子どもを産めるわけではない。

東京大学では、これまでの学内での改革の議論をふまえつつ、国立大学法人の新たな形を、客観的な状況の推移をもにらみながら、自主的に構想する議論を進めている。議論の立脚点は、「基本に立ち返って、大胆な改革を」というものである。大学の諸制度はそれぞれ歴史的な経路をえて形成されており、それぞれに一定の合理性を有している。より新しい合理性によって取り替えようとする場合、既存の合理性のほうが安定的であると感じられることが多い。しかし、基本と原則にかえって、見なおせば、不安に陥ることなく新しいエネルギーを生み出す方向が見いだせるであろう。わたしたちは、まだ明確な展望を見いだしているわけではないが、危機を改革にむすびつける主体的な準備を怠ってはならないと考えている。

「ベルリン日独センターシンポジウム・日本とドイツにおける高等教育制度の発展と改革」における報告（二〇〇一年一二月五―六日・ベルリン日独センターにて開催）

# 15 大学の再編と大学のコンセプト

二〇〇二年一〇月

## (1) 「大学改革」の結節点としての法科大学院

二〇〇二年八月五日に中央教育審議会は、文部科学大臣に対して三つの答申を行った。それは、「大学の質の保証に係る新たなシステムの構築について」、「大学院における高度専門職業人養成について」および「法科大学院の設置基準について」である。行政改革による各種審議会の整理の一環として「大学審議会」が廃止され、中教審の大学分科会にその仕事が引き継がれたが[1]、これらの答申はその分科会の最初の仕事である。

この三つの答申の結節点になっているのは、「法科大学院」である。大学の質の保証システムとしての第三者評価制度（国の認証を受けた評価機関が大学を定期的に評価し、結果を公表する）や法令違反の是正措置（設置基準違反の大学に対する改善勧告、変更命令、特定組織の認可取消等の措置および大学の閉鎖命令）の新設は、法科大学院を具体的適用例として想定しており、また、高度専門職業人を養成する専門職大学院は、その典型例を法科大学院としているのである。文科省の政策担当者は、この三つの答申が「相互に密接に関連して一連の大学（院）政策を形成しており、戦後の新制大学制度の歩みのなかでも大きな転機となり得るもの」と述べている。[2] ここで「転機」とは、大学行政における〈設置認可による事前規則〉から、〈パフォーマンス評価と法令違反への対応強化による事後規制〉への転換を言うのであるが、この背景に、より大きな大学行政の規制緩和というべき国立大学の法人化があることは、いうまでもない。

国立大学の法人化は、二〇〇四年四月からという想定のもとで準備が進められているが（国立大学法人法の制定によって全国立大学が同時に国立大学法人に移行することが予想される）、法科大学院の新設も同時期の想定であり、法人化によって〈競争的環境〉におかれる大学がいわば最初の競争の場として選ぶのが法科大学院の設立であるというタイミングになった。ここでも、法科大学院は要（かなめ）の役割を果たさせられる。

法科大学院は、高度専門職業人の養成を直接の目的とする専門職大学院として設置されるので、これまでの研究者養成を本則とする大学院とは異なった性格をもつものであり、大学院制度に新たな質を加えることになると同時に、広く社会への人材供給を目的として法学専門教育を行ってきた法学部の存在意義を問い直させるものともなる。法科大学院は、大学における専門職大学院設立のいわば先兵であり、上記の答申が期待するように「社会の各分野において国際的に通用する高度で専門的な職業能力を有する人材の養成が求められる各般の専攻分野」、すなわち「経営管理、公衆衛生・医療経営、知的財産、公共政策（行政）、技術経営」などにおいて法科大学院につづく専門職大学院が作り出されることになろう。[3]

専門職大学院について、答申は、研究者養成的な教育を排除することを強調しているが、"reseacher in practice" を特性とすべき現代の専門職のあり方からして、むしろこれは逆行的であり、社会のニーズに短絡的に反応するものといわなければならない。[4] 専門職大学院そのものの必要性を認めるとしても、大学は、こうした考え方に追随することなく〈競争的環境の中での個性発揮〉として、それぞれユニークな専門職養成の制度設計を試みることが重要であろう。教育学の専門家がいうように、ここでは、大学院制度それ自体

の基本問題について十分な研究開発が真に求められているのである。(5)

## (2) 遠山プランと国立大学の再編・統合

国立大学の法人化は、それが政策上の日程にのぼって以降、目的について明確なシフトがみられる。当初の国立大学法人化の狙いは、行政改革の枠組のなかで、国家公務員の削減（一二万人を超える大学教職員を国家公務員の法定定数から外すこと）および財政の効率化に置かれていた。いまや、国立大学の法人化は、経済活性化の戦略的手段として位置づけられ、法人化によって国家的、かつ、公務員的規制から自由になった大学の研究活動が組織的に産業界と連携して日本経済の再生に資することが正面から期待されている。

経済財政諮問会議は、二〇〇二年四月はじめに「経済活性化につながる研究開発を強化するため」教職員の非公務員化を柱とする国立大学の法人化を想定より一年早めて二〇〇三年度から実施することの検討に入るとしたことがあった（日本経済新聞二〇〇二年四月三日付朝刊）。文科省もさすがにこれには慌てて反対し（とても準備ができないから）、この日程変更は具体化しなかったが、国立大学法人化がいかなる文脈で現在位置づけられているかをよく示すものである。小泉内閣の「経済財政運営と構造改革の基本方針二〇〇二」（骨太の方針第二弾）には、その一つの柱として「国立大学の非公務員型法人への早期移行（競争的環境の強化、能力主義の徹底）」が明確に書き込まれることになった（日本経済新聞二〇〇二年七月一九日付朝刊）。

国立大学の法人化について、産業経済政策的な位置づけがきわめて明確に打ち出されたのは、二〇〇一年六月のいわゆる「遠山プラン」である。このプランは、大学の構造改革の方針として、①「国立大学の再編・統合─スクラップ・アンド・ビルドで活性化」、②「国立大学に民間的発想の経営手法を導入──新しい『国立大学法人』に早期移行」、および③「大学に第三者評価による競争原理の導入──国公私『トップ三〇』を世界最高水準に育成」の三つを示した。この方針は、経済財政諮問会議における文科省の説明文書を基礎にしたものである。②の法人化はすでに想定されたものであったが、①の国立大学の再編・統合および③「トップ三〇」は大学にはいわば寝耳に水のところがあり、これ以降、とりわけ再編・統合問題は、多くの国立大学を右往左往の渦に巻き込んだ。

国立大学の再編・統合の動きは、関係者の間に文部官僚のほとんど思いつきのような組合せの案が深刻に流布するといった状況が示すように、理念や基準の定かでない中で進行したが[6]、遠山文科大臣は、二〇〇二年六月の国立大学長会議のあいさつで次のように、これについて述べている。それによれば、再編・統合の意義は「人的・物的資源を最大限に活用し、教育研究基盤を整備して足腰を強化したり、教育研究分野の厚みや広がり、特色の強化を図る」ところにあり、決して大学数の削減自体が目的ではなく「教育や研究の高度化、新たな学問領域への展開、地域や社会への貢献機能の強化など、個性と特色のある大学づくり」にある。また、とくに教員養成大学・学部の再編・統合は、初等中等教育の充実のための教員養成機能の見直しとして位置づけられ、重要視されている。

九九の国立大学には、いわゆる単科大学（一大学一学部）が三八大学あり、これらの多くがまず統合に向けて舵をきった。一一の医科大学の多くは、すでに同一県内の総合大学との統合を決めている。また、図書館情報大学や二つの商船大学（東京、神戸）等もそれぞれの相手を選び、統合を決定している（日本経済新聞二〇〇二年七月一六日付朝刊）。

教員養成学部は教育大学一一校を含んで四八大学にあるが、うち五学部が統合によって廃止の方向、さらに五組一一校が統合を協議中であると伝えられる（朝日新聞二〇〇二年八月五日付朝刊）。教員養成大学・学部の統廃合は、地元・自治体もアクターとなることが示すように、社会的利害にもっとも実質的に関わる分野である。[7] さらに協議中の大規模な統合として、京都と滋賀の四大学（京大を除く）、弘前、秋田および岩手の北東北大学連合、埼玉大と群馬大などが報道されているがその帰趨はなお不明である（朝日新聞二〇〇二年七月一七、一八日付朝刊）。

これらの統合協議は、すでに決着ずみの数例を除けば、法人化の日程とからみあい、当事者の大学に複雑な計算問題を抱えさせている。九九の国立大学の現状維持が理想の姿というものでないとすれば、大学の再編・統合はあっておかしくない。肝要なのは、大学の自主的・創意的検討を前提に「なにを実現するためか」を明確にすること（ができるか）である。

### (3)　非公務員型法人と産学連携

国立大学法人の制度設計については、文科省に大学関係者も含んだ調査検討会議が二〇〇〇年七月に設置され、二〇〇一年九月に中間報告、二〇〇二年三月末に最終報告「新しい『国立大学法人』像について」が公表された。国立大学協会は六月の総会で、強い反対意見を抱えながらもこの内容を基本的に了承し、各大学は法人化に向けての準備に入るべきことになった。制度設計の大枠が示されたとはいえ、根拠法が制定されたわけでもなく、肝腎の制度の内容が予算制度をはじめとして多くの点で不明のままであり、大学は手探りの対応を余儀なくされる状況にある。今後の見通しとしては、国立大学法人法（仮称）が次期通常国会に上程される。

最終報告における最重要の論点の一つは、教職員の地位であり、非公務員型とすることが明確化された。文科省の説明では、中間報告に対するパブリックコメントでも、公務員型を支持する意見は、国立大学関係者に限られ（労働組合も含む）、政界、産業界、社会の各分野とも非公務員型を要求する意見が圧倒的であったという(8)。そこでは、〈公務員という身分保障にしがみつく〉ことに対する批判とともに、より重要な視角として研究活動の公務員的規制からの解放による〈産学連携の推進強化〉が要請されている。国立大学法人化の狙いが上記のようにシフトするに応じて、非公務員型法人化の路線が明確に選択されたのである。

スイスのＩＭＤ（国際経営開発研究所）の世界競争ランキング二〇〇二年版で、日本の国際競争力は四九カ国中三一位であり、産学連携は四九位と最下位であった。日本経済新聞の社説（二〇〇二年八月一三日付朝刊）はこれをとりあげ、「おそまきながら始まった」大学改革に期待するとして「産学連携で独創技術の開発を目指せ」と唱えている。「グローバル競争のらち外にあった日本の大学の『参戦』が、日本の再生を加速する秘密兵器になる可能性は十分ある」と。

国公私立を問わず、すでに少なからぬ大学では、産業界との共同研究体制の構築および大学が研究開発した技術を産業に媒介するための仕掛けの整備が進められている。ＴＬＯ（Technology Licensing Organization）インキュベーション・センターなどが設置され、産学連携支援・推進の学内体制が用意されている。とくに大学で開発した特許の産業化と知的財産権としての活用がここでの課題である。

知的財産権について、政府は「知的財産戦略大綱」を決定し、産学官の連携で「日本知財学会」も創設された。産業界からの国立大学への寄付講座の設置数は一九八七年の五講座から二〇〇二年の一〇〇講座に増大し、民間企業からの教員採用数（私大を含む）もこの六年間で三割増であるという（日本経済新聞二〇〇二年七月二一日付朝刊）。国立大学は法人化の中で、こうした産学連携を一層推進するために、教員の人事制度や研究活動のあり方について新たな手段を講じることを求められているのである（人事の流動性の確保、業績給の導入、兼業規制の大幅緩和、知的財産権の確保と活用等）。

産学連携の強調は、日本の企業における研究開発費および人材養成費の縮小にみあって、大学の研究開発と人材養成への期待（専門職大学院のニーズにも反映している）が昂進したことを背景としている。[9] より大きな文脈でみれば、グローバル経済下での国際競争の主戦場が科学技術の開発にあり、現代において大学がその戦略的位置にたつことは、日本に固有のことではない。産学連携の推進は世界の資本主義の共通の課題である。国立大学の法人化は、このようにしてみれば、なるほど、大学を資本主義のグローバルな競争の手段として活用する方策なのである。大学は、自らの「手段化」を肯んじないとすれば、これに対して大学としてのグローバルなあり方を対置しなければならない。

## (4)　大学のコンセプト

大学という制度は、人類史のなかで近代以前からのものであり、また、近代においてはその制度に関する近代固有のコンセプトが形成されてきたものである。資本主義と大学の関係は、大学という制度にとって重要であるがその一側面にとどまる。大学は学校教育法をひきあいにだすまでもないが、「学術の中心」であり、「深く学芸を教授研究」する組織的空間である。それゆえ、大学のコンセプトを形成する論理は、学術の論理であり、「学芸の教授研究」の論理であり、これらのものと人類社会との関係のあり方こそが、大学のコンセプトを基礎づけうる。大学の改革と未来を語ろうとするならば、もちろん様々な媒介項を必要とするとはいえ、この基本となるコンセプトに立ち返って絶えず議論の本位を定めることが求められる。

三つのキーワードを示したい。[10] 一つは「公共性」であり、もう一つは「知の複合性」であり、最後が「評価と責任の開放的システム」である。まず、産学連携とは、広く捉えれば大学が社会のさまざまなニーズと相互のフィードバックを経緯しながら、対応関係をもつという意味での「社会連携」の一つである。そこにおける「社会」とは、すなわち大学がそれと関係を結び、そのために奉仕すべきものとは、「公共的なるもの」であるべきである。産学連携が特定の企業の利益を図るべく知的な生産物を囲いこみ、利益を独占するために行われるとしたら、それは大学の自殺行為にほかならない。またさらに、「公共」は、特定の政府や国家であってもならない。それゆえ、大学の知的生産活動を図る基準は「グローバルな公共性」である。

大学の知的生産活動は、status quo という意味での社会とは複合的な関わりをもつものである。社会のニーズに直接的に対応する知（順接続的知）、社会のニーズに無関係であるように見える、あるいはそれに抵抗し、批判する知（非順接続的知、逆接続的知）、またさらに知のあり方を自省し、新たな知のあり方を展望する知（自省的知）など、現代の知の考察は、これらの複合的な知の形態が総合しつつ、人類の歴史と社会における普遍的なるものにつながることを示している。大学と社会の関係は、このような知のあり方に基礎づけられて複合的であるべきである。「大学の枇杷型構造[11]」という考え方は、この複合性を大学の教育研究組織のあり方として捉えるものであると思われる。

こうした大学の知的生産活動の特性に由来して、大学は「学問の自由」と「大学の自治」を社会から保障される。そのあり方が独善に帰結しないためには、評価と責任のシステムが備えられなければならず、そのシステムは、外部的に解放されていることが必要である。以上、大学のコンセプトについては舌足らずになったが、最後に忘れてならない問題をだして終わることにしたい。

日本には（二〇〇一年四月現在）、国公私立あわせて六四九校の四年制大学がある。私学は大学数でも、在学生数でも七割強の比率を占める。大学院在学生数について、私学の割合は修士課程約三七%、博士課程約二四%となる。大学への国費の投入は、九九の国立大学へおおよそ一兆五、〇〇〇億円（特別会計への一般会計からの繰り入れ分）、私学助成はおおよそ三、〇〇〇億円である。これらとは別に研究への国費の投入である科学研究費補助金（研究者の申請に基づいて審査のうえ交付）について、大学毎の交付額をランキングすると、上位三〇校のうち私学は二校にとどまる。

以上の数字は、高等教育の大半を私学におんぶしているという事実を示し、そしてその反面で研究が国立大学を中心に行なわれているという状況を推測させる。前者の事実は、高等教育への国費の投入が先進国比較において小さい（一九九七年度のＯＥＣＤ調査。対ＧＤＰ比で日本〇・五％、アメリカ一・一％、ドイツ〇・九％）というよく知られた事実と相関する。高等教育の私学セクター、すなわち私的負担の大きさは、日本の大学制度の決定的特徴である。日本の高等教育と学術研究の適切な発展を見通そうとするならば、ここに示されている問題に正面から向かいあわなければならない。

（1）天野郁夫「大学審議会の一三年」『カレッジマネージメント』一〇六号五四—五九頁、二〇〇一年参照。
（2）小山竜司（文科省高等教育局大学課課長補佐）「大学『再生』のトータルプラン」法学セミナー増刊『カウサ』一号四一頁、二〇〇二年。
（3）たとえば慶應義塾大学は、二〇〇四年度から法科大学院をスタートさせると同時に政治・行政分野について「戦略構想大学院」を、二〇〇五年度からいわゆるビジネススクールとして「経営大学院」を発足させる構想を発表している（日刊工業新聞二〇〇二年八月五日付）。
（4）広渡清吾「法曹養成教育と法の基礎科学」『法律時報』二〇〇二年八月号、六四—六八頁参照。
（5）寺崎昌男「学術的活動と高等教育のデザイン——大学教育の革新のために」『学術の動向』二〇〇一年五月号、八—一一頁。
（6）現場からの分析として本間政雄（京都大学事務局長）「国立大学に経営力を」『論座』二〇〇二年五月号、五五—五七頁参照。
（7）丹波健夫「教員養成系大学再編私案」『論座』二〇〇二年五月号、六八—七七頁参照。
（8）こうした状況を示すものとして「座談会・大学と企業・産業界の連携をどうとるか」『カレッジマネージメント』一〇一号四—一三頁、二〇〇〇年参照。

（9）　インタヴュー産学連携・喜多見淳一（通産省大学等連携推進室長）」『カレッジマネージメント』一〇一号、一六頁、二〇〇〇年参照。

（10）　広渡清吾「大学の危機と革新―世界的公共性と複合的知」蓮實重彦／アンドレアス・ヘルドリッヒ／広渡清吾編『大学の倫理』東京大学出版会、二〇〇三年（刊行予定）。

（11）　吉川弘之の提唱する概念である。枇杷は、薄皮、果肉、渋皮、種からなるが、果肉のみを求めてそのような枇杷を作ろうとすれば、枇杷は成立せず、再生産が不可能となる。産業界は甘い果肉のみを大学に求めるべきではないという趣旨を含んでいる。

『法律時報』二〇〇二年一〇月号の特集「学術体制の再編と法学・政治学の将来方向」に掲載。二〇〇二年四月三日の日本学術会議第二部関連研究連絡委員会合同会議における報告

# 16　大学の倫理と日独の大学

二〇〇三年三月

## (1)　大学の倫理

本書の書名は、「大学の倫理」である。本書成立の多少の経緯を後に述べるように、この書名は、ミュンヘン大学と東京大学の共催に係るシンポジウムのテーマと同じものである。「大学の倫理」という表現が読者にいかなるイメージで受けとめられるか、わたしたちに不安がないわけではない。しかし、このコンセプトを発信する側には、言うまでもないが、明確な問題意識がある。

二一世紀の初頭にあって、知の生産と再生産の制度としての大学システムは、国を問わず世界のなかで、変革への外圧にさらされている。大学にとって「外圧」とは、大学・学問の担い手たちの関心の内在的発展から生み出されるものではなく、政治的、経済的、社会的要請が大学の外で定式化され、大学に提示されるといったものを意味する。学問の担い手が自らこうした外的要請を先取り的に内在化し、大学の発展に組み入れることに成功する場合には、「外圧」は意識されず、意識されなければ存在しない。こうであれば、大学は社会と幸福な共棲関係を維持することができる。しかし、社会の変化が急速で、また、より根源的なものに関わる場合、こうした幸福な共棲関係を矛盾なく保持することは極めて困難である。現在、日本で、そしてまたドイツでも、大学が直面しているのはそのような問題である。

近代の大学は、近代社会が自由を原理とすることに見合って、学問の自由とその制度的保障として大学の自治を国家法上付与されるのが通常である。もちろん、大学に付与される自由は、決して社会から超然としうる自由ではない。大学は、社会内の存在であり、社会の費用によって営まれ、人類の現在と未来に奉仕するべく、自由を与えられているものであるからである。とはいえ、大学に自由が付与されている意味は、大きく、かつ、重いと理解しなければならない。大学は、社会に対して自由でなければならず、社会に対して服属してはならない。大学は、「外圧」に服してはならず、「外圧」から自由でなければならない。だがしかし、大学が「外圧」を無視し、社会から超越し、自己の内的論理にのみ自足したならば、大学の自由とは一体いかなる意義をもちうるだろうか。

大学の自由をめぐるアンチノミー的状況は、大学が、そして学問の担い手たちが、この状況を自らの責任において主体的に受けとめることによってのみ、打開の契機をみだすことができる。人類の現在と未来に対する責任を引き受ける自覚、それによって基礎づけられる自由こそが、大学の自由の名に値するのであり、「外圧」は、この責任に基礎づけられた自由によって、受けとめられ、大学と学問に内在化されるべきである。

大学の倫理とはまさに、大学の自由の規律・自由を根拠づける責任を論じるコンセプトにほかならないのである。このコンセプトは、それゆえ、責任に基礎づけられる自由のシステムを現代の要請に応じて開発すること、人類の現在と未来のニーズを正しく洞察する教育と研究のあり方を求めること、そしてまた、大学の本質的営みである科学とよばれるものについての考察を深めることなど、わたしたちが論じるべき諸課題を導きだすのである。

本書の末尾で、シンポジウムの総括を試みた山脇直司は、大学の倫理の根本的意味内容として「グローカル」な空間に展開すべき"responsibility"を指示している。本書のメッセージは、こうした趣旨において読者に届くことが期待されている。

## (2)　ミュンヘン大学と東京大学

ミュンヘン大学、正式に「ルートヴィヒ・マクシミリアン大学ミュンヘン Lutwig-Maxisimilians Universität München」は、ドイツでもっとも大きな規模の大学に属する。創立は一四七二年に遡り、バイエルン公の居城のあったインゴルシュタットが大学の最初の場所である。この大学が現在に続く名称を冠したのは（設置者であるバイエルン王マクシミリアン一世にちなむ）、大学がランズフートに移転した一八〇二年のことである。一八二六年には大学の発展にしたがって手狭になったランズフートから、ミュンヘンへの移転が行なわれた。

現在のミュンヘン大学は、二〇学部を擁する総合大学である。日本の場合よりも学部の単位が細分化されている。東京大学と比較すれば、ミュンヘン大学にはカソリック神学部およびプロテスタント神学部があること、他方で工学部がないこと、が特徴的である。ミュンヘンには、ミュンヘン工科大学が設置されており、工学の教育・研究はそちらに委ねられている。ドイツでは一九七〇年代後半の改革で学部（Fakultät）という名称を専門領域（Fachbereich）に切り替えた大学が多いが、ミュンヘン大学は学部の名称を維持している。哲学部（古代学・文化学）のなかに、東アジア研究部門があって、ここでは中国学および日本学が行なわれている。日本学研究については、これと並んで学長直轄組織として現代日本に特化して研究・教育を行なう「日本研究センター」が設置されているのも、ミュンヘン大学の特色であろう。

東京大学とミュンヘン大学は、一九九八年に学術交流協定を締結し、従前からの単発的な交流を計画的、意識的な取り組みに発展させた。協定締結時の両大学の学長（総長）は、アンドレアス・ヘルドリッヒ（法学者）および蓮實重彦であり、両氏のイニシアチブに基づいて、二〇〇〇年三月にミュンヘン大学で「大学の未来」をテーマにシンポジウムを開催した。このときは、両大学が直面している課題をそれぞれから出しあい、共通の問題と展望をさぐり、今後の交流の計画を検討した。ここで検討した計画の一つとして、本書の内容を構成するシンポジウムが二〇〇二年三月に「大学の倫理」をテーマに東京大学で開催された。ヘルドリッヒおよび蓮實両氏は、このシンポジウムにおいても基調報告者を務めた。

両大学の二つのシンポジウムを通じた基調は、いわば「古典的大学」が二一世紀の市場化とグローバル化の趨勢のなかで、いかに適合的なメタモルフォーゼをとげうるか、つまり、大学を大学として成り立たしめる諸原則を維持しながら、新しい社会的要請にどのように応えていくか、という問題の解を求めようとするところにあった。この問題設定は、極めてオーソドックスなものであり、「趨勢」に従属せず、批判的な分析を伴いつつ、社会の真の要請を見極めようとするところに立脚している。

「大学の倫理」という表題は、反省的に検討すれば上述のように位置づけうるのであるが、多義的で、ミスリーディングでもありうる。しかし、繰り返していえば、大学がいかにあるべきかを大学の立場で主体的に思索し、考察する仕事の全体を総称するとすれば、こうした表現がふさわしい、と考えられたのである。したがって、シンポジウムは、グローバル化の中での研究のあるべき姿と規準、大学教育の理念と改革の方向、科学そのもののあり方、そして歴史と人類に責任をもちうる大学の位置づけなど、様々な課題とアプローチを包摂するものとした。

両大学の今後の交流は、総論的な問題と解決方向の共同討議から進んで、より個別具体的な研究領域における共同を追求することになる。専門領域ごとの大学間交流は、それぞれの研究者のボランタリーなイニシアチブに委ねられるが、ここに至るまでの、両大学の学長（総長）のイニシアチブによって進められた「大学」そのものの共同討議は、それとして価値の大きなものであった。まさに、社会に対するresponsibityのあり方として、この共同討議の成果を、本書として公刊することとしたのである。

### (3)　課題の共通性と異なった制度的前提

両大学が直面する具体的な課題は、上記の「趨勢」への対応として共通であるところが多い。大学附属病院の経営問題などは、ごく具体的な例である。大学の活動についての評価やランクづけは、世界のすべての大学を席巻している。大学の国際戦略の策定の必要性、研究者にインセンティブを与える給与制度の検討、教育制度と内容の見直し、研究領域のリストラ的再編の規準と方法の模索等、アトランダムにあげてみても、いくつでも共通の検討課題がある。大学財政についていえば、予想される国立大学法人において採用される渡し切りの交付金（運営費交付金）の制度は、ドイツでも一括予算制度（Globalhaushalt）として州によってはすでに導入されている。

このように課題は共通性をもつが、前提となる大学制度について、ドイツには日本と異なった特徴が存在する。制度的な差異は、共通の課題に対応しながらであれ、解の方向や程度において、異なったあり方をもたらす可能性をもっている。また論者の立論の仕方に作用を及ぼしうる。そこで、以下に日独の大学制度の特徴的な差異について簡単にこれを紹介し、読者の理解の一助としたい。

第一の違いは、連邦制をとるドイツでは（一六の州から構成される）大学制度など教育に関わる権限が州に属し、日本の国立大学に該るものが州立大学であること、連邦の法律として大学基本法

(Hochschulrahmengesetz) が制定され、各州に共通の枠組みがあるけれども、大学制度の実際の運用については各州毎に差異があることである。

各州間の調整は、各州文部大臣会議によって行われる。また、総合大学（Universität　九二大学）のほとんどは州立大学であり、私立大学は少数である。総合大学の他に高等教育機関として三年制の高等専門学校（Fachhochschule　一八三校）がある。ドイツの大学改革の議論は、各州ごとに様々な議論が可能であり、また、総合大学と高等専門学校の役割分担をどうするかという議論を含むことになる。

第二の違いは、ドイツには大学入学試験がないことである。大学に入学するためには、原則として九年制のギムナジウムを経て大学入学資格（Abitur）を取得しなければならない。ギムナジウムの最後の段階でこのための試験がある。

大学入学資格は、ドイツの大学であればどこでも入学できる資格である。医学部など一定の学部・学科には大学ごとの定員制があるが、憲法上の職業選択の自由の保障との関連で、定員制は例外的な措置にとどめるべきものとされている。定員制の場合でも、大学が学生を選抜する権利をもつわけではなく、各州間の協定で設立されている「中央学籍配分機関」（Zentralstelle für Vergabe der Studienplätzen=ZVS）が定員の八〇％について指定し、残りの二〇％について大学が決定することとされている。このように、ドイツの大学は、大学間競争でもっとも重要な手段の一つである、学生の選抜権を持っていない。そこで、大学に全面的に学生の選抜権を認めること、さらには大学入学試験の導入などの改革案が論じられているが、議論の収斂の方向は見えず、立法のアジェンダにのるまでには至っていない。

いわゆるアドミッションポリシーは、アメリカの大学では大学の個性と競争力の確保のためにもっとも重要な手段と考えられており、日本でもこの点が強調されつつある。ここからみると、ドイツの大学は大きなハンデを抱えているようにみえるのである。

第三の違いは、日本の大学にはすべての学部について一律に、大学が認定する卒業＝学士号の付与という制度があるが、ドイツにはこれがない、ということである。

ドイツでは、たとえば法学部は、国家試験である司法試験の第一次試験の合格が事実上の卒業（法学部の履修を修了したこと）を意味し、これに代わる大学による修了認定や資格認定がない。教育学部であれば国家試験である教師試験が、神学部であれば、教会の試験による資格認定が同様の意味をもつ。大学が認定するのは Diplom（学士。経営学、工学など）および Magister（修士。人文系）などで専門領域によって異なっている。ドイツの大学のこのようなシステムは大学として履修者に与える資格が限られていること、また、国際的に通有性を欠くという不都合があるということで、一九九八年の大学基本法改正によって、専門領域を問わず、バチェラー（Bachelor）およびマスター（Master）のコースを設置できるようになった。ついでにいえば、ドイツには制度として大学院（graduate school）が存在しない。

第四の違いは、ドイツの州立大学が、日本の国立大学と異なって、無償であり授業料を徴収しないことである。

これについては政策的におおいに争われており、バーデン・ヴュルテンベルク州が他州にさきがけて一九九八年の冬学期から標準履修期間（四年間）をこえて在学する学生（長期履修学生）から一、〇〇〇マルクを徴収することとした。これに対して憲法上の基本権である職業選択の自由に反し違憲であるとして、四人の学生が授業料徴収を無効とする行政訴訟を提起したが、最終的に連邦行政裁判所は標準履修期間内に履修を修了することが可能であるという理由で学生の訴えを棄却した（二〇〇一年七月）。そこで、この方式に追随する州もでてきている。

連邦政府与党の社会民主党は、大学の無償制の原則をなお擁護しているが、連邦政府は長期履修学生からの授業料徴収の制度化を考慮しつつあるようである。ドイツの場合、これまで授業料徴収がないばかりか、奨学金の給付もかなり手厚く行われている。したがってドイツの学生は、日本と違って親がかりでなく、自力で就学している者が多い。そこでアルバイトなどによって履修期間が長くなりがちである。こうした循環を断ち切る政策が繰り返し議論されてきたのであるが、その帰趨はなお予断を許さないように思われる。

第五の違いは、教授資格制度（Habilitation）の存在である。各州の大学法では大学教授の任用の資格として教授資格（またはそれに準じる能力）を求めている。教授資格は大学が認定する学術的資格の最高のものであり、提出された教授資格論文の審査、本人の講義の審査および口頭試問を経て賦与される。

教授資格の取得のためには相当の年月を要し、実際にドイツで大学の研究者を志望する者は、大学を卒業し、博士号を取得、さらに教授資格をとり、実際に教授職に就くまで、身分の不安定なままに平均で四〇歳前後まで研究生活を過ごすことになっている。こうした長期の不安定なキャリアパスは、ドイツの大学教授のポストの魅力を損ない、大学が優秀な若手研究者を確保することを困難にしているという批判がかねてから行われてきた。

そこで、二〇〇一年一一月の連邦大学基本法改正によって、教授昇進前のポストとして准教授（Juniorprofessor）の制度が新設され、教授資格制度を廃止することが決定された（経過期間が置かれる）。准教授は、博士学位の取得を前提要件にして、三年程度の任期（更新が一回認められる）が付せられるが、独立して教育研究を行う者であり、これにより、従来よりも早期に若手研究者の独立を可能にすることが狙いとされる。教授は、准助教授経験者から（例外的にこれに代替するキャリアも認められる）採用されるので、教授資格制度は不要となるということである。このようなドイツの制度改正は、アメリカのテニュア制（教授のみが終身在職権をもつ制度）に接近するものということもできる。

この改正には連邦議会の野党が最後まで反対し、法制定後も改正法の違憲を主張して連邦憲法裁判所に違憲審査の申し立てを行っている。また、二〇〇二年九月に連邦議会選挙が行われるが、ここで政権交替が生じれば、教授資格制度の復活があるだろう（この場合には准教授制度と二本立てになる）と予想されている。

日本の大学教授は、その任用の基礎に統一した資格がなく、また、多くの場合、助教授も教授と同じようにパーマネントスタッフとして独立に教育・研究活動を行っているので（ただし、自然科学系では教授と助教授の職階的差が大きい）、ドイツ型でもアメリカ型でもない。

## (4)　大学間格差と競争

これまでのドイツの大学は、日本ではしばしば「どの大学に入るか」が人々の最大の関心事であるのに対して、「どのような資格をとるか」ということを中心においた制度として運営されてきたといえる。大学入学資格制度と大学の無償制は、学生が自由に大学を移動することを原則として可能にしており（経済的社会的理由で実際には難しいのだが）、「どこの大学に入るか」はそれとして何も学生に約束しない。また、卒業という一括した制度もなく、特定の領域での資格の取得や学位の認定を経なければ大学での履修の修了とならないから、日本のように「どこの大学をでたか」という問題も重要でない。大学教師にとっても「どこの大学の教授か」は、ドイツではあまり問題とならない。統一的な教授資格制度があり、それを取得することが相当にハードな仕事であることが社会的に認証されているからである。日本の大学では、極言すれば、大学が教授として採用すればそれが教授である。

ドイツでは、以上のような事情の下で、これまで大学間に格差のないことが、公式の理解であった。もちろん、歴史的伝統の違いや、そのときどきの教授スタッフの顔触れなどによって、大学の優劣が語られることがあっても、それは学問領域ごとに多様な形で存在し、大学がまるごとランクづけの対象とされることはなかった。このような大学についての「風土」は、これまでドイツの大学制度のすぐれた特長を示すものと考えられてきたのではないかと思われる。ドイツでもいまや、大学の活性化と改革のために大学間の競争が強調されるのであるが、大学間競争とこの伝統の風土とのコントラストは鮮やかであり、それゆえ、改革への抵抗力には相当おおきなものがあると思われる（現実的な問題としてたとえば授業料徴収問題をとっても、学生の反対運動の力はなお侮れない）。

日本では、一九九八年一〇月の大学審議会答申から二〇〇四年四月に想定される国立大学の法人化に至るまで、政策の基調を貫くものはやはり大学間競争の促進（これは大学内での競争の促進をともなう）である。規制緩和、ファイナンスに結びつく業績評価、大学の自主的決定権の拡大などがその手段として論じられるのは、日独変わらない。

ドイツの一九九八年八月の大学基本法改正では、業績に方向づけられた大学への予算措置の原則や教育・研究活動の定期的な評価の導入などが明記された。また、二〇〇一年一一月の同改正では、公務員としての大学教授の給与制度に業績給が導入された。これによれば、基本給の二〇―三〇％程度の業績給が学部ごとに行う業績評価に基づいて支給される。また従来と異なり、個人の給与総額には上限が設けられないこととされた（教授と政府との契約による）。

日本では、国立大学法人の制度設計のなかに、競争促進の制度を含みこむことが期待されているが、競争条件創出の最大の要は、文科省による護送船団方式の除去であるとみなされている。文科省の護送船団方式は、大学の規模の大小はともあれ、同じルールの下で大学をコントロールし、かつ、面倒をみてきたというものである。同じルールによるコントロールを取り払い、大学の自主性に委ねて個性を発揮させ、競争を進める、というのが法人化の基本的理由づけである。しかしながら、文科省の護送船団方式は、そのプラクシスにおいて大学間の格差を維持してきたのであり、競争条件の平等でないものの間で競争をさせようとしているという批判が強い。

競争は格差を目指すものであるから、結果において格差をうむ。格差のないことを前提としたドイツの大学にとって、競争は異質の新しい課題であろう。隠れた格差を維持してきた日本の大学は、公正な条件を前提にせず競争を始めようとしている。このようにして競争というダイナミズムを抱え込んだ大学制度がどのような新しい均衡点をみいだすか、これについては、なおしばらく観察の時間を必要とするだろう。その観察は、大学の倫理のコンセプトにしたがえば、大学と学問の担い手たちが、変動の諸要因を大学の本質的発展にどのように選択的に内在化することができるかに向けられるものである。

蓮實重彦／アンドレアス・ヘルドリッヒ／広渡清吾編『大学の倫理』（第二回東京大学・ミュンヘン大学シンポジウムの内容を編集）の「序論」として掲載

ドイツの大学制度について、本稿発表後の変化を追記しておこう。

第一に、授業料徴収問題についてである。大学に関する国家的財政負担の増大のなかで、大学の施設改善、教育研究の質の向上のためには、授業料を徴収してそれを大学に回すべきだという議論が強くなり、授業料の徴収を試みる州がでてきた。これに対して、社会民主党と緑の党の連立政権は、二〇〇二年四月の大学基本法（大学制度は州の管轄であるが、共通の枠組みを設定する連邦法）の改正に際して、大学の授業料を徴収しないこと（ドイツは何度も大学に入学し、履修することができるので、一回目の通常の履修について授業料不徴収を定める）を明文で規定した。授業料不徴収の規定は、授業料導入を検討していた保守政権の州の反発を買い、連邦憲法裁判所に違憲審査が申し立てられた。憲法裁判所は、連邦法でそもそも一律に授業料徴収を禁止することが連邦の立法権限を超えるものとして、当該規定を違憲であると認定した（二〇〇五年一月二六日）。

このような状況のなかで、保守政権の州では授業料導入が進められ、現在の時点では（二〇〇八年一一月）、一六州のうち七州が授業料を徴収している。だいたいの相場は、一学期あたり五〇〇ユーロである。授業料を徴収しない州でも、学期ごとに登録料として五〇—一〇〇マルクを徴収している（いずれも徴収しない州が二州ある）。連邦憲法裁判所は、どのような場合に授業料を徴収することが違憲になるかについて判断を留保しているので、授業料が高額になり、学生からの憲法訴願が行われれば、違憲判断が示される可能性がある。

第二に、日本の大学制度における卒業＝学士号の付与と似た制度、バチェラー、マスター制度の導入についてである。この制度は、現在、ヨーロッパレベルの共通の制度としてドイツでの普及が進められている。一九九九年六月にイタリアのボローニャにヨーロッパの二九カ国が集まり、「汎ヨーロッパ大学圏」を形成・発展させることを合意した。この大学圏のなかでは、学生が国境と関わりなく可能な限り自由に学ぶために移動することを実現しようというものである。そのための手段として、学生の取得できる資格を共通にすること、単位制度を導入して単位の互換を図ること、そして大学評価制度を確立して大学の質を確保することが決められた。

ドイツでは、一九九八年の大学基本法の改正に続いて、二〇〇二年の改正であらためてバチェラーとマスターを大学の通常の制度とすることを規定した。バチェラーは三年間（六ゼメスター）、マスターはその上にさらに二ないし三ゼメスターを履修期間として予定する。ドイツの各大学・学部は、カリキュラムを用意してバチェラー・コース、マスター・コースを設置している。これらのコースは、二〇〇四年冬学期において、すでに三分の一程度の専門領域で設置されている。法学部であれば、司法試験の合格の有無にかかわりなく、バチェラー、マスターの資格をコースの修了によって取得できる。

第三に、「ジュニア・プロフェッサー」（准教授）制度については、野党が違憲審査を申し立て、連邦憲法裁判所は、ジュニア・プロフェッサー制度を連邦法によって一律に創設することが連邦の立法権限を超えるものとして違憲の判決を下した（二〇〇四年七月二七日）。こうして、全連邦的にジュニア・プロフェッサーの制度を導入し、大学教授資格制度を廃止する試みは、頓挫した。違憲判決は、連邦と州の高等教育に関する立法権限の配分を問題にするものであり、ジュニア・プロフェッサー制度それ自体の適否に係わるものではない。したがって、それぞれの州がジュニア・プロフェッサーの制度を採用することは、排除されていない。実際に、その後、多くの州が大学教授資格を存置しながら、ジュニア・プロフェッサーの制度を導入している。

第四に、ドイツでも大学間競争を進めるための公的研究助成が始められた。二〇〇五年七月に連邦政府と一六の州政府が合意して「エクセレンス・イニシアチブ」と題する大学振興プログラムを進めることになった（二〇〇六―二〇一一年の六年間で一九億ユーロの支出、連邦が七五％、州が二五％を負担する）。これは、国際的な学問的競争の先頭集団にたつ大学拠点を創り出すことを目的にする、大学の申請に基づく選別重点投資プロジェクトである。先端研究推進大学として九大学が選ばれ（ジャーナリズムはこれらを「エリート大学」と呼んでいる）、その他研究プロジェクトを柱にした大学院形成プログラムおよびクラスター形成プログラムに対して助成が行われている。ドイツのこのプログラムは、日本の「トップ三〇」構想から展開した競争的助成制度であるＣＯＥ（Center of Excellence）プログラム、次世代のＧＣＯＥ（Global Center of Excellence）プログラムと同種のものであり、日本からの影響も推測される。

本書刊行に際して追記

# 17　大学の危機と革新——複合的知と世界的公共性

二〇〇三年三月

## (1)　大学という近代システム

いま、日本でもドイツでも、大学はこれまでのあり方に社会的に問題が投げ掛けられ、政治的レベルにおいてすでに、改革のアジェンダがきわめて現実的に提示されている。大学というシステムが現在のような形で構造化されたのは、日独いずれも近代の社会においてであり、大学システムは近代の国家と社会の発展プロセスの重要な要素として、形成されてきた。大学は、近代国民国家の発展を担う、人材、科学技術、文化、理念と意識を養成し、継承し、発達させるべく、その役割を期待され、かつ、その役割をはたしてきたInstitution であった。

いうまでもなく、制度としての大学は中世に端を発し、人間の知の営みの社会的な拠点として設立された。大学と国家・社会とのかかわりは、それ以来、歴史的に多様であり、錯綜したものであったが、知の営みの社会的拠点という大学の始原は、制度の自律性という原理的思想において、現在にいたるまで大学という Institution の特性を規定しつづけていると考えられる。

近代において大学システムは、国民国家と国民社会の本質的構成要素としてとりこまれる。これ以降の時代にあっては、大学は、多かれ少なかれ、国家と社会のそのときどきの課題や目標を自らのものとして、そのあり方と役割を規定していくという関係のなかにあった。大学システムが現実の国家と社会から超然として孤絶しているという関係は、大学システムを歴史のなかにおいてみる場合、本質的に矛盾である。学問の自由と大学の自治は、こうした本質的矛盾とみえる関係を許容するものではない。学問の自由と大学の自治の観念も、近代国家のもとでの産物であるからである。しかし、大学にとって「自由」とは、また、その本質的要件であり、それなしには大学の名に値するInstitutionたりえない。それゆえ、大学にとっての「自由」とはなにか、がここでの問題である。

大学の自由は、近代社会が想定する知のあり方に由来するものと考えられる。近代における知のコンセプトは、人間の可能性のかぎりない発展を導く無限に開かれた構造をもつものとして考えられる。このような知の発展のコンセプトを前提にすれば、時間的視野の限定された外部的な目的設定、局部的に発出する社会経済的利害・政治的意図、全体主義的な動員などは、知の発展を阻害し、究極において歴史的な国家と社会の発展にマイナスを与えるきわめて有害なものであると想定される。そうであれば、大学が知の名においてstatus quoをラディカルに批判することは、大学が広く産業を促進する科学技術を提供するのと同様に、大学のもっとも密接な国家・社会との連携の一つの形態であり、近代の大学システムとして合理的なあり方なのである。

日本とドイツの大学が直面する現実的課題に斬り結ぶ場合、現状の大学において問題とされるものが真に「問題」であるのか、「問題」であるとしてどのような方向に解決を見出すのかについて、規準となる考え方をもっていなければならない。「混沌のなかでは原理に帰る」ことが一つの方法論である。以下では、そのような趣旨で、あれこれの現実的課題に処方箋を用意するというやり方ではなく、大学の基本的コンセプトが何かという視座に立ち戻って、議論を立ててみたい。

## (2)　大学改革アジェンダの位相

それでは、日本とドイツで提示されている政治的レベルでの改革のアジェンダは、大学システムの何を問題とし、改革のターゲットにしているのだろうか。そしてそれを促す背景にはなにがあるのだろうか。大学の改革は、日本とドイツに限られたイシューではない。たとえば、大学のあり方をテーマにする国際会議の開催は少なからずあり、また参加する国々の広がりも大きい。それらの諸国でも大学改革が進められ、論じられている。もちろん、大学システムはナショナルな単位でそれぞれの歴史的経路を経て形成されているから、具体的課題は同一ではない。とはいえ、総じてみれば、大学改革に見られる政治レベルでの視点は、第一に大学という Institution の効率性を問題とすること、第二に、グローバリゼーションを与件としながらナショナルな競争手段として大学を位置づけ直すこと、にあると思われる。第一の問題はそれとして独自の問題であるが、第二の問題関心と目的―手段の関係に立つという側面をもつ。

日本では、国立、公立、私立の三種類の大学をあわせて約六五〇の四年制大学があるが、改革のターゲットの中心はそのうち約一〇〇の国立大学に向けられている。国立大学は学生数（学部・大学院）の約四分の一をかかえるにすぎず、教育における量的比重が小さいが、大学院教育および研究において主要な役割をしめている。それゆえ、国立大学の改革は、大学システム全体に決定的な意味をもつ。

昨年六月に文部科学省は、大学の構造改革の方針を発表した。それによれば、第一に国立大学の再編・統合を進め、スクラップ・アンド・ビルドで大学を活性化する、第二に国立大学に民間的発想の経営手法を導入するために、新しい運営形態としての「国立大学法人」に早期に移行する、そして第三に第三者評価により競争原理を導入して、国立、公立、私立を問わず選別政策を進め、世界最高水準の大学を育成する、とされている。現在、約四〇大学が統合に合意し、あるいは統合を協議中であり、また、国立大学法人への移行は二〇〇四年四月からと見通され、さらに世界最高水準大学の選別的育成政策（当初三〇という数字が示されたので「トップ三〇計画」と呼ばれた）の予算措置が二〇〇二年度から行なわれることになった。

ドイツでは、大学教員の給与システムを改革し、年功給を廃止して業績給を導入する、准教授制度を新設して若手の活力を引き出し、伝統的な Habilitation 制度の廃止を見込むなど、大学 Institution の活性化が目指されている。これは大学の人材のグローバルな調達にも役立つものと考えられている。また、これまでドイツの大学に馴染みがなかった Bachelor（学士）および Master（修士）制度を導入することによって教育成果認定におけるグローバルスタンダードへの適応が試みられている。また、日本と異なって完全無償であった大学の履修について、なんらかの方式での授業料の徴収の政策的検討が進んでおり、すでに一部の州では長期履修の学生からの授業料徴収に踏み切った。

これらの改革アジェンダが、一九七〇年代後半から次第に明らかになり、社会主義体制の崩壊とともに決定的になった市場原理への政策的依存、競争による効率性達成への信頼などに基礎づけられていることは明瞭であろう。これらの傾向は、二〇世紀末の時代精神といってもよい。さらに、より具象化された下位の方向づけとして、「行政改革による小さな国家実現の一環としての大学改造」、「産業とより直接に連携する大学づくり」、「社会のニーズに直接に対応する人材の養成」などがそこには見られる。これらを通して意図されているのは、グローバル化の時代における国民国家の競争力強化であるように思われる。

### (3) 複合的知の必要性——超越的精神と内在的対応、そして自省的考察

さて、現在の改革のアジェンダは、わたしたちが二一世紀の大学像として展望するものと連続的であるだろうか。それが問われるべき問題である。

大学において生産され（研究）、継承され（教育）、発展させられる（教育・研究の循環的再生産）知は、国家・社会との関わりにおいて、きわめて複合的な関係をもつものと考えるべきである。近代的な知のコンセプトは、上で見たように、人間の無限の発展可能性を想定して、「時代に制約されない自由」を大学に保障するという大学 Institution のあり方を基礎づけた。大学は、そこでは、歴史的なそのときどきの国家・社会に対して順接続的に役立つ知を提供するとともに、非接続的、または逆接続的に時代をこえてはじめて貢献する知をも提供するものと考えられた。現代では、こうした近代的な知のコンセプトがオプティミズムであることが了解されつつある。知の無限の発展といわれるものが、かえって人々の（人類の）の生命、生活、運命に有害な結果をもたらしうることが事実によって明らかになったからである。知は、それとして自省的なあり方をもたなければならないこと、すなわち知の全体を俯瞰し、知のあり方を問い掛け、新たな方向づけを模索する、そうした自省的知が必要であることがすでに気づかれている。このような自省的知（reflexive Wissen）は、別の角度からいえば、知の責任についての知であるといってもよい。

以上のように、わたしたちは、国家・社会と大学との関わりにおいてみれば、その国家社会のニーズに順接続的に対応する知（内在的対応の知）、非接続的、または逆接続的に関わる知（超越的精神における知）に加えて、知のあり方を自省する知（自省的考察における知）の、少なくとも三つの形態を、二一世紀のはじめに知っていることになる。

大学 Institution の効率化のために、競争と評価、ランクづけが手段として喧伝され、すでにそれについてのシステム化が始まっている。大学（研究者）に対するリソースの配分は評価に基づくものとされ、組織の活動も個人の活動も評価の対象とされる。ここにおいて、どのような評価基準が採用されるのか、そもそも、上でのべたような知の複合的なあり方に見合った、知の発展を促進する評価がどのように可能かが問題である。単純な例をとれば、たとえば悪いジョークだが、現在の最も有力な科学技術の領域は「ＢＩＮ」と略称できる。つまり、Biotechnology, Infomationtechnology および Nanotechnology である。これらの領域研究が人類の未来に新しい可能性をもたらしうること、また同時に、それぞれの国家と産業がその領域の開発に先を争う動機をもつこと、それゆえこれらの領域が重要視されることは当然のことである。しかし、これらの領域の知は、おそらく先にみた内在的対応型の知に属するものであり、他の領域の知へのバランスのとれたリソース配分があわせて求められるものである。ここではまた、「ＢＩＮ」を評価し、それを促進するものとは異なった別の視点が必要なのである。

現代国家・社会のニーズに直接的、即目的に応えようとする競争・評価のシステムは、偏狭化し自家中毒をおこして、本来的に複合性をもつべき現代の知の再生産を媒介するシステムとして最悪のものとなるだろう。現代の知の生産と再生産のシステムにおいて、国家・社会との非接続的・逆接続的な関係や知の自省的考察を可能にし、知のシステム自身が自己変化を生み出していく、そのような知の責任を内包した新しいシステムを構築することが必要である。そのシステムは、市場原理や効率性によって全面的に基礎づけられるようなものではなく、現代の知のあり方への考察から展望されなければならない。

二一世紀の大学は、現代のこの新しい知のシステムの構築を緊急の課題とする。それはどのような具体的形態をとるべきであろうか。このシステムの原理は自由と責任によって構成され、責任についての自己評価と外部評価のシステムが必要である。外部評価のシステムは、評価の視点の複数制（複数の相異なる、場合によっては対立する視点の措定）およびメタ評価制（評価の評価の制度）を含まなくてはならないであろう。外部の評価はしかしながら、知の探索を試みる大学の研究者のいわば道標の役割を果たすものにとどまる。知の探索の道を最後に決定するのは、研究者自身である。学問の自由は、究極的に知的実践者である研究者個人に属する。自由と責任のこのシステムは、完結的に閉じられたものではなく、個人の自由な決定を通じてシステムの外に開かれている。この研究者個人の決定の自由は、しかしながら、個人が人類の歴史、現在および未来に対して直接に向かい合い、その決定の全責任を一身に負う覚悟を伴うべき、計りがたく重い決定であるといわなければならない。大学が Institution としてその本来的役割を主張しぬくこと、大学の研究者がその主張を貫くことは、このように、歴史と人類に対する直接的なコミットメントを求められるものではなかろうか。

### (4)　世界的公共性

大学という Institution が、仮に経済的企業体と同じ原理で経営され、かつ、機能するものであるならば、大学について独自に議論をする意味は全くなく、事柄は経営学に委ねられる。大学は経営学の対象にくみつくされず、大学について効率性が問題になりうるとしても、その役割は大学の本質からすれば、きわめて副次的なものにとどまるべきものである。大学において生産される教育と研究は、投入経費にみあって価格のつく商品となるものではない。商品生産は、市場の法則に支配されるが、大学における生産は、現代の知のコンセプトによって規定されるべきものである。大学における生産物はそれゆえ、歴史と人類に対して普遍的であるものとして、創出されるべきものである。

ドイツの大学の主要な形態は州立大学であり、日本でも国立大学が大学システムの重要な部分をしめている。つまり、州や国が、大学を設置し、その運営経費を負担するというものである。これに対して私立大学は私人（私法人）が設置し、その経費は学生の授業料など私的な負担によってまかなわれる。私立大学の創設は、国家が大学というInstitutionを独占すべきでないことからして当然のことである。各国によって近代の大学システムの発展史は多様であり、大学システム全体における私立大学の役割も国によって異なっているが、重要なことは、その設置の形態が国立であれ（ドイツの州立を含んで考える）、私立であれ、大学というInstitutionのコンセプトのもとで、研究と教育が営まれる場合には、設置の目的が合理的な理由をもった特別の限定をともなわない限り、大学における教育と研究の普遍的性格は、大学にとって本質的なものであるということである。

素朴な表現をもちいれば、私立大学だからといって特定の私的企業の目的に応じた研究や教育を行なうならば、それは大学のコンセプトに矛盾するであろう。また、国立大学がときどきの政府の命令と指示のもとに研究や教育を行なうならば、これもまた大学のコンセプトに矛盾する。大学というInstitutionは、現代における知のコンセプトに応じてその使命をもつものであり、したがって、そこにおけるアウトプットが普遍的なものとなり、こうして大学は公共的な使命をもち、かつ、公共的な仕事を遂行するものであることが確認されなければならない。大学が、public な性格をもつInstitutionであるいうことは、その設置形態（国立か、私立か）の如何に関わるものではなく、大学のコンセプトによって規定されるものである。大学はその公共的性格において、政府から自由でなければならず、また、私的個別的利害から自由でなければならない。このことは、知の複合性、アウトプットの普遍的性格そして大学の公共性によって、順に理由づけられるものである。

大学の公共性は、もともと原理においてそうであるが、二一世紀の現在において、ますます明瞭に次の問題に直面する。すなわち、大学の公共性は、ナショナルなレベルに限定されることができず、グローバルなレベルに開かれていなければならないということである。知がグローバルな公共性に奉仕するものであること、また、知的達成がグローバルに共有されることは、知の発展（人類的認識の進展）それ自体にとって必要な条件である。

とはいえ、ここではグローバル化に共通の問題が存在する。人々の活動にとって国境や国籍の意味が小さくなり、グローバルな利害をグローバルに討議する可能性が拡大することは、国境や国籍に支えられている国民国家なるものが、ただちに存在意義を失い、消失したりすることを意味せず、むしろ、グローバル化という新たな状況のなかで、国民国家の間の競争が形をかえて激化することを伴っているのである。特定の国家・国民の拠出によってその費用をまかなわれる大学は、国民国家間の競争において、知的な先導者としての役割を期待されざるをえない。現在の現実政治の論理からすれば、ナショナルな資源を投入する大学がナショナルな利益に奉仕すべきことは当然のことのように受けとめられ、このような大学がグローバルな公共性に奉仕するということは、一つの矛盾と映るかもしれない。これをもってただちに近視眼的なナショナリズムというべきではないが、国民国家それ自身がグローバル化時代のそのあり方について挑戦を受けているのだということは、理解されねばならない。

大学を狭い地平での国際的な競争手段とみなそうとする改革アジェンダは、いずれにしても、二一世紀における大学のコンセプトに背馳している。大学は、自らの基本コンセプトに固執することを通じて、現代国民国家とその世界に新しい可能性を提起することができよう。現代の知のコンセプトは、そうした大学の役割を包摂している。

前掲『大学の倫理』に掲載。第二回東京大学・ミュンヘン大学シンポジウム「大学の倫理」（二〇〇二年三月二一—二三日・東京大学にて開催）における報告

# 18 大学の理念を社会とともに創造すること

二〇〇四年三月

## (1) 公立大学の法人化問題

大学改革と科学技術投資の促進は、いま、先進国レベルでの世界的イシューになっています。これらが経済のグローバル化のなかで、各国の競争力の源泉とみなされているからです。競争のなかで、大学政策のあり方についてのグローバル標準といったものが収斂されつつあります。それは、おおまかにいえば、大学間競争の促進、大学間格差の積極的承認と分業、大学の経営の効率化、産官学の連携推進などです。

この四月に日本の国立大学の法人化がスタートします。各国立大学法人は、法人化の根拠法である国立大学法人法の規定により、外部者を半数以上のメンバーとする経営協議会を発足させます。この経営協議会には大学側の委嘱によって、多くの経済界の人々が参加します。日本経済新聞は、これを報道して「法人化―経済人頼み？」と評していますが、ここにも大学が置かれている現状が示されています。

公立大学については、公立大学協会がかねてから国立大学の法人化と横並びで公立大学法人法を制定して、大学の役割と特質を配慮した法人化とすべきことを要求してきました。しかし、これは実現せず、公立大学の法人化は、地方独立行政法人法という地方の公営企業など一般の独立行政法人化をおこなうための法律に基づいて行われるものとなりました。この法律は、公立大学について若干の配慮を行っていますが、独自に国立大学法人法が制定され国立大学についてはそれなりの大学の特質への配慮が行われたのに比べると、大きな差が生じました。

国の大学行政においては、文科省に専門官僚制が維持されており、大学の特有の制度や論理について理解し、配慮をするノーハウが存在します。これに対して地方自治体の場合、そのような専門官僚制がなく、知事や市長のトップダウン式の指示のもとで知事部局・市長部局の直接的な要求が大学側に向けられているという現状があり、公立大学の改革・法人化は、相対的にみて、国立大学よりもさらに困難を抱えているのではないかと思います。

### (2)「学術の論理」と「経営の論理」

今日のシンポジウムのキーワードは、大学の任期制・年俸制・評価制度ですが、これらのシステムの設計や問題点を考えるときには、「大学とは何か」という基本問題に立ち戻る必要があります。もちろんこの場合、「大学とは何か」が、これらの問題のすべてについて明確な答えをすでに用意していると考えているわけではありません。大学の歴史的経験を踏まえながら、大学が社会との対話を通じて責任をもって作り上げていくものと考えています。

学校教育法第五二条は「大学は学術の中心として、広く知識を授けるとともに、深く専門の学芸を教授研究し、知的、道徳的及び応用的能力を展開させることを目的とする」と規定しています。大学にとって本質的なものは、「学術の論理」であり、「経営の論理」ではありません。大学に経営は必要ですが、経営は学術をサポートするものであって、経営の手段に学術が利用されるのではありません。この観点からみて、経営と学術の関係を象徴的に示すのが、公立大学法人化に際して、理事長と学長が別々に置かれ、かつ、学長が副理事長として経営の長である理事長の下にあるという体制がとられることです。国立大学の法人化の議論に際して、ここはもっとも重要な争点の一つとなり、国立大学法人では理事長をおかず、学長が理事会を含めて大学のトップにあることを法律的に明確にしました。

「学術の論理」とは、知ることを追求する自由、知ったことを伝える自由、そのような自由の担い手の集団としての自治、そしてこのような自由と自治を確保するための自己規律の倫理と社会に対する責任を要素とするものだと考えています。大学を設置しようとする者は、こうした学術の論理、自治と自由を保障するためのシステムを作り、かつ、財政保障をする責任を負うのであり、これができないようであれば大学を設置する資格がないわけです。この自由と自治のシステムの中核は、メンバーを研究者のピア・レビュで選考する人事制度であり、また、自治集団のリーダーを集団自らが選出する選挙制度であるといえます。大学は、この自由・自治の行使による知の営みを通じて、社会に対していかに責任をはたすかを厳しく自己点検し、点検の内容を公開し、社会の評価を受けとめ、大学のあり方をさらに前進させるという自覚とそのためのシステムを整備することが同時に求められます。

### (3)　任期制・年俸制・評価制度について

任期制の問題ですが、任期制それ自体がいいとか、悪いとかの議論は適切ではないと思います。問題となる状況に対して、任期制が活用できる場合も十分あると考えています。しかし、そのような条件と効果を吟味することなく、「全員任期制の採用」などということは、人々を脅かしたり、世間の耳目を集めたりする意図があるのならともかく、合理的な制度とはまったくいえません。大学教員任期法でも、任期を付けることのできる場合を三つに限定して列挙しています。任期制を適用する場合は、その目的を明示し、それが自由な教育と研究を発展させることになるのか、研究者のキャリア形成をエンカレッジすることになるのか、研究者の責任遂行に役立つのか、人事管理の都合や人件費節約のために行われているのではないか、などの点から吟味して十分に耐えられるようなものであるべきでしょう。

年俸制は、国立大学法人化によって教職員が非公務員化することとの関連で、新しい給与制度としてわたし自身も検討したことがあります。たとえば、五年間のプロジェクト研究として外部資金をえた場合に、このプロジェクトの研究者を五年任期で採用するとすれば、退職金の先渡分を含めて年俸制で給与を支払うことには合理性があるだろうと思います。しかし、これも「全員年俸制」とか、「とにかく年俸制の導入」とか、目的と効果を明確にせず、大学教師が野球の選手のように一年ごとの数字の評価で給与が算定できるという前提で提案が行われているのならば、ほとんど信じがたいものがあります。

もしこのような信じがたいことが行われるとすれば、このような制度を運営すること—真面目に運用されるならばですが—には行政コストが嵩み、効率化にかえって反するようなことになりかねず、かつ、より深刻に研究・教育のあり方を歪めることになるのではないかと恐れます。

評価制度は、大学の自己規律・倫理と社会に対する責任を実行するために必要で、かつ不可欠なものだと考えています。法的にも国公私立を問わず大学は、自己評価を行い公表すること、またいわゆる認証評価機関による評価を受けることを義務づけられています。それゆえ問題は、どのような評価制度が適切で、合理的であるかということです。評価といっても目的、方法、対象によってさまざまなシステムがあります。目的でいえば、「ランキング」は、相対評価で順位をつけるものであり、「エヴァリュエーション」は、たとえば目的や計画に対して達成度を評価するようなものであり、また「アクレディテーション」は一定の要件を充足しているかどうかを審査するもの、という具合です。対象でいえば、組織全体のパフォーマンスの評価や個別の人にそくしての業績評価が区別されるでしょう。さらに方法でいえば、外部者による評価であるか、ピア・レヴューであるかなど、で分かれます。

わたしは、大学にとっての評価制度の本質的役割は、大学の使命をはたすための大学の自己努力のエンカレッジにある、と考えています。評価の目的設定について「大学とは何か」の基本から吟味し、対象、方法を適切に選択することが重要です。社会の側でたとえば、ここで述べてきたような意味での大学らしい大学をランキングするような試みがでてきて、大学についての議論が生まれてくることがむしろ望ましい状況と言えるかもしれません。

### (4)　大学から社会へのメッセージを

大学が現在抱えている困難について、社会は決して同情的ではありません。この困難の重大な意味を社会に伝え、一緒に「大学とは何か」を作り出すムーブメントがないと乗り切れない時代にあるのではないかと思います。

二〇〇四年三月二八日シンポジウム「任期制・年俸制および評価制度の導入は大学と教育をどう変えるか」（二〇〇四年三月二八日・横浜、横浜文化情報センターにて開催）における発言

# 19　国立大学の法人化と東京大学憲章——「法人化」の独自の探索

二〇〇五年三月

〈目次〉

(1)　切り返しの構想／(i)　行政改革と国立大学／(ii)　ＵＴ21会議の設置／(iii)　「憲章」という考え方はどこから生まれたか／(iv)　憲章の「論点整理（案）」と法人化五条件
(2)　攻勢と対策の布陣／(i)　ＵＴ21会議の継続と新展開／(ii)　「国立大学法人」像への意見／(iii)　憲章案のパブリックコメントと論点整理の確定／(iv)　法人化への踏み切り／(v)　法人化準備の加速
(3)　東大憲章の制定／(i)　憲章起草委員会の活動／(ii)　憲章の論点／(iii)　法人化に対する憲章の位置／(iv)　国立大学法人法と東大憲章
(4)　結びに代えて——東大憲章の意義とＵＴ21会議の役割

### (1)　切り返しの構想

#### (i)　行政改革と国立大学

国の行政組織の一つとしての国立大学のあり方は、橋本龍太郎内閣の下で開始された行政改革において（一九九六年一一月政府の下に「行政改革会議」の設置）、直截な形で取り上げられることになった。それは、当初、東京大学や京都大学の「民営化」の議論として浮上した。東京大学はすでに、この動きに対して、大学自らそのあり方を点検し、新たな方向を定位することを大学の喫緊の課題だとみなしていた。吉川弘之総長は、「『社会資本としての国立大学』研究会」（一九九七年一月）、また「東京大学の経営に関する検討方法研究会」（一九九七年三月）を相次いで設置し、東京大学として、国立大学の理念を検討し、独自の改革を模索する必要性を示したのである。

蓮實重彦総長の時代（一九九七年四月—二〇〇一年三月）は、行政改革（以下、行革）が急進展した。国立大学の行革は、行革の一般的手法として登場した「エージェンシー（独立行政法人）」と結びつけられ、これによって大学の行革の方向が絞り込まれることになった。一九九八年六月に中央省庁等改革基本法が制定され、そこでは国立大学の行革の推進も明記された、また、行政機関の定員削減を独立行政法人への移行という措置も含めて進めるべきことが規定された。翌年一九九九年七月には独立行政法人通則法（以下、通則法）が制定された。

国立大学へのこうした行革の包囲網のなかで、東京大学は、切り返しのために独自の改革構想を追求する。

一九九八年一一月、評議会の下に「東京大学の経営に関する懇談会」が設置された。これは、同年一〇月、大学審議会が「二一世紀の大学像と今後の改革方策について―競争的環境の中で個性が輝く大学」と題する答申を行い、「国立大学の行革＝独立行政法人化」の性急な進展に歯止めをかけようとしたことと連動して、その立場を共有しながら東京大学の改革を進めることを目的とするものであった（一九九九年一〇月に最終報告を評議会に提出）。しかし、行革の流れは早く、国立大学の独立行政法人化（以下、独法化）は、一九九九年四月に中央省庁等改革のための「国の行政組織等の減量、効率化に関する基本的計画」において「大学改革の一環として検討し、平成一五年までに結論を得る」こととして閣議決定されたのである。これまで国立大学の独法化に消極的であった文部省も検討の方向に舵をきった。

蓮實総長は、この政治状況を踏まえて、一九九九年七月に、総長の下に「東京大学の設置形態に関する検討会」を設置した。検討会は、「東京大学の設置形態はいかにあるべきか」を調査研究する「理想形態ワーキンググループ」および現行形態と独立行政法人形態の比較を調査研究する「比較形態ワーキンググループ」から構成された。

設置形態に関する検討会は、二〇〇〇年一月に報告書を提出する。それは結論において、独立行政法人の法制が大学の運営形態として不適切であることを述べると同時に、大学が法人格を取得し、より自律的な存在となることを検討に値するものとして位置づけた。同年三月には、東京大学が法人格をもつとすれば国立大学のあるべき理想との関連で法人制度を具体的にどのように設計するべきかを検討課題にして、総長の下に「国立大学制度研究会」が設置され、同年一〇月には、具体的な制度設計に立ち入った詳細な報告書が提出された。

### (ii)　UT21会議の設置

東京大学二一世紀経営戦略会議（以下、UT21会議）は、二〇〇〇年一〇月に評議会の下に設置された。それまで総長の下に「検討会」や「研究会」を設置して東京大学の設置形態について調査検討を行ってきた経緯をふまえて、UT21会議は、副学長、すべての研究科長および研究所長ならびにすべての総長補佐等をメンバーとして評議会の機関として設置されたのである。UT21会議の設置は、東京大学として、国立大学の独法化への批判的見地を維持しつつ、東京大学のあるべき姿とそのための改革を追求し、同時に、行革が進行する事態への対処を過たないという極めて複雑な課題を正面から見据えるものであった。評議会への提案文書は設置の趣旨について、これまでの上記のような検討経過について触れた上で次のように述べている。

「（東京大学は）二一世紀を迎えるにあたり、質的にも変容すべき時が到来している。本学が、社会にまた世界に対し、あらゆる差別を超えた真に自由な学問の府として存在し続けるために、長期的視点から設置形態の検討も含め学術経営戦略の議論を全学的に展開する必要があると判断される。」

UT21会議は、こうした判断に立って「東京大学のあるべき姿の検討とその実現方策（実施計画）の策定」を任務とするものとされたが、その課題は大別して「大学憲章の制定」および「法人化を視野に置いた組織・制度の理念と設計」とされ、検討組織がこれに応じて、前者については「憲章小委員会」を「親委員会」として「国際化小委員会」、「組織整備小委員会」、「教育体制小委員会」、「研究体制小委員会」、「施設小委員会」が配置され、後者については「法人化小委員会」を「親委員会」として「法制度小委員会」、「財務小委員会」が配置され、それぞれ親委員会の委員長を副学長が担当した。親委員会を中心にその他の各小委員会がそれと協力して、かつ、親委員会相互も連携して議論を進めるという体制がとられたのである。また、UT21会議は、全学アンケートを実施して学内の改革議論を促した。

### (iii)「大学憲章」という考え方はどこから生まれたか

UT21会議は、「大学憲章」の作成を課題として設定したが、「大学憲章」という考え方が東京大学においてどのようにして生まれてきたのかを見ておきたい。

一つは、「東京大学の自治のあり方を定める文書」としての「憲章」という考え方である。これは、設置形態に関する検討会の理想形態ワーキンググループの議論から生まれた。このワーキンググループは、大学内の研究・教育単位である部局の自治を基本におく「階層的自治」の考え方を打ち出したが、こうした自治のあり方を保障するために「東京大学憲章」を制定することを提案した。この提案では、憲章には、「学問の自由と教育の機会均等を保障する大学の使命、社会の中の小コミュニティーとしての大学のあるべき姿、構成員の権利義務等」および「大学及び部局における自治組織の構成と自治の範囲」を規定すべきものと構想された。

もう一つは、「長期的な大学のビジョンを宣言するものとしての憲章」という考え方である。これは、国立大学制度研究会において具体的な法人制度の設計に関して、独立行政法人通則法が「中期目標・中期計画」の制度を定めていることを批判的に論じるなかから生まれた。議論の当時、すでに制定されていた独立行政法人通則法が国立大学法人制度を検討する素材となったが、この法律によれば所管の大臣が三ないし五年の期間をもって独立行政法人に中期目標を指示し、独立行政法人がこれをうけて中期計画を作成し所管大臣の認可を受けるべきこととされている。大学が大臣から中期目標の指示を受けることの不適切さはいうまでもないが、かりに大学が自律的な法人として中期目標・中期計画の制度を導入するとしたら、その前提としてより長期的な大学の発展計画とでもいうべきもの、あるいはより根本的な大学の理念といったものを作成し、保持することが必要ではないかという議論が行われたのである。

国立大学制度研究会の報告書は、「終章　今後の検討に向けて」において、法人制度設計の法律的諸問題のより立ち入った検討とならんで、「法人化を視野に入れつつ、二一世紀中葉の世界戦略を見据えた上での東京大学のあるべき姿」を検討する必要性を述べて、具体的に「国際的国内的展望を背景とした東京大学の使命」、「長期展望に基づく東京大学の経営方針」、そして「それらを受けた形での東京大学憲章の内容の提言」等に言及している。

東京大学憲章の構想は、以上のような改革論の文脈から導き出されたものであった。

### (iv)　憲章の「論点整理（案）」と法人化5条件

UT21会議は、二〇〇一年三月一九日に評議会に報告書を提出した。具体的には、憲章小委員会および法人化小委員会の検討結果がその内容であった。

憲章小委員会は、①「学術研究および高等教育の使命を自覚し、その達成に向けて、東京大学のよって立つべき理念と目的を明らかにするために、東京大学憲章を作成すべきこと」を結論とし、②その憲章に盛り込むべき論点をとりまとめた「論点整理（案）」を提出し、さらに③憲章作成に向けての実施計画を提案した。③によれば、「論点整理（案）」に対する全学の構成員からの意見を求めるパブリック・コメントを実施すること、「東京大学憲章起草委員会（仮称）」を設置し憲章草案の起草にあたらせ、憲章草案を総長の下に設けられるしかるべき機関で審議したうえで総長が評議会に提案することとされた。

「論点整理（案）」によれば、東京大学憲章は、東京大学の使命、理念と目的を述べる前文と四章から構成される。その編成は第一章「自治」、第二章「学術（教育・研究・国際的側面）」、第三章「運営（財務・施設・

情報・環境)」および第四章「人権」とされていた。論点整理(案)は、条文形式をとらずに、「以下のような規定を置いてはどうか」として各章毎に項目を立てて、その内容を摘示するものである。

ところで、憲章小委員会においては、すでに条文形式の二一条からなる「東京大学憲章案」が作成されていた。これは、「論点整理(案)に基づく作成見本」として憲章小委員会からUT21会議に提出されたが、評議会には提出することが控えられた。実際には、憲章小委員会の作業は、条文形式の憲章案を作成することが先行し、論点整理(案)は、作成された憲章案を基にして作られたのであり、逆ではなかった。条文形式の憲章案を報告のメインとせずに背後に退かせ、論点整理(案)という形式がとられたのは、憲章案がその内容の当否をともかくとして短期間の作業によって生まれたものであり、確定的なものとしてではなく、その後のさらなる検討に十分の余地を与えるものとして取り扱っておくという考慮によったのである。とはいえ、憲章小委員会の手になる東京大学憲章案は、東京大学の歴史において初めて誕生したものであり、記録しておくに値すると思われるので、本書(『東京大学大変革』二〇〇五年)末尾に資料として収録した。

法人化小委員会のもっとも重要な仕事は、「東京大学が法人格をもつとした場合に満たされるべき基本的な条件」を策定したことである。これは、最終報告に先んじてUT21会議から評議会に提案され、二月二〇日の評議会で承認された。「基本的条件」は、次の五つにまとめられている。

①東京大学の伝統、使命、役割にふさわしい法人化は、独立行政法人通則法とは異なるものでなければならず、また、東京大学は一つの法人たるべきこと、②教学と経営の一体化が必要であり総長を法人の長、評議会を最高の意思決定機関とし、総長は研究教育職である構成員の選挙によって選出されるべきこと、③中期的な活動の目標および計画(五年ないし八年)を策定するがその前提として「長期的展望に立って本学の目指すべき理念および目標を定めた東京大学憲章」を制定すべきこと、④設置者である国による中長期的な

安定的財政基盤が確保されるべきこと、および⑤教官の身分について教育公務員特例法の仕組みを維持し、かつ、活動の自由度を高めるべきこと、である。

法人化小委員会は、また「東京大学が法人格をもつとした場合の財務および会計」（案）を策定して提出した。さらに同委員会は、「国立大学法人法案大綱」の作成に着手していたので、この作業を今後も引き続き進めるべきことを付言している。

法人化小委員会は、文部省が国立大学の独法化の検討に舵を切り、「国立大学等の独立行政法人化に関する調査検討会議」を設置し（二〇〇〇年七月に活動開始）、これに応じて国立大学協会が「設置形態検討特別委員会」を発足させ（二〇〇〇年六月）、それぞれ法人制度の設計について審議が進む事態を見ながら、制度設計についての東京大学としての対処方針を明らかにすることを狙いとしたのである。一方で、東京大学の依って立つべき基盤を確立する憲章制定と、他方で政府の政策として進められる国立大学独法化に対処するための具体的な制度的検討は、これ以降も東京大学の法人化への取り組みの重要な二つの柱となった。

## (2)　攻勢と対策の布陣

### (i)　ＵＴ21会議の継続と新展開

二〇〇一年四月から、佐々木毅総長の下で新体制が出発した。評議会は、ＵＴ21会議の存続について新総長に一任することとしていたが、佐々木総長は、就任の後すぐに（四月一七日）ＵＴ21会議を招集し、ＵＴ21会議の存続を明確にしたうえで、当面の検討課題と進め方を提案した。

それによれば、ＵＴ21会議に大学法人小委員会および憲章準備小委員会の二つの小委員会を設置し、前者においては、文部科学省（中央省庁等改革基本法に基き二〇〇一年一月より文部省から組織変更。以下、文科省）

の調査検討会議および国立大学協会の設置形態検討特別委員会の議論を注視しながら東京大学としての法人化の考え方を検討し、また、「国立大学法人法案大綱」の作成作業を引き続き進めること、後者においては東京大学憲章案の論点整理案に基づいて、全学から意見を聴取するパブリック・コメントの実施を担当することとされた。

UT21会議は、以降さらに、東京大学の課題が新たに展開するについて、いくつもの委員会を設置し、活動の幅を広げ、多様な仕事を処理していくことになった。

まず二〇〇一年六月には、社会連携推進委員会が設置される。このころ、文科省は、「大学（国立大学）の構造改革の方針」（いわゆる遠山プラン）を公表し、①国立大学の再編統合を進める、②国立大学に民間的手法を導入する（法人への早期移行）、および③第三者評価による競争原理を導入する（国公私立を問わず「トップ三〇」を選抜し財政措置をおこなう）という政策を提起した。文科省のこうした政策提起は、政府の経済財政諮問会議において大学政策が日本経済活性化の文脈のなかに位置づけられたことと対応しており、産学（ないし産学官）連携がますます明瞭にその焦点となりつつあった。

社会連携委員会は、この動向を見ながら東京大学としてのこれについての方針を積極的に打ち出すために設置され、社会とのより広い連携を視野に入れながら、東京大学と産業界の具体的な連携を進めるためのルールと制度作りを課題にしたのである。同委員会の提案により、二〇〇三年四月には評議会の承認を経て東京大学産学連携室が設置されることとなる。

二〇〇一年一〇月には、教育体制検討委員会が設置された。佐々木総長は、入試のあり方を含めて東京大学の教育体制の改革を就任時から重点課題とみなしており、すでに二〇〇一年五月に学部長会議の下に「教育体制検討準備委員会」が設置され、検討課題の整理を行っていた。教育体制検討委員会は、この準備作業を経たうえで、科類の再編・見直し、進学振り分けの改善、入試科目の変更など、具体的な検討項目をもって審議を開始した。

同委員会は、二〇〇三年三月に中間報告を提出した。中間報告は、東京大学が目指す教育の目標を「広い視野を有するとともに高度の専門的知識と理解力、洞察力、実践力、創造力を兼ね備え、かつ、国際性と開拓者的精神をもった、各分野の指導的人格を養成すること」とし、その教育の特徴を、①教養学部を有する唯一の国立大学としてリベラルアーツ教育を重視したうえで専門教育を行うこと、②研究所群を含めて広範な専門分野をカバーする総合大学として充実した大学院教育を行うこと、としてまとめたうえで、「実行すべき事項」と「今後の検討すべき事項」を摘示している。同委員会の検討経過は、とくに入試の改善に関して（五教科七科目の採用、科類の弾力化など）、マスコミの注目を集めることとなった。

さらに二〇〇二年六月には、男女共同参画推進委員会が設置された。この委員会の設置についても、二〇〇一年四月に総長補佐会の下に組織された「男女共同参画等に関する検討ワーキンググループ」の活動が先行した。同ワーキンググループは、学内諸階層のヒアリングなどによって実態調査を行い、当面の問題解決のための施策を示すと共に、東京大学における男女共同参画基本計画を策定すべきことを提案した（二〇〇二年三月「男女共同参画等に関する検討ワーキンググループ報告書――『ジェンダーフリーの東京大学』を目指すための提案」）。男女共同参画推進委員会は、これを受けて設置されたのである。同委員会は、部局長ヒアリング、学内アンケートなどを実施し、「東京大学男女共同参画基本計画」および「東京大学男女共同参画宣言」を策定し、これらは二〇〇三年一二月の評議会で承認された。

(ii)「国立大学法人」像への意見

文科省の下に設置された「国立大学等の独立行政法人化に関する調査検討会議」は、二〇〇〇年七月から審議を始め、二〇〇一年九月に「新しい『国立大学法人』像について（中間報告）」を公表した。独立行政法人通則法を適用する形での国立大学の法人化が不適切であるという多くの批判に対して、この報告は、「新しい『国立大学法人』」のコンセプトの下で大学により適合的なシステムを示そうとするものであった。

この中間報告に対して、UT21会議は大学法人小委員会を中心に審議し、部局長の意見を聴取したうえで東京大学としての見解をとりまとめ、UT21会議座長（佐々木毅）の名前で文科省に提出した（「『新しい「国立大学法人」像について（中間報告）』に対する意見」）。一〇項目からなるこの見解は、中間報告が「独立行政法人通則法をそのまま適用することを避ける基本的立場」に立つことにおいて評価できるとし、これを前提に個別の諸点について、それまでの東京大学での望ましい法人制度についての検討を踏まえて、意見を述べるものとなった。その意見は、次の通りである。

①意思決定機関と執行機関を分離すべきである。②法人の基本的事項の決定機関は、評議会とするべきである、③部局長および教員の人事は、部局教授会の議を経ることを明確にするべきである。④教職員の身分（公務員か非公務員か）がいずれになっても、教員の身分保障および職員の雇用の安定が考慮されるべきである。⑤学長の選考方法に関して、社会の意見を反映させることは適切であるとしても、法的規制としては現行法（教育公務員特例法）と同様の緩やかな規制にとどめ、具体的実施方法は各大学に委ねるべきである。⑥中期目標は、大臣が指示すべきでなく、中期目標・中期計画とも大学が作成し大臣が認可するものとするべきである。⑦国立大学評価委員会の制度について、慎重な検討が必要であり、透明性の高い制度とするべきである。⑧競争原理の理解について、第三者評価に限定せず、「自己評価と積極的な情報公開」の視

点を追加するべきである。⑨運営費交付金制度について、安定的な運営のために基盤的経費は競争的観点とは別に確保されるべきである。および⑩附置研究所およびセンターについて、その役割、性格にふさわしい基盤経費の確保ができる制度設計がなされるべきである。

文科省の調査検討会議は、二〇〇二年三月に最終報告「新しい『国立大学法人』像について」を公表し、文科省における制度設計の大綱がこれによって示されることになった。この間、東京大学は、大学としての検討を踏まえての意見を様々なチャンネルを通じて政策担当者に伝える努力をしたが、公式の態度表明は、この一〇項目の意見が唯一のものであった。

### (iii)　憲章案のパブリック・コメント実施と論点整理の確定

憲章準備小委員会は、「東京大学憲章論点整理（案）」に対するパブリック・コメントを二〇〇一年五月から三カ月に渡って、実施した。パブリック・コメントに際しては、次の六点が具体的に設問として示された。①憲章には前文を置くべきか。置くとした場合、論点整理案のような内容で良いか。②憲章の構成は論点整理案のように四章構成で良いか。③憲章に含めるべき論点で論点整理案に含まれていない項目はないか。また、その項目にはどのような内容を盛り込むべきか。④論点整理案の項目で憲章に含める必要のないものはないか。⑤各項目に盛り込むべき内容は論点整理案のようなもので良いか。⑥その他、とくに部局として要望する点について。

これに対して、二六の部局および東京大学職員組合代表、学生自治会代表などをふくめて一四名の個人から意見が寄せられた。

意見は例外なく憲章の制定を評価するものであり、憲章の内容に関する積極的コメントであった。憲章準備小委員会は、これらの意見を分類、整理したうえで、憲章起草のために論点整理を確定する作業を行った。委員会は、次のような論点を意見集約の結果として指摘している。

前文および四章構成について、前文を置くことに異論はないが、各章の総論的な内容を前文に取り込み三章構成とすること、また自治の章の位置について再検討する必要がある。追加の項目としては、憲章の改正および憲章の効力に関するものが必要である。自治の章については、構成員の権利・義務および部局自治のあり方についての再検討、学術の章については、教育、研究および国際的側面の相互の関係の再吟味、教育目標の明確化、教育評価における学生の位置づけ、研究の理念の再整理、研究評価と社会還元の関係の明確化、国際的研究・教育についての双方向性の確認、運営の章については、運営の効率化という規定の検討、財務についての「公開と公正」原則の明確化、「競争的資金」という規定の再検討、情報公開の明確化、情報関連施設を広く捉える必要性、そして人権の章については、これを独自の章とすることの再検討、教職員の適切な労働条件確保の明確化等、である。

憲章準備小委員会は、二〇〇一年一二月に以上のように確定した論点整理をUT21会議に提出し、同時にこの論点整理に基づいて憲章草案を起草する「憲章起草委員会」をUT21会議の下に設置すること、同委員会が起草した「憲章草案」をUT21会議で審議したうえで「憲章案」を決定し、評議会にそれを提案すること、そして「国立大学の法人化をとりまく状況を勘案しながら、平成一五年三月までに大学憲章を策定する」ことを提議した。これを受けてUT21会議はただちに、佐々木総長を委員長とする「憲章起草委員会」を設置した。これとともに憲章準備小委員会は解散した。

### (iv)　法人化への踏み切り

二〇〇一年九月に文科省の調査検討会議の中間報告が公表され、国立大学の法人化は、いわばまったなしの時間的領域に入りつつあった。佐々木総長は、東京大学の独自の改革を進める一方で、法人化を想定した学内体制のあり方を検討する必要性を認めて、同年一〇月にはＵＴ21会議にこのための三つの委員会を設置することを提案した。「組織・運営機構検討委員会」、「財務・会計検討委員会」および「人事・業務・評価検討委員会」である。

組織・運営機構検討委員会は、中枢組織、部局組織、研究科・研究所・研究センター群の役割分担、学内共通リソース（業務関係施設）、企画立案体制などの各事項について具体的な制度設計の議論を積み上げていった。また同委員会では、継続の検討事項となっている東京大学としての「国立大学法人法案」の策定作業も進めた。財務・会計検討委員会は、法制度の与件なしに大学限りでの制度設計が困難であるという条件の下に、法人化に伴って生じうる制度の変化を測定しつつ、東京大学の財務状況等の実情の把握と分析を進めた。人事・業務・評価委員会は、教員の人事制度、職員の人事制度・労使関係、事務組織、業務の編成および目標・評価システムの各事項についてワーキンググループを設置し、具体的な問題点の検討と制度の基本的あり方を詰める作業を担当した。

法人化への踏み切りは、二〇〇二年三月二六日に文科省の調査検討会議の最終報告が公にされることによって一挙に現実化した。文科省は、最終報告の内容にしたがって国立大学の法人化を進めるべく、国立大学への説明を開始した。同年四月三日には、遠山敦子文部科学大臣が国立大学学長会議において国立大学の法人化について方針を表明した。これを受けて国立大学協会は四月一二日に臨時理事会を、続いて四月一九日に臨時総会を開催し、「国立大学協会は最終報告の制度設計に沿って、法人化の準備に入ることとしたい」という長尾真国立大学協会会長の提案をそれぞれ了承したのである。ここには、最終報告が独立行政法人通則法とは異なった大学の法人化の道を用意していること、かつ、少なくない点で大学側の裁量に委ねる制度を取り入れたことへの積極的判断があった。

東京大学は、同年四月二三日に臨時評議会を開催し、「国立大学協会の意思決定にしたがって本学としても法人化に向けた具体的な準備に入ることを評議会において公式に承認していただきたい」という佐々木総長の提案を了承した。佐々木総長は、提案に際して、二〇〇一年二月二〇日の評議会で承認された法人化のための「基本的条件」（法人化五条件）との関係に言及し、次のように述べている。

「（この）『基本的条件』は、当時において将来の事柄を判断する場合の基本的なメルクマールを示したものであり、同時に法人化への移行そのものの意思決定は次の総長の下でなされるべきものとされているのは議事要旨からも明らかである。これらの条件を十分に重く受け止めつつ、同時にその後の（文科省調査検討会議の）中間報告、さらには最終報告における展開を踏まえ、少なくともこの最終報告が独立行政法人通則法をそのまま適用するものであるとは考えないという観点から、この最終報告を前提としたうえで本学としても法人化の作業を進めていくということをこの場で表明したい。」

佐々木総長は、さらにことばを継いで、しかしながら最終報告においても中間報告に対して東京大学が意見を述べた諸点がなお解決をみておらず、総長として国立大学協会における議論等を通じてよりポジティブな評価をうける制度となるように努力したい、ということを付け加えた。

この段階において評議会が法人化の準備にはいることを公式に承認するという手続きを経たのは、おそらく東京大学の他に多くの例はないであろう。評議会をもって基本的事項の最高決定機関とするという東京大学の総意は、短兵急の対応を迫られる複雑な事態にあってもゆらぐことなく守られたのであり、このことは確認しておくに値することであろう。

ＵＴ21会議は、これ以降、法人化へ向けての直接的な準備を進めることになる。

### (v)　法人化準備の加速

文科省は、二〇〇四年四月からの法人化を目途に国立大学法人法の制定準備を進めたので、国立大学にとっては二〇〇四年度概算要求に関して、その前提としての六年間の計画を内容とする中期目標・中期計画の作成がただちに問題となった。ＵＴ21会議は、このために二〇〇二年四月「中期目標・中期計画作成準備ワーキンググループ」を設置して、東京大学中期目標・中期計画の策定作業を開始した。二〇〇三年九月に東京大学中期目標・中期計画案を文科省に提出するまで、大学本部と各部局におけるこのための作業は膨大なものであった。

法人化を想定した学内体制の検討を行っていた上記の三検討委員会は、二〇〇二年一〇月にそれぞれ報告書を提出した。この段階では、より直接的な、かつ、実務的な問題についての準備が必要であるとみなされたので、三検討委員会には中間報告的な位置づけで今後の議論にオープンな形で報告書をとりまとめさせて、委員会を解散し、ＵＴ21会議の検討体制をより具体的な課題に向けることとなった。

ＵＴ21会議は、そこで新たに「法人化準備委員会」を設置し、その下に「総長・部局長等の選考方法・任期ワーキンググループ」、「就業規則ワーキンググループ」および「学内予算配分方法ワーキンググループ」が組織された。これらのテーマは、法人化に際しての必須の、かつ、最重要のものであり、できる限り早くその作業を煮詰めることが要請された。法人化準備委員会の設置と同時に、これまで法人化問題への対応を課題としてきた大学法人小委員会は解散した。

二〇〇二年一二月には、ＵＴ21会議の下、「東京大学附置研究所・センター問題等検討委員会」が追加して設置された。国立大学法人への移行を前にして、文科省は、国立大学の附置研究所および研究センター等の見直しを検討することとした。当時の現行法制によると、附置研究所は政令によって設置が定められているのに対して、研究センターは文科省令に設置根拠が規定される。

法人化は、大学の内部組織の編成を大学の裁量に委ねることを原則とするが、これまで政令によって設置を定められた学部、研究科、附置研究所等については、大学の業務の基本的内容と範囲に関わるので、法人化後もあらかじめ省令によって、どの大学にどのような学部、研究科、附置研究所等をおくかを定めておく（逆に研究センター等は全く大学の裁量に委ねる）、というのが「最終報告」に示された文科省の考え方であった。そこで、現に活動中の附置研究所を今後とも存続させるかどうか、既存の研究センターのうち附置研究所に転換させるものがないかどうかを審査することとされたのである。

この目的をもって二〇〇二年九月に、「附置研究所及び研究施設の在り方や新たな法人制度における位置付けを検討するため」科学技術・学術審議会の学術分科会の下に「国立大学附置研究所等特別委員会」が設置された。同委員会は、二〇〇三年四月に報告書を提出した。そこでは東京大学について、社会情報研究所の見直しの必要性、史料編さん所の共同利用化の可能性の検討、および先端科学技術研究センターの設置目的の明確化による附置研究所への移行がそれぞれ指摘された。

東京大学附置研究所・センター問題等検討委員会は、この審査に東京大学として対応するための委員会であった。この委員会は、最終的に二〇〇三年一二月、先端科学技術研究センターを先端工学研究センターと統合したうえで附置研究所に転換すること、また、社会情報研究所と大学院情報学環を統合し、社会情報研究所を廃止することをＵＴ21会議に提案し了承され、その後評議会の承認をえた。ところで蛇足を付せば、附置研究所と研究センターを省令記載の有無で区別するという考え方は実際には採用されず、成立した国立大学法人法の下で、附置研究所のみならず学部、研究科も省令で定められることはなかった。ただし、学部、研究科等および附置研究所は文科大臣が定める中期目標の「別表」に記載されることになったので、その限りで、文科省としてこれらの存在をあらかじめオーソライズするという当初の建前が確保されたのである。

文科省によって準備が進められた国立大学法人法案は、二〇〇三年二月に国会に上程され、夏前には成立の見通しとなった。この状況に対応して、佐々木総長は、同年四月、UT21会議で、法人化準備委員会に代わって「法人化委員会」を設置し、その下に「組織・運営制度委員会」、「人事・業務・評価制度委員会」および「財務・会計制度委員会」を組織することを提案し、承認された。各委員会は従前の各ワーキンググループの活動を引き継ぎながら、より具体的な制度設計を早急に行うこととされた。

これからさき、国立大学法人法の成立（二〇〇三年七月）を経て、二〇〇四年四月の国立大学法人東京大学の発足まで、UT21会議法人化委員会は、これら三つの委員会の作業を基礎に計一三回の会議を重ね、法人化のためのすべての準備を担ったのである。

## (3)　東大憲章の制定

### (i)　憲章起草委員会の活動

東京大学憲章起草委員会は、二〇〇一年一二月一七日のUT21会議によって設置された。憲章起草の重要性に鑑みて、UT21会議の下の委員会としては異例であったが佐々木総長が自ら委員長に就任した。委員会は少人数とし、副学長を委員長代理としておき、研究科長四名、研究所長一名、および総長補佐二名の計九名によって構成された。委員会の運営は、委員長代理の副学長が座長として会議を主宰した。

委員会では、憲章準備小委員会が提出した論点整理および憲章小委員会の作成した憲章案（論点整理案に基づく作成見本）を参照して、前文と各章について委員の分担を決め、第一回から第六回まで順次、検討していった。この間に各委員から提出された審議のための文書の表題を示せば次のようである。「大学憲章をなぜいま制定するのか」、「（憲章の）法的性格、法的拘束力、改正規定」、「大学憲章の基本原理作成への整理」、「社会連携・産学連携に関する議論のための素材」、「東大・日本・世界」、「大学の危機と革新――複合的知と世界的公共性」、「理学部憲章（案）、文化としての科学」、「社会との連携（文案）」、「国際的側面のありうる書き方」、「大学自治・大学構成員」、「憲章論点整理への対応」、「バーチャルな連携」、「憲章の構成」、「自治についての考え方の整理」、「『運営』に関する検討」、「憲章前文改定素案」、「連絡調整された分散主義について」等である。

順次の検討を終えた後、ここで起草ワーキンググループが指名され（委員長代理および二名の総長補佐）、素案の作成が行われた。起草ワーキンググループ素案は、委員会によってさらに検討され、第七回から第一〇回までの委員会で、「草案改訂版」、「草案補訂版」、さらに「草案修文版」と補正が重ねられて、二〇〇二年一一月一二日の第一〇回委員会において、起草委員会としての「憲章草案」が確定した。

憲章起草委員会は、この憲章草案（以下、一二月草案）を同年一二月一七日のＵＴ21会議に提出し、二〇〇三年二月までの間に憲章草案に対する各部局の意見を求め、起草委員会で調整・修正のうえ、ＵＴ21会議に起草委員会の最終案を提案したい旨を諮り、承認された。また、英訳版の作成を進めることも検討課題とされた。

起草委員会の一二月草案に対しては、各部局および東京大学運営諮問会議委員から合計三一の意見が寄せられた。起草委員会は、これらを参照し、原案に補正を加えて三月四日のＵＴ21会議に憲章草案の最終案を提案した。憲章草案の英文ドラフトも参考のために配布された（東京大学憲章の英訳版はその後慎重な検討を重ねて二〇〇四年七月に確定された）。会議ではさらに修正意見が示され、審議の結果、修文については起草委員会委員長（総長）に一任することとなった。つづいて三月一七日にＵＴ21会議は起草委員会委員長の確定した憲章草案を承認し、これを憲章案として評議会に提案することとした。評議会は翌三月一八日に、東京大学憲章を採択したのである。

### (ii)　憲章の論点

制定された憲章は、前文および五章二一箇条から成っている。憲章小委員会の「論点整理案」および「論点整理に基づく作成見本としての憲章案」（以下、原案）が前文、自治、学術、運営および人権の四章二一箇条であるのと比較して条文数は同じであるが、かなりの変更が行われた。

前文の中身は、原案の人権の章や国際的な活動に関わる論点をひきとり、より長く、また具体的に叙述された。章の編成は、大学の目的が教育・研究活動にあるという視点から、学術の章を先頭に立て、目的を果たすための条件・手段という位置づけで「自治」に代わって「組織」および「運営」の章がこの後に置かれ、新たに「憲章の意義」および「憲章の改正」が付け加えられた。また、学術、組織および運営の各章の冒頭にはそれぞれ基本目標ないし基本理念の規定が置かれた。

原案の人権の章は、それを独自に維持することについてバランスの観点から批判が多く、そこで内容的な重要性に鑑みてその本質部分を前文に移し、かつ、運営の章に人権に関する規定が新たに一箇条設けられた（第一九条）。これに関しては、一二月草案に対してバリアフリーの視点の導入が意見として出され、これがさらに付け加えられた（第一七条）。また「自治」の章は、より広義の「組織」という表現に代えられたが、章の冒頭には見出しを「基本理念としての大学の自治」とする規定が置かれた。

憲章の基礎をなすコンセプトは、起草委員会において、また、起草委員会憲章草案に対する意見において、かなりの議論が展開した。

第一に、東京大学が時代から求められている要請を「世界の公共性」に奉仕する「世界の東京大学」を作り上げることであると規定したことである。「世界の東京大学」とは、自大主義的表現であるという批判もあったが、しかし、この課題を字義通り受け止めなければならない現実のなかに東京大学が置かれていることは、論をまたない。重大なのは、日本国民の税金で賄われる東京大学がなぜ「日本に奉仕する」大学ではないのかという論点である。憲章は、これについて、世界の公共性に奉仕する東京大学を作ることこそ「日本国民の付託に応えて日本社会に寄与する道であるとの確信」を表明している。また、世界との交流においては「アジアに位置する日本の大学」という地位が強調されている。

世界の東京大学の「学術の基本目標」は、次のように規定された。「東京大学は、学問の自由に基づき、真理の探求と知の創造を求め、世界最高水準の教育・研究を維持・発展させることを目標とする。研究が社会に及ぼす影響を深く自覚し、社会のダイナミズムと対応して広く社会との連携を確保し、人類の発展に貢献することに努める。東京大学は、創立以来の学問的蓄積を教育によって社会に還元するとともに、国際的に教育・研究を展開し、世界と交流する。」（第一条）

第二に、東京大学が養成すべき人材を「市民的エリート」として位置づけたことである。これは、歴史的、社会的な自己の使命・役割を自覚することを「エリート」として、また国境をこえて地球大で活動する存在という意味で「市民」を理解することから生み出された表現であった。内容的には異議がないとしても「エリート」ということばの使用には最後まで慎重論があったが、教育学の見地からも「市民的エリート」

のコンセプトが支持できるとして採用された。ただし憲章の英訳では、この用語の含意を表現することが大変難しかった。

「市民的エリート」の養成は、「教育の目標」として次のように規定され、またその他の教育関連規定において受け止められた。「東京大学は、東京大学で学ぶに相応しい資質を有するすべての者に門戸を開き、広い視野を有するとともに高度の専門的知識と理解力、洞察力、実践力、想像力を兼ね備え、かつ、国際性と開拓者的精神をもった、各分野の指導的人格を養成する。学生の個性と学習する権利を尊重しつつ、世界最高水準の教育を追求する。」（第二条）

第三に、大学と社会、また産業との関係についてである。前文はこれについて、大学の自律の根拠が「学術の根源的性格に由来」するものであり、他方で同時にその担い手には自律を享受するための「高度の倫理性と社会性」が必要であり、大学と社会には「双方向的な連携」が求められていると位置づけた。起草委員会では、とくに「科学」の意義をめぐって「知のための科学」と「社会のための科学」の関係が熱心に議論された。これに関連して学術の根源的性格を「文化としての科学」という概念で表現してはどうかという提案も行われたが、これは概念の成熟度の点から無理であるとして採用されなかった。

学術の章の「研究の理念」は、次のように規定する。「東京大学は、真理を探究し、知を創造しようとする構成員の多様にして、自主的かつ創造的な活動を尊び、世界最高水準の研究を追求する。東京大学は、研究が人類の平和と福祉の発展に資するべきものであることを認識し、研究の方法および内容をたえず自省する。東京大学は、研究活動を自ら点検し、これを社会に開示するとともに、適切な第三者からの評価を受け、説明責任を果たす。」（第六条）。また「研究成果の社会還元」の規定は、成果の還元が「普遍的な学術の体系化」につながるべきこと、「社会と連携する研究を基礎研究に反映させる」こと、さらに、「最先端の研究成果を教育に活かす」こと、そして「次世代の研究者」の「育成」につなげることを述べて研究・教育・社会の循環について注意深い考え方を示している（第九条）。

各章の個別の規定について、とくに言及しておくべきことは、東京大学の自治についての考え方である。組織の章は、東京大学の自治について対外的側面と対内的側面の両者について規定する。規定の表現の仕方は原案とかなり異なっているが内容的にはほぼ同じである。

まず、「基本理念としての大学の自治」の歴史的社会的な意義は、「いかなる利害からも自由に知の創造と発展を通じて広く人類社会に貢献するために国民から付託されたもの」として位置づけられる（第一〇条）。この自治の対外的な側面での根幹は、「大学の人事の自律性」であることが規定される（第一四条）。

対内的自治については、「基本組織の自治と責務」が中心である。この論点は、東京大学の改革議論のなかで一貫してその基底をなすものであった。改革議論においては、「協調的連邦制」や「階層的自治」という表現で「自治のあり方」が語られ、また「原案」の憲章案においては「自律的運営の階層構造」や「権能の分立と分権」という考え方が示された。

憲章は、「東京大学の学部、研究科、附置研究所等」を「自律的運営の基本組織」として明確に位置づけ、大学全体の運営に対する「公平な参画の機会」を保障すると同時に、総合大学としての東京大学の発展のために「積極的に参与する責務」を負うべきものとした。この後者においては、基本組織の「根本的自己変革の可能性」をも引き受けるべきことがあわせて規定されている（第一三条）。また基本組織にはその自律性の根幹として、人事の自律性が保障される（第一四条）。さらに自治の基礎として、すべての大学構成員に、その役割と活動領域に応じた運営への参画の機会が保障され、他方でその責務が規定される（第一二条）。これに関しては、前文において「教職員が一体となって大学の運営に力を発揮できるようにすることは、東京大学の新たな飛躍にとって必須の課題である」と述べられていることも重要である。

総長の役割は、こうした自治の上に立って、「大学全体の総合的な合意の形成に配慮しつつ、効果的かつ機動的な運営」のために大学を統括し、かつ、その責任を負うことである（第一一条）。東京大学総長のリーダーシップとは、まさに東京大学の自治の意義を発揮させるところに見いだされるべきものとされたのである。

(iii)　法人化に対する憲章の位置

憲章は、原案になかった二章（二箇条）を設けている。「憲章の意義」および「憲章の改正」である。これらの規定は、パブリック・コメントをうけて検討されたものであったが、憲章と法人化の関係を位置づけるうえで重要なものとなった。

「憲章の意義」（第二〇条）は、「本憲章は、東京大学の組織・運営に関する基本原則であり、東京大学に関する法令の規定は、本憲章に基づいてこれを解釈し、運用するようにしなければならない」（第二一条）と規定された。憲章起草委員会は、この規定の趣旨を敷衍し、UT21会議への報告（二〇〇二年一二月一七日）において「本憲章は、何人かの権利義務を新たに変動させる法規範ではなく、東京大学として守るべき伝統、実現すべき理念を確認的に宣言するものであると考えられる。いいかえれば、法的論点に対する答えを一義的に定めるものではなく、原理・原則を述べるものであり、法令としての上下関係に立つものではない」と説明した。憲章は、東京大学のあるべき姿を原理・原則として宣言したものであり、いわば「これが東京大学である」ということである。しかし、これは他との優劣先後が問題となる法規範の性格をもつものではないとしたのである。

「憲章の改正」の規定（第二一条）について、起草委員会の一二月草案は、国立大学法人法案の内容を想定し、憲章改正手続きに「運営協議会」（最終的に国立大学法人法では「経営協議会」）や「役員会」が関与することを規定していた。また一二月草案の段階では、附則として憲章の施行日を「東京大学が法人格を取得した時点とする」ことが提案されていた。しかし、これらの点は、その後の起草委員会での検討を経て、二〇〇三年三月四日のＵＴ21会議に対する起草委員会の最終案の提案に際して、法人化に対して憲章の位置をより明確化する方向での修正が行われた。すなわち、憲章の改正手続きは、法人化の具体的な内容と連動しない形に補正され、一二月草案の規定にいくつか散在した法人化を想定した箇所も同じ趣旨で修正ないし削除され、また、施行日も評議会による憲章の制定の日とすることとされたのである。

これらの最終の補正により、東京大学憲章は、国立大学法人法案が国会に上程された状況の中で、法人化を必至のものとして想定しつつ、しかし、その法人化に立ち向かうという位置どりにおいて、文字通り「東京大学としての守るべき伝統、実現すべき理念を確認的に宣言」するものとなったのである。

### (iv)　国立大学法人法と東大憲章

国立大学法人法（以下、法人法）は、二〇〇三年七月に成立した。そして各国立大学での準備作業を経て、すべての国立大学は二〇〇四年四月をもって国立大学法人に移行した。

国立大学法人東京大学において、それでは「東京大学憲章」はどのような地位を与えられているのであろうか。法人法によれば、国立大学法人東京大学は、国立大学を設置することを目的とする法人であり、役員として学長、監事および理事を置き、機関として役員会、経営協議会、教育研究評議会、および学長選考会議を構成すべきものとされる。そして、この法人は、文部科学大臣が定めて法人に示した業務運営に関する

「中期目標」に基づき、中期目標を達成するために「中期計画」を作成し、それについて文部科学大臣の認可をうけることとされている。

中期目標を定めるに際して文部科学大臣は、あらかじめ国立大学法人の意見を聴かなければならない（法人法第三〇条三項）。実務上は国立大学法人において中期目標と中期計画の案を一体として作成し、文科省との調整が行われた。東京大学は、中期目標の作成において東京大学憲章をその根幹として取り込んだ。文部科学大臣によって定められ、示された国立大学法人東京大学の業務運営に関する「中期目標」（期間二〇〇四年四月一日から二〇一〇年三月三一日までの六年間）は、「大学の基本的な目標」をまず、次のように述べている。

「東京大学は、人類普遍の真理と真実を追求し、世界の平和と人類の福祉の向上、科学・技術の進歩、人類と自然の共存、安全な環境の創造、諸地域の均衡の取れた発展、文化の批判的継承と創造に、その教育・研究活動を通じて貢献することを大学の基本理念・使命とする。平成一五年三月に制定した『東京大学憲章』は、この使命の達成に向けて依って立つべき理念と目標を定めたものであり、教育・研究活動及び組織運営の基本目標は以下のように要約される。」

この記述の後、一、学術の基本目標、二、教育の基本目標、三、研究の基本目標、および四、大学の自治に基づく組織運営の基本目標がそれぞれ述べられている。その内容は、憲章の規定を受けたものであり、また、各論の目標においても憲章の規定の内容が敷衍されている。

このように、国立大学法人東京大学は、東京大学憲章の理念と目標を踏まえて運営すべきことを法人法の制度の下で、確認し、これを明らかにしている。東京大学は、法人法によってたしかに新たな形態を与えられたのであるが、その運営の理念と内容は、東京大学のこれまでの改革論のなかから生み出されてきた「東京大学憲章」によって導かれるのである。法人化と改革をめぐる東京大学の真摯な議論の積み重ねの重要な部分は、東京大学憲章そのものと法人法の下で憲章の果す役割のなかに目に見える形で活きている。憲章は、紙の上の存在として意義があるわけではない。東京大学憲章は、その理念と目標を実現しようとした、そして実現しようとする、東京大学を構成する人々の意思と行動の証として意義をもつのである。

### (4) 結びに代えて――東大憲章の意義とUT21会議の役割

東京大学憲章への道を振り返れば、設置形態に関する検討会、そして国立大学制度研究会の大学憲章についての構想に始まり、UT21会議が明確に憲章制定の課題を設定し、憲章小委員会、憲章準備小委員会そして憲章起草委員会が、学内のパブリック・コメントや部局の意見聴取などをはさみながら、作成に向けて仕事を進め、こうして評議会による憲章の制定に至ったものである。法人化後、この憲章は、大学の理念と目標を示すものとして業務運営の基本に据えられることになった。

東京大学憲章の制定は、第二次世界大戦後の戦後改革としての大学改革以来、最大の変化を作り出した国立大学の法人化をめぐる激動の中で、東京大学が終始一貫して採りつづけた独自の道であり、その道はとりあえず未来を示すことができたのである。国立大学法人への移行が東京大学にとって目的であったことは決してなく、目的は東京大学憲章に示され、法人の制度はそれを実現するための手段として位置づけられるのである。

東京大学憲章を創り出し、また、東京大学の改革と法人化への対応と対策を準備し、実行したUT21会議は、評議会が最高の意思決定機関であることを背後にして、全学の部局と総長補佐体制が協力してできる限り機敏に集中的に課題を審議し、処理することを目的とした、いわば東京大学の動力機関であった。全学の知恵がここに集約され、東京大学が直面した多様な諸課題の検討と解決がここで担われたのである。

　国立大学法人の制度とその運用が、日本の大学の未来を真に切り拓く助けとなるかどうかは、未だ誰も予測することができない。東京大学が追求した独自の道は、時代とともにありながら、時代を切り拓くための努力であったということができる。未来を切り拓く力は、また、そこにあるというべきであろう。

『東京大学大変革——現状と課題四』（東京大学編）に当事者による総括報告として掲載。筆者は、設置形態に関する検討会・国立大学制度研究会のメンバーとして、さらに憲章小委員会副委員長、憲章準備小委員会委員長、そして憲章起草委員会委員長代理として活動した。

# III

# 知的再生産構造の基盤変動

# 20　ジャーナリズムとアカデミズム——Science for Society のために

二〇〇三年三月

## (1)　現代の知=科学の構造

現代において、「知」（その体系的な整理としての科学）の、人々およびその生存の基礎である地球（多様な生物と環境）に対する関係は、その進歩と幸福を必ず約束するという単線的なものとしては、もはや考えられていない。世界的に人類がすでに長く核戦争の脅威のもとに置かれていること、あるいは身近に人類の種の再生産に致命的影響を及ぼし得る有害物質が多く作出されていることなどに目をやれば、知の進展は、かえって人々により危機的な状況を生み出しているといわなければならない。しかしまた、「知」こそは、このような危機的状況を改善し、克服する道を見いだすべきものでもあると考えられる。

「科学と社会 Science and Society」のテーマをもっとも広いディメンジョンで定義的に考えるならば、「科学」は、「人類社会」の自己認識の主体的活動である。すなわち、人類が、自己そのものおよびその生存の条件と知り得る限りでの環境について、それが何であるか、何が問題であるのか、問題はどのように解決できるのかを求めるプロセスと成果である。これまで、真理を探求する科学には、善悪・正邪の判断が入る余地がなく、後者の問題はもっぱら科学者の社会的責任の問題であり、科学の外の倫理の問題であると論議されることがあった。科学的発見と発見された真理の社会的実用は、別の次元の問題であり、後者は科学そのものに属するものではないとそこでは考えられた。

しかしながら歴史的な観察によれば、科学的真理は、「それでも地球はまわる」として権力に対しても貫かれるときには尊厳に満ちたものであるが、「あとは野となれ、山となれ」的に科学者の一途な知的好奇心によって追究されるだけのものであるときには、極めて問題の多いものとなる。科学を人類社会の自己認識として定義するならば、これまで、科学の外の問題とされていた社会的責任や科学者の倫理をも、本質的な要素として内包した「科学」のコンセプトが必要である。

ここでは、これまでの狭義の科学が俯瞰され、自省され、制御され、また、発展を模索される、そうした広義の科学の構築が志向されよう。この展開は同時に、科学が自覚的に科学の名において自己認識の結果を「社会」に提案する科学の役割（Science for Policy）を明らかにすることともなる。

### (2)　科学観およびライフスタイルと価値観

第一八期日本学術会議は、“Science for Policy”の文脈において、「日本の計画」を検討し、中間報告を公表した（二〇〇二年一二月）。その計画の一つの項目として「価値観の転換と新しいライフスタイル」がそのための特別委員会を設置して、審議され、その下でいくつかの提案が行われた。

人々のライフスタイルは、人々によって選択されるものであるが、所与の条件に規定され、それとして自覚されずに集団的に再生産される側面が支配的である。この場合、選択を動機づけ、かつ、所与の条件として作用する、その時々を支配する「価値観」のあり方は、ライフスタイルの選択にとって大きな意味をもつ。社会における「問題」の解決のために、ライフスタイルの変革が必要であると認識されるならば、これを動機づけ、所与の条件となっている価値観の変革を問題にしなければならず、そしてこのことが重要なのであるが、価値観の形成に「科学観」（科学というもの、科学のあり方、科学の役割についての考え方）が本質的な役割を果たしているのではないかということである。そうだとすれば、ライフスタイルの変革は、科学観の問い直しとその成果の普及にまで、目を広げるべきことになる。

以上のような議論は、具体的には、物質的欲望の充足を拡大することを社会の目標・個人の幸福基準として、それに基礎をおいたライフスタイルが地球レベルの sustainability に矛盾するものであること、比喩的に表現すれば価値観の「〝もの〟重視から〝こころ〟重視への転換」を図る必要があること、という基本的考え方にそって展開された。そして、こうした価値観の転換にみあう、科学観の見直し、すなわち、これからの科学（人類の主体的自己認識）の活動のあり方と内容を作っていく作業において、科学とコラボレイトする科学ジャーナリズムの果たすべき役割が強調され、また、科学ジャーナリストを多く育成すべきことが提唱された。

### (3)　科学におけるジャーナリズムとアカデミズムの分業と協業

科学ジャーナリズムの役割について、上記の提唱においては、科学と社会をつなぐ「メディア（媒体）」の側面に視線が集中している。ところで、ジャーナリズムとアカデミズムの一般的な関係を考えてみると、ジャーナリズムについて、メディアの役割と同時に、むしろより積極的に「批評としてのジャーナリズム」の機能に注目しなければならない。ジャーナリズムは、ある成果を（作品）をただ「伝える」のではなく、批評を加えて伝えることによって、ある成果（作品）にフィードバックを行い、次の成果（作品）の創出に影響を及ぼす（その限りで作品の創出にコラボレイトする）ものである。

ジャーナリズムは、その視点と立場において、その名称の由来のように、日々的（日常的）であり、社会一般を対象にして常識的であり（非専門的）、現実的であり、そのゆえに部門的でなく総合的であり、総合的批判のために一定の価値基準を示すものである。これらの諸点において、ジャーナリズムは、アカデミズム（大学・研究機関における科学）の対極に立つが、対極に立つがゆえに不可欠な意義をもつ、その批評を通じて、アカデミズムの生産物を媒介するのみならず、その再生産に影響を及ぼし、科学の生産物について分業による協同の生産者という地位をもちうるのである。

以上のようなジャーナリズムの位置規定は、先に見た広義の科学の構築を見通す場合には、より明瞭なイメージをもたらす。ジャーナリズム（ジャーナリスト）は、「メディア」の役割を果たして科学の成果を社会に伝達すると同時に、それに止まらず、広義の科学の意味において、科学の自省・制御・方向づけの作業についで、その批評的機能を遺憾なく発揮することによって、広義の科学それ自体の本質的な活動を遂行するものであると考えられる。翻っていえば、広義の科学の構築のためにこそ、その本質的要素として科学ジャーナリズムの活動をインテグレートすることが求められているのである。

広義の科学の文脈において、ジャーナリズムとアカデミズムは、分業と協業の関係のなかで、相互に影響されながら、科学を create し、また社会に対して mediate するものであると考えられよう。

### (4)　総合あるいは融合する科学

科学ジャーナリズムという場合、実際的にそれは、もっぱら自然科学にかかわってイメージされ、「科学ジャーナリスト」と呼ばれる人は、自然科学を対象にして多くの知見をもつ人のようである。広義の科学の文脈において、ジャーナリズムの役割を位置づけるときには、そして遡って広義の科学の構築を考えるについては、自然科学、人文科学、社会科学のそれぞれのディシプリンを無視することなく、しかし、それに枠づけされない新しい知の創出が求められるように思われる。

科学と技術の発展は、人類にとって選択の可能性を著しく拡大してきた。人々が求めるものを、あるいは求める以上のものを科学は技術を経由して人類に提供してきた。この関係はたえず拡大再生産されるが、ここで生じる問題は、これまでにない新たな選択可能性が与えられたときに、その選択の基準（可能性を利用することの妥当性）をその可能性を生み出した科学そのものが与えるわけではないということである。その一つの典型例は（すでにあげた原子力の利用もある）、近年における生殖技術のすさまじい発展である。

科学は、人類史において、宗教的迷妄と戦って前進を遂げてきた。マリアの「処女懐胎」は、科学によれば「神秘」ではなく、「迷妄」である。科学は、それをはるかに乗り越えて、「自然的摂理」とみなされてきた領域に立ち入り、人類社会の根本原理である尊厳を有すべき個人の発生をもコントロールする力をもちつつある。この力の利用は、社会的に制御されるべきか、どこまで制御すべきか、あるいは、どのような方法でそうするのか。これらの問いが回答を求めて立てられているが、科学はこれにどのようにかかわるのか。

人類は、その欲求に基づいて科学によって力と可能性を獲得してきたが、その力と可能性を適切に制御する能力を同時に身につけたわけではない。この制御能力は、「人類の欲求」や「人類の進歩」をどのようなものとして考えるのか、いわば哲学的な思念にかかわらざるをえない。しかしながら、一方で、自然科学の際限のない発展とともに、他方では、一義的な、普遍的な規範的判断を不可能とし、社会事象の不可知性や文化の多元性をそのままに観察する人文・社会科学の有力な展開が相応して進行しているようにみえる。

広義の科学の構築という見通しは、現象的にはパラドキシカルであるが、おそらく関連しあっているこれら「諸科学」の展開を与件としながら、新たな知の創造として自覚的に取り組まれなければならないものものである。ここにおいて、繰り返しになるが、総合的批評としてのジャーナリズムの機能は、科学それ自体の再構築のために有効、不可欠である。

## (5)　科学的精神

科学ジャーナリズムの重要性の主張には、次の社会を担う若い人々が科学に親しみ、法則の発見と法則の利用による人類社会の認識の深まりと社会の改造について、大きな希望をもつこと、それを通じて合理的に思考する人間に育っていくことについて、科学ジャーナリズムに大きな役割を果たして欲しいという要請が込められている。こうした大きな役割は、科学者自身が、自己の活動においてアカデミズムとジャーナリズムの両要素を統一することによっても、遂行することができる。

科学が健全で合理的な精神を形成するためのものであるためには、人類史における若々しい科学的活動に存在した明るさを学ぶとともに、複合的な問題に直面する現代の知＝科学の悩みを正確に理解し、課題を確認しなければならない。「社会のための科学」の新しい構築は、アカデミズムとジャーナリズムの共有する課題である。

『学術の動向』二〇〇三年三月号の特集「科学と社会――いま科学者とジャーナリストが問われている」に掲載。同じタイトルのもとでのシンポジウム（二〇〇二年一一月一三日・日本学術会議講堂にて開催）における報告

# 21 転機に立つ法学・政治学

二〇〇三年一二月

## (1) 第二部のプロフィル

第一九期の日本学術会議全会員の平均的プロフィルと比較すると第二部は、新会員の比率が高く、より若く（三歳強）、かつ、女性会員の比重が大きい（一一・五%、全体での六・二%が低すぎる）。ここには、おおいに活動力を期待される平均像が示されている。

全員が大学に所属する研究者であることも、学術会議全体では約二割弱が大学以外の研究機関等に属することからすれば、特徴の一つといえるかもしれない。このことは、学術としての法学・政治学が、その他の学問領域でも同様であるとはいえ、より決定的に大学の教育・研究体制に基礎づけられていることを示すものである。筆者が理事長を務める日本法社会学会は定期的に会員名簿を発行しているが、予定されたこの九月の発行を止め、来年の四月に延期した。なぜなら、この間、大学間の人事異動が大幅に急速に展開しており、来年度初頭に公式にそれが浮上・確定する見込みであるからである。この震源は、いうまでもなく、二〇〇四年四月に全国的に開校される法科大学院である。文部科学省への法科大学院の設置申請は七〇大学をこえ、申請された入学生定員の総数は六〇〇〇人に近い。現在（二〇〇三年一〇月末）、文部科学省の設置認可審査は最終段階にあり、どれだけの法科大学院が設立されるかは未定であるが、大学における法学・政治学の教育・研究体制に大きな変化が生じることは必至である。

今期の第二部の重要な課題は、このような変化の動向を学術の見地から分析し、社会に対して必要な問題提起を行うことであり、また、このなかで、第一九期活動計画が示した「科学者コミュニティーの確立」を法学・政治学の分野で創意的に追求することである。

### (2) 法科大学院の設立を前にした状況

現在(二〇〇一年度統計による)、全国大学での法学部数は一〇二(法学部・法文学部・法経学部・現代法学部を含む)、入学定員総数(非法学系学科を除く)は約三万九〇〇〇人(在学者総数はこの四倍を上回る)、大学院法学系研究科の数は七七、そして修士課程の入学定員総数は約三四〇〇名である。この容量を前提にして、履修年限原則三年(法学既修者には二年の例外も認められる)、申請規模で一学年の定員総数が約六〇〇〇人の法科大学院の設立の準備が進められているのである。

第一八期の第二部は、『法科大学院と研究者養成の課題』と題する対外報告をこの六月に発表したが、その際レポート作成の資料として法科大学院に関する大学アンケートを実施した(依頼機関数一五〇、有効回答機関数七一)。それによると、法科大学院は多くの場合に独立研究科として設置することが予定されており、また、既存の法学系研究科に組み入れるとする場合も一割程度ある。法科大学院の発足によって、既存の研究科にどのような影響が及ぶかについて、回答は「再編」・「統合・縮小」・「検討中」をあわせると約六割に達している。

法科大学院は制度的に「専門職大学院」として位置づけられ、研究者養成機能をもった研究大学院とは異なった設置基準が適用される。専任教員一人当たりの学生収容定員は一五人以下とされ、専任教員数の相当程度（二割程度）は実務家教員（裁判官・検察官・弁護士等）とすることとされている。この基準でいけば、全体で一学年六〇〇〇人規模（設置基準上、収容定員数は三倍の一万八〇〇〇人として算出される）の法科大学院に必要な専任教員数は一二〇〇人、うち実務家二四〇人となる。設置基準は、専任教員数の要件を緩和する一〇年間の経過措置を置いているが、それにしても、一方で教員の不足と他方で教員の加重負担が生じることは明らかである。各大学が「統合・縮小」を中心として再編を検討中であることは、人件費負担の増大をさける経営上の判断も含めて、こうした事情によるところが大きい。

### (3)　法学・政治学研究の「再編」

教員問題はおそらく過渡期の問題であるが、学術的により枢要の問題は次のところにある。

第一に、法科大学院と従来の研究大学院の関係がどう位置づけられるかという問題である。これまでの法学系研究科は、実定法学系（いわゆる六法科目系）、基礎法学系、政治学系を包摂していた。法科大学院は、法律実務家の養成をもっぱらの目的とするので実定法学教育と実務教育（裁判実務・交渉技術・書面作成・法曹倫理等）がカリキュラムの大半をしめる。実際のところ、これまで実定法学系の研究大学院に携わっていた多くの研究者は、法科大学院に属して大学院教育を行うことになる。

このような大学では、従来の法学研究科には基礎法学系と政治学系が残り、実定法学系は博士課程で合流する、つまり研究者を志望する法科大学院修了者が研究大学院の博士課程に進学するという形態になる。とはいえ、法科大学院では研究指導は行われず、研究論文の作成も課されない。他方で修了者には「法務博士（専門職）」の学位が授与されることとなっている。これについては、学位制度のなかでの不均衡（学部四年とあわせて最小六年の履修で法務博士が取得できるのに対して、医学分野は六年の履修で学士でしかない。また、現在の社会科学系の博士学位の授与数は一年で五〇〇件程度であるが、法務博士は法科大学院修了後の司法試験に合格しなくとも修了認定のみで授与されので一〇倍の五〇〇〇件程度にもなりうる）も問題として指摘されるが、大学院教育における研究者養成と専門職養成の関連如何、という本質的な問題がここには存在する。

第二に、法学・政治学研究の総合性（あるいは領域に即した俯瞰性といってもよい）、あるいは科学性の問題である。従来の法学・政治学研究から実定法学が専門職オリエンテッドにシフトすることによって、もともと技術的（技芸的）性格をもった実定法学（法解釈学）が一層実務化し、技術学の傾向を強め、他方で量的には実定法学が法学研究の大半を占めることから法学・政治学研究の総合性・科学性が大きく弱まるのではないかという危惧がある（本来詳論が必要だがここでは割愛せざるをえない）。また、これまで法学系研究科の傘のなかで営まれていた政治学研究においては、こうした危惧のもとに、「行政研究」「公共政策研究」「国際・地域研究」などのキーワードを媒介に、法学以外の他の領域との制度的接合を求める動きが強まっている。

第三に、教育制度上の問題として法学部教育の目的をどこに設定するかの問題がある。もともと法科大学院がそのモデルとしたロースクールをもつアメリカの大学では、法学部が存在せず、professional schoolとしてのロースクール（三年制）にはさまざまなカレッジの修了者が入学する。日本でロースクールをモデルに法科大学院構想を推進した人たちは、しばしば日本の法学部の廃止、法学部のリベラルアーツ学部への転換を提唱した。上でみたように現在で在学生が二〇万人に近い法学部は、これまで法学の専門的素養を身につけた市民を作り出し、これを通じて日本社会のリーガルリテラシーを基礎づけ、社会の民主主義的運営に寄与してきたと考えられる。この一般的な目標のもとに、法曹養成も含めて多様な社会的進路にむけた専門教育を行ってきたのが法学部であった。

法科大学院に法曹養成機能が排他的に特化することにより、法学部はその一つの重要な役割を失う。さりとて法学部を法科大学院の予備校的なものとして位置づけることは、アメリカのように多様な専門教育を経た者を受け入れ、法律家の教養の幅を大きく広げることを目指す法科大学院のもともとの考え方に矛盾する。今のところ各大学は、この点を突き詰めることなく、当面法学部を現状維持的に存続させているように見えるが（大規模国立大学法学部等は学生定員を減少させたが）、今後の再編が当然に予想される。

### (4)　「学術知」と「専門知」

法科大学院の設立は、法学・政治学研究に携わる者に学術と社会の関係における知のあり方をあらためて具体的に考えさせるものである。「研究者」が営む研究という仕事は、「知ること」（Wissen）をひたすら求めることであり、その過程で獲得された知の学的なまとまりが「科学」（Wissenschaft）として基礎づけられる。これを「学術知」とよぼう。この科学の体系は、社会にとっての有用性に応じて活用されうる。活用を媒介するものは、「専門家」である。専門家は、科学の体系を習得するとともに、社会に有用に応用するために、応用それ自体のための新たな知を必要とする。これは専門家の技術であり、「専門知」とよぼう。法科大学院で養成するのは、このような意味での専門家であり、かれらは、将来、弁護士・裁判官・検察官として習得した体系的理解を用いて法を解釈し、適用し、実行するのである。

このように専門家とは、学術知を自己の専門知を手段にして社会に媒介する役割をもつが、他方で、社会のニーズに応じて新たな学術知の探求のモチーフを掴みうる。科学の体系は、性質上開放系であって、専門家がそこからすべての回答を引き出すことができる欠缺のない完結的な体系であるわけではない。そうだとすれば、専門家は新たな学術知への求めに対して、その余裕があるときには研究者にそれを伝達して開発を待つか、あるいは自ら研究者としてそれに答えることが必要となる。研究者と専門家、学術知と専門知は、「知ること」からすべてを出発させる学術が、社会のために学術と社会の循環を構成するための不可欠な要素であり、二つのものはたんに分業するだけではなく、相互に関連しあっている。専門家はときによって研究者たらざるをえず、研究者は専門家の声によって知ることの新たな意義を聴くのである。以上の考察は一つの思いつきにとどまるが、法科大学院においては、たとえばこうした学術知と専門知の関係を十分に考慮して専門家を育てることを考える必要があろう。

### (5) 法学・政治学における科学者コミュニティーの確立

第二部は、八つの領域別研究連絡委員会と二つの課題別研究連絡委員会が活動し、約五〇の登録学協会によって支えられている。法学・政治学の研究領域は、多くの隣接人文・社会科学の諸領域、さらに自然系の諸科学とも交流し、浸透しあい、学際的・先端的なありようを示すところも小さくない。法学・政治学は、観察型ないし記述型研究を基礎にするが、社会システムに関する設計型研究に一つの本領があるといってもよい。また科学のあり方を自省し、俯瞰的な視座から新たな分野の研究を開発するときには、法的価値原理による規範的議論を提供し、政策やシステムの構築に研究を導くための役割をはたしうる。

科学者コミュニティーとは、科学の意義と役割を科学者が自覚し、行動する場合のもっとも本質的な道筋の一つである。そのレベルは、グローバルにも、ナショナルにも展開し、また、研究領域毎でもありうる。この転機に立つ法学・政治学にとって、科学者コミュニティーというコンセプトの意義は、一層大きい。この領域の研究と教育の制度的展開をどのように展望するか、その中で「知ること」から出発する学術としての法学・政治学のあり方をどのように貫くか、また、社会に対するより現実的貢献として「良き法律家」を養成するために「研究者」と「専門家」の相互循環を構築する教育・研究をいかに開拓するか。法学・政治学の領域における科学者コミュニティーは、このような課題の解決を求める道筋のなかで追求され、課題解決を通して確立されていくものだと思われる。第二部会員の役割は、研究連絡委員会や学協会の支援と協力をえながら、ともにこの道筋を切り開くことである。

『学術の動向』二〇〇三年一二月号の特集「第一九期日本学術会議の活動計画と各部の抱負」に掲載

# 22 日本学術会議法の改正について──経過・改正の論点・今後の改正について

二〇〇四年一二月

二〇〇四年四月一四日に日本学術会議法の一部を改正する法律が制定、公布された。今回の改正は、一九八三年以来の会員選考方法の改定を含む大規模なものである。同改正に伴い、二〇〇五年一〇月一日より新日本学術会議が発足することとなり、現在の第一九期会員の任期（二〇〇三年七月から）は、二〇〇五年九月末をもって終了し、現在活動中の研究連絡委員会委員の任期についても同様とされている。以下、改正に至る経緯、改正の概要および今後の課題について述べることにする。

## (1) 改正にいたる経緯

今回の日本学術会議の改革問題は、中央省庁の行政改革の一環としてとりあげられたものであり、日本学術会議側の内発的な動きから生じたものではなかった。まず一九九七年一二月の行政改革会議最終報告は、「日本学術会議は当面総務省に存置することとするが、今後のその在り方については、総合科学技術会議で検討する」ことを指示し、これを受けて、一九九八年六月の中央省庁改革基本法は、日本学術会議を総務省に（旧総理府から）移管し、その在り方を内閣府に新設される総合科学技術会議で検討することを規定した。

内閣府およびその下での総合科学技術会議の設置は二〇〇一年一月の予定であったから、日本学術会議の将来が未設置の機関の審議に委ねられるという異例の事態となった。この処理方針は、日本学術会議の存在を極めて不安定にするものであり、日本学術会議の廃止すら予想させるものとして関係者に深刻に受け止められたのである。

日本学術会議の第一七期（一九九七年七月―二〇〇〇年七月）では、新任の吉川弘之会長の下に上記の事態に対応するため内部改革の議論を開始し、一九九九年一〇月の総会で「日本学術会議の自己改革について（声明）」および「日本学術会議の位置付けに関する見解（声明）」を採択し、総合科学技術会議の審議に向けて日本学術会議の態度と意見を明らかにした。

それによれば、第一に、現行の日本学術会議法に規定された日本学術会議の基本的性格と任務はこれを維持し発展させるべきこと、第二に、新設の総合科学技術会議と日本学術会議の性格および任務は相互に代替性のないものであり、両機関の併存、連携が必要であること、第三に、日本学術会議の所管は行政改革後の中央機構のあり方に鑑みて総務省ではなく政府の中枢である内閣府とすべきこと、第四に、日本学術会議はその任務のよりよい達成のために自己改革を遂行すること、が基本として示された。

第一八期（二〇〇〇年七月―二〇〇三年七月、吉川弘之会長）ではさらに、「日本学術会議の在り方に関する委員会」、続いて「日本学術会議改革推進委員会」を設置し、日本学術会議としての改革案をとりまとめて（「日本学術会議の在り方について（中間まとめ）」二〇〇二年四月）、この間に進められた総合学術会議での日本学術会議に関する審議に反映させることにつとめた。

一方、新設された総合科学技術会議は、二〇〇一年五月に「日本学術会議の在り方に関する専門調査会」（会長・石井紫郎氏、二〇〇三年一月から井村裕夫氏）を設置し、同調査会は日本学術会議からの意見聴取を含め一三回にわたる審議を経て、二〇〇三年二月に「日本学術会議の在り方」をとりまとめ、これが総合科学技術会議の意見具申として閣議決定された。

この間の紆余曲折はつまびらかでないが、このとりまとめは、個々の具体的な制度についてはともかく、日本学術会議の考え方と主張を基本において取り込んだものとなっている。ただし、日本学術会議の設置形態について、当面現行のあり方、すなわち「国の特別の機関」の地位を維持することとするが、新体制発足後一〇年内に再検討すべきであると述べており、日本学術会議の今後の独立法人化などの可能性を留保している。日本学術会議は、この閣議決定ののち法改正に向けて日本学術会議の改革案を具体化した（「日本学術会議の改革の具体化について」二〇〇三年七月）。改正法案は、以上の経緯をうけて作成され、二〇〇四年二月に国会に上程された。

## (2) 改正法の概要

改正法は、二〇〇五年一〇月一日に施行されるが、以下に説明する会員選考方法の改正に関わる部分は公布とともにただちに、所轄の変更にかかわる部分は二〇〇五年四月一日に施行するものとされている。

### (i) 日本学術会議の基本的性格と任務

今回の改正は、日本学術会議法の前文、「第一章設立及び目的」ならびに「第二章職務及び権限」の規定について後に述べる所管に関する規定以外、触れていない。したがって、日本学術会議が国の設置する特別の機関であること、日本の科学者の「代表機関」であること、「独立して職務を行う」ものであること、政府の諮問を受けること、政府への勧告権を持つこと、および国際団体へ加入することができることなどは、従来と変わりがない。唯一の改正事項は、所管が総務省から内閣府に変更されたことである。これは、日本学術会議の考え方が受け入れられたものである。所轄の変更に係わる規定は来年（二〇〇五年）四月一日の施行であるので、来年度から日本学術会議の所管は、総務省から内閣府に変更される。

### (ii)　会員員選考方法の改定

会員の選考方法は、一九八三年以来の「学術研究団体を基礎とした推薦制」から日本学術会議自体が選考する方法（co-optation 方式）に改定された。これは、日本学術会議の改革提案（上記「日本学術会議の在り方について（中間まとめ）」）を採用している。これまでは、三年毎に学協会が申請に基づいて登録学術研究団体として認定され、登録学術研究団体がそのエントリーした研究連絡委員会（研連）を単位として「会員候補者」および「推薦人」を推薦し、研連ごとに推薦人会議を開催し、研連の会員定数に見合う会員候補者を決定するという仕組みがとられていた。

今回の改定の理由として考えられたのは、①従来の仕組みによると会員が個別の学協会の利害代表となりがちで学術を総合的に俯瞰し、審議、検討する役割からみて不適合であること、② co-optation 方式が日本学術会議の自立性をより強化するものであること、などである。ただし、この間の議論には、日本学術会議が学協会を基礎にしたボトム・アップ的な組織であることを重視すれば学協会推薦制が否定されるべきでない、また総合的な代表制をいうのであれば第一三期以前の登録科学者の直接選挙制にもどすことも考えられるという意見もあった。

新しい選考方法の下では、現行と同様に会員数を二一〇名とするが、任期六年で再任なし、七〇歳定年制とし（現行が任期三年、三期まで、定年制なし）、二一〇名の会員が三年毎にその半数を自ら選考することになる。そこで初回の会員（二〇〇五年一〇月からの会員）の半数は、任期三年の会員（例外として再任が認められる）として任命される。会員の任命権者は、現行と同様に内閣総理大臣である。

改正法は、この co-optation の具体的な方法について、日本学術会議が自らその規則（総会で決定）で定めるとしているので、具体的な手続きは二〇〇五年一〇月発足の新日本学術会議での検討にかかる。また、初回の会員の選考については、co-optation の方式が採用できないことから、会員候補者選考を任務とする「日本学術会議会員候補者選考委員会」が設置される。この選考委員会の委員三〇名は、改正法の規定に基づいて、日本学術会議会長が学士院長および総合科学技術会議議長（首相）が指名する同会議の有識者議員（薬師寺泰蔵議員が指名された）と協議して決定し、すでに八月に任命が行われた。選考委員会はその仕事のために専門委員を置くことができるとされており、今後二一〇名の会員候補者（うち半数は三年任期となる）の選考が進められる。選考委員会での手続き、基準はまだ明らかにされていない。少なくとも事後的には選考過程について説明が行われるべきであろう。

### (ⅲ)　七部制から三部制への再編

これまで日本学術会議は、会員の定数を割り振られた七つの部、すなわち第一部（文学・哲学・教育学・心理学・社会学・史学）三一名、第二部（法律学・政治学）二六名、第三部（経済学・商学・経営学）二六名、第四部（理学）三一名、第五部（工学）三三名、第六部（農学）三〇名、および第七部（医学・歯学・薬学）三三名から構成されている。改正法は、研究領域の発展に柔軟、迅速に対応するために、七部編成をあらため、第一部人文科学系（社会科学系を含む）、第二部生命科学系および第三部理学・工学系の三部編成を規定した。

新たな三部編成の特徴は、部の再編だけにとどまらず部の定員制を廃止したことである。新たな三つの部は、会員選考に先立ってあらかじめ定員の割り振りが行われるものではなく、会員となったものが自由に選択する所属先であるとされている。

以上のような部制の変更によって、会員の専門領域毎のバランスがどのように確保されるのか、あるいはそのようなバランスにもはやとらわれない会員選考が行われるのか、これは、初回について会員選考委員会に、またその後についての新日本学術会議の検討に委ねられる。

科学技術基本法（一九九五年）はその施策の対象を「人文科学のみにかかわるものを除く」と規定したが（同法一条）、総合科学技術会議はここから進んで自然科学と人文・社会科学系の総合化を政策領域に取り入れた。日本学術会議は、これまで人文・社会科学系と自然科学系の協力によって学術の総合的発展を目指してきた。とりわけ第一七期以来日本学術会議の内部改革の方向として、社会のための科学と学術の俯瞰的視点の重要性が強調されている。会員構成のバランスは、このように日本学術会議の目指す学術のあり方と連動して考慮されるべきものである。具体的に、専門領域毎の既得権が許されないことはいうまでもないが、人文・社会科学系と自然科学系、基礎系と応用系などの相互に対峙する異なった分野のバランスがぜひ配慮されるべきであろう。

### (iv)　登録学術研究団体制度の廃止

会員選考方法の改正によって、従前の選考制度の基礎であった登録学術研究団体の制度は廃止された。この改正部分は公布と同時に施行されたので、その処理のために二〇〇四年四月の日本学術会議総会において、登録学術研究団体の制度に係わる日本学術会議の規則・細則等について必要な廃止・改正等の措置がとられた。現在では、これまでの登録学術研究団体は「広報協力学術団体」という資格で日本学術会議と公式の関係をもつものにすぎなくなっている。広報協力学術団体とは、申請によって登録され、日本学術会議の刊行物などの送付をうけ、また、催し物に招待される等の便宜提供を受けるものであり、登録学術研究団体はこれまで当然に広報協力学術団体とされていたものである。ただし、第一九期の活動期間中は従前の登録学協会を基礎にした研究連絡委員会の活動は継続する。

新日本学術会議が学術研究団体（学協会）とどのような関係を形成することになるか。会員の選考、のちに述べる「連携会員」の選考、そして会員、連携会員の活動において、学協会がどのような役割を果たすことになるか。これらはすべて、新日本学術会議の検討に委ねられる。第一九期の日本学術会議は、活動計画の柱に「科学者コミュニティーの構築」を課題として掲げた。日本学術会議が七五万人の日本の科学者の代表機関としてその面目を十分に発揮するためには、学協会との新たな創造的な関係が探られる必要がある。

### (v)　研究連絡委員会の廃止

研究連絡委員会制度は、基本的に学術研究団体を基礎とした会員の推薦制のためのものであったので改正法によって廃止された。ただし、すでに述べたように、第一九期の活動期間中は引き続き活動することとなっている。

ところで、研究連絡委員会は、会員選考制度上の組織であったが、その活動はこれに限定されることなく、むしろ学術研究領域毎の研究上の連絡調整と領域に関連した研究課題を追求し、会員の活動と並んで、日本学術会議の活動を支えてきた実績を持っている。研連には、研究者の創意と総意をくみ上げて学術会議全体に学術政策を提起する文字通りボトム・アップの活動を行ってきたものも多い。第一九期において研究連絡委員会の数は一八〇（会員選考に関わる研究連絡委員会は領域別研連ないし推薦研連とよばれて一二五あり、その他会員選考に関わらない課題別研連も多数活動している）、研連委員の数は予算上で二三七〇名である。
したがって、このような研究連絡委員会の活動を抜きにして、新日本学術会議の十分な活動は期待できないであろう。次に述べる「連携会員」の制度は、研連委員の存在をより発展した形で継承するものと考えられる。

(vi)　**連携会員制度の新設**

改正法は、新たに連携会員の制度を設けた。連携会員は「会員と連携し、第三条に規定する職務（日本学術会議の職務のこと）の一部を行わせるため」に置く（改正法第一五条）と規定されている。これによれば研究連絡委員会委員の代替物というより、むしろより会員に近い地位を与えて、日本学術会議の活動を強化しようとするものである。

第一八期日本学術会議は、科学者コミュニティーにおける日本学術会議会員のプレゼンスを高めて活動力を増大するため、登録学術研究団体数が一四〇〇を超えるという現状に照らして、会員を二五〇〇名程度に増員し、二一〇名の会員を執行メンバーにすることが適当であるという改革提案を行っていた（前掲「日本学術会議の在り方について（中間まとめ）」）。この主張が総合科学技術会議の専門調査会に反映し、連携会員のコンセプトに活かされたのではないかと考えられる。そこで新日本学術会議の実際の運営においては、連携会員が、会員と一体的に日本学術会議の活動を行い、そのなかで会員二一〇名が執行機関的な役割をもつことが期待される。

連携会員は、日本学術会議が自ら選考し、会長が任命する。連携会員の数、選考の方法、任期、再任の可否、定年制等、具体的なことは政令に委ねられており、また、必要な限りで新日本学術会議が自ら規則等で定めることになる。第一八期日本学術会議の案によれば（前掲「日本学術会議の改革の具体化について」）、連携会員の数は現行の研連委員の数を目処にするとされている。さらに、その任期は三年、再任回数に制限を設けず、定年七〇歳とし、その選考は日本学術会議に推薦委員会を設置して行い、学協会からも候補の推薦を受ける、と構想されている。

(vii)　その他

その他の改正点としては、これまでの運営審議会（会長、副会長および各部長、副部長などによって構成）に代わって幹事会（上記構成メンバーに各部の幹事が加わる）を設置し、機動的な運営を促進するためにこれに学術会議の職務および権限の一部を総会の決議で委任することができるようにし、また、現行二名の副会長を一名増員し三名とした。増員分については、改革の議論の中で国際交流担当が考えられている。

### (3)　今後の課題

#### (i)　新会員および連携会員の選考について

新日本学術会議（これまでの「期」制は廃止される）にとって最大の問題は、新会員の構成および新体制のもとで選考される連携会員の構成である。新しい日本学術会議の今後を決めるのは、これらの人々になるからである。新会員は、上述したように八月に任命された三〇名からなる選考委員会によって専門委員の協力などをえながら、選考される。連携会員は、政令によって制度の枠組みが規定され、新日本学術会議によって選考される。

会員および連携会員の選考については、すでに述べたように日本学術会議の自立性が全面的に認められている。初回の会員選考のための選考委員会メンバーの決定についても、日本学術会議会長に決定権が与えられた。次回以降の会員選考は、現役会員自らが、総会で決定した規則等にしたがって行うのである。連携会員についても、同様である。

このように保障された日本学術会議の自立性は、つきつめてみれば、会員二一〇名の自立性である。この自立性が二一〇名の特権に陥ることなく、七五万人の日本の科学者を代表する意義を十分にになうためには、それにふさわしい選考手続き、選考基準が用意されなければならない。具体的にはやはり科学者の学術研究団体の情報、意見、提案などを反映する方式が必要ではないかと考えられる。学術研究団体の関与は、しかしながら、日本学術会議に課せられた任務と目的の達成を共同の課題とするという前提のもとにはじめて適切であり、有効であるといえよう。日本学術会議と学術研究団体との新たなパートナーシップの形成がここでは、重要な課題である。この点に関して、日本学術会議のイニシアチブも必要だが、学術研究団体の側からの創意的な問題提起や行動提起が強く求められていると考える。

(ii)　**日本学術会議の設置形態について**

衆参両議院は、改正法の可決に際して、日本共産党をのぞくすべての会派の共同提案による五項目の附帯決議を採択している。①独立性の維持に努めること、②社会との交流の拡大に努めること、③公正性・中立性の維持に努めること、④女性会員等多様な人材の確保に努めること、そして⑤今後の日本学術会議の設置形態の在り方について法改正後の活動状況の適切な評価に基づき、できるかぎり速やかに検討を開始すること、の五項目である。

最後の第五項目が上述した総合科学技術会議の意見具申「日本学術会議の在り方について」における指摘を受けたものであることは、いうまでもない。総合科学技術会議の専門調査会においては、とりまとめのぎりぎりの段階まで設置形態の問題で紛糾したようである。総合科学技術会議の上記文書は、「最終的な理想像としては国家的な設置根拠と財政基盤の保証をうけた独立の法人とすることが望ましい方向」としながら、これについてなお慎重に検討する必要があるとして現行の「国の特別の機関」という地位の存続を認めたが、新日本学術会議が一〇年内にその活動を踏まえて再検討することを求めている。行政改革を進める側からは、設置形態問題が本筋であったと考えることもできる。

改正法案の国会の委員会審議では、有馬朗人議員が国立大学の法人化と同様に日本学術会議の非営利法人化を今後実現すべき方向として示している。また、野党民主党の議員も同様に国の機関にとどめたことを中途半端な改革であると批判している。民主党の鳩山由紀夫議員は、科学者の完全な無償奉仕によってこそ日本学術会議のような活動が維持できるのではないかという意見を述べている。

これらの意見で特徴的なことは、国の機関であることが日本学術会議の独立性、自主性、中立性を損なうものであるというみ方である。日本学術会議は、国の機関であっても、その設置の目的に照らして、行政上の指揮命令に服さず「独立に職務をおこなう」ことを法によって保障されてきた。それゆえ、独立性、自主性、中立性の確保と設置形態の問題を直接に結びつけるのは、短絡的であり妥当でない。設置形態問題は先送りされたが以上のように火種が残っており、新日本学術会議は、新体制のもとでいずれこの問題の検討を行うべきことになる。これに関連して、改正法の審議で茂木敏充科学技術担当大臣が、この問題の検討が政府からの介入によってではなく、新日本学術会議によって自主的におこなわれるべきものであると答弁していることは適切であり、留意されてよい。

### (iii)　総合科学技術会議との関係

総合科学技術会議と日本学術会議との関係は、改正法が直接に触れるところではない。むしろこれは、日本学術会議の存在理由に関わる論点として、改正法の背景をなすものであった。

総合科学技術会議の上記文書は、総合科学技術会議が政策形成を直接に担い、日本学術会議が科学者の視点から中立的な政策提言をおこない、両者が「車の両輪」として日本の科学技術の推進に寄与すべき役割をになうものとして位置づけている。日本学術会議は、車の両輪体制における自己の役割を、総合科学技術会議に対し「科学者コミュニティーの代表機関」として責任ある助言を行うことであると位置づけている（前掲「日本学術会議の改革の具体化について」）。

総合科学技術会議は、首相を議長とし首相の任命に関わる委員から構成され、政府としての方針を審議し、決定する政治的な機関である。委員に科学者が六名入っているが、学術的見地からの審議が行われるところではない。日本学術会議の役割は、日本の科学者の代表機関として、政府から独立に学術の名において審議し、政策提言し、発言することにある。車の両輪といっても、常に同じ方向に回るわけではなく、また回るべきものでもない。有馬議員はさきにみた委員会審議において、総合科学技術会議と日本学術会議がある問題に関して相反する意見をもったときにはどうなるのか、という質問をしている。政府委員が答弁しているように、いうまでもなく政治的決定は政府に属するのであり、日本学術会議が担うものではない。政治はその責任において決定し、学術に対して説明責任を負うことになる。

最後に、新日本学術会議が科学者コミュニティーの代表機関として真に役割を果たしていくためには、科学者コミュニティーを構成する科学者、学協会の協力と批判が不可欠であることをあらためて確認しておきたい。

**【参考資料】**

浅見輝男「日本学術会議の改革審議」『日本の科学者』二〇〇〇年一月号
吉川弘之「行革の中の改革」『学術の動向』二〇〇三年八月号
「特集・日本学術会議第一九期活動計画」『学術の動向』二〇〇三年一二月号
『日本学術会議の概要とその活動―第一九期会員のために―』日本学術会議、二〇〇三年七月
第一五九回国会衆議院文部科学委員会議録第六号、第七号
第一五九回国会参議院文教科学委員会議録第八号

『日本の科学者』二〇〇四年一二月号に掲載

# 23　科学者コミュニティーの構築に向けて

二〇〇五年一一月

## (1)　新体制の組織と運営にかかわる審議

日本学術会議第一九期は、日本学術会議法の一九八三年以来の大幅改正によって、旧制度から新制度への移行期にあたった。会期が通常の三年から二年に短縮されるなかで部会・委員会活動はピッチを上げて進められたが、第一九期会員の多くにとって新制度における学術会議のあり方は念頭を離れない事柄であったと思われる。

とくに、学協会推薦制からコーオプテーション制への会員選考方法の改正によって、会員選考手続の基礎であった学術研究団体の登録制度および研究連絡委員会制度が廃止され、これまで日本学術会議と学協会をつないできた公式の制度的基盤が失われることになったから、これにどのように対処すべきかは大きな問題であった。

新体制に関わる問題は、いずれの部でも真剣な討議の対象となった。そうした状況は運営審議会に反映され、審議の方法論について検討が行われた。そのなかで、新制度における学術会議の組織と運営に関する事柄はいうまでもなく第二〇期新会員の決定に属するものであり、第一九期学術会議が正式に審議すべきものではないという考え方が打ち出された。とはいえ、第一九期会員の意見をとりまとめて参考のために新体制に伝えることは、新体制の円滑な運営開始のためにも必要であり、重要であると判断された。このために採られた方法が会長の下に外部の有識者からなる懇談会を設置し、学術会議の各部・各委員会等の意見をここに集約し、とりまとめをするという方式であった。

この懇談会は、二〇〇四年秋に六名の有識者からなる「日本学術会議の新しい体制の在り方に関する懇談会」として設置された。二〇〇五年七月に会長に提出された報告書「日本学術会議の新しい体制の在り方――新体制の円滑な発足のための提案」は、第二〇期の日本学術会議が「円滑にその活動を開始するための一助」として第二〇期会員に対して提供されたものである。

### (2)　懇談会報告書における学協会の位置づけ

懇談会報告書は、「学術研究団体との協力」の項目において「日本学術会議が従来から築いてきた学術研究団体との間の協力関係を、公的で対等な協働関係として発展させるため、日本学術会議の目的に賛同し、継続的に協働する学術研究団体を『日本学術会議協力学術研究団体』（総称）とする」と述べている。学術会議と学協会の新しい協力関係は、〈学術会議の目的を実現するための公的で対等の継続的協働関係〉と規定された。

具体的には、双方向的な意見交換、連携関係の拡充・強化、会員・連携会員・各種委員に関わる人材情報の学協会側からの提供、学術会議側からのその活動に関わる情報の提供、会議の共同開催、学協会の企画に対する学術会議の後援と学術会議講堂等の使用等が例示される。協働関係の開始のためには、必要な書式による随時の申請が予定される。また重要なことは、個別の学協会との連携に加えて、より一層有効なものとして学協会の連合体との連携を推進することが指摘されていることである。報告書は、学術会議と学協会の協働関係をより有効にし、活性化するために学協会の連合体の組織化が進められることを期待している。

### (3)「パートナー」としての学協会

第二部は部会での審議をとりまとめ、二〇〇五年二月に「第二部意見」(「日本学術会議の新しい体制の在り方及び課題に関する第二部の意見」)を懇談会に提出した。もっとも重要な論点である学協会の位置づけについて、第二部意見は、日本学術会議が日本の科学者コミュニティーを真に代表する機関となるために、学協会との間に「新しいパートナーシップの関係」を確立することが重要であり、相互の信認の上に立った「パートナー学術研究団体制度(仮称)」を創設することを提案した。パートナーシップの関係とは、「同じ目的のために協力・協働する関係」であり、懇談会報告書に採用された考え方と異なるところはない。これについて、第二部意見は、おおよそ次のような理由づけを行っている。

これまでの登録学術研究団体制度は、会員選考手続における会員候補者の推薦権や研究連絡委員の選考、科研費審査委員候補者の推薦等についてのメリットを学協会に与えるものであり、学協会が日本学術会議に対して登録(という面倒な手続き)を介して「受益」するという関係を一つの中心的な要素とするものであった。

登録学術研究団体制度の廃止は、「登録―受益」という関係を改革し、新しい関係を構築することを求めるものである。今回の改革の目的に照らせば、新しい関係は、日本学術会議を代表機関とする日本の科学者コミュニティーが果たすべき役割、すなわち「科学の向上発達を図り、行政、産業及び国民生活に科学を反映浸透させる」(日本学術会議法第二条)という目的について、日本学術会議と学協会がパートナーとして協力・協働する関係として構築されるべきである。また、科学が科学としていかなる問題に直面しているか、科学が社会のなかでいかにあるべきか、また科学が社会のために何をなすべきか、このような二一世紀の科学にとっての諸課題に応えるために新しいパートナーシップの形成が望まれるのである。

## (4) パートナーシップの内容

それでは具体的にパートナーシップの内容は、どのように考えられるであろうか。第二部意見は、懇談会報告書が述べるように会員・連携会員の選考に関して学協会が人材情報の提供を行うことにも論及するが、とくに委員会活動における協力・協働関係の推進を重要なものとして指摘している。

それによれば、パートナーとしての学術研究団体は「分野別委員会についてはその関係する分野においていわば ex officio に、課題別委員会については選択的に参加できるもの」とし、その参加の形態は「関係の会員や連携会員を通じながら、また、直接にたとえば『専門委員』を送ることによって委員会活動に協力する。分野別・課題別委員会の下に、専門委員を中心とする専門委員会をさらに設置することも考えられる」としている。このように、日本学術会議の会員・連携会員および学協会メンバーによる統合型の委員会活動が広く展開することになれば、科学者コミュニティーの実質が作り上げられることになろう。

新体制の下で委員会活動がどのように組織され具体的に展開するかは、今後にかかることである。懇談会報告書は、常置の委員会として研究領域に応じて三〇の分野別委員会、および臨時の委員会として選択したテーマ・プロジェクトを審議検討する複数の課題別委員会の設置を提案している。学協会とのパートナーシップを基礎にして新しい創意的な活動形態が作り出されることを期待したい。

## (5)　学協会の新しいイニシアチブ

新しいパートナーシップは、双方の能動性を要求するが、とりわけ学協会に新たなイニシアチブを求めることになるであろう。それぞれの学協会にとってその学問分野の発展と社会的責任の実現を目指すために、日本学術会議との協力・協働関係の構築は、極めて重要な課題といわなければならない。第二部意見は、人文社会系、とくに第二部の法学政治学系の状況を前提にしながら、新しいイニシアチブの柱として学協会の横の連携強化、組織化の必要性を強調した。これはいわば「学協会それ自体が科学者コミュニティーの組織化を目指す」ことである。その具体的内容は、「学協会側の横断的連絡組織の形成や共同の課題をもった研究・政策活動の組織化」であり、少なくとも、これまでの研究連絡委員会単位の規模で、自主的な学協会連合を形成し、可能ならば共同の研究課題に持続的に取り組むことである。さらに、これまでの研究連絡委員会の単位をこえた、より大きな次元での学協会の連合組織を形成することが追求されてよい。

学協会の連合組織は、個別の学協会単位では対応の難しい課題に共同で取り組んで解決をめざし、学協会の相互の発展を支えあうものであることが期待される。また連合組織は、日本学術会議とのパートナーシップの安定した窓口の役割を果たすことができるであろう。実際に学協会が日本学術会議の委員会活動に参加しようとする場合、こうした学協会連合組織の存在は、個別の学協会および日本学術会議の双方にとって不可欠のものと考えられる。

懇談会報告書も学協会連合体の組織化を期待している。第二〇期新会員・連携会員および学協会の協力・協働は、ここでも発揮されなければならない。

### (6) 人文・社会科学の役割

すべての領域の科学者によって構成される日本学術会議は、その活動の総合性、俯瞰性において優れた特徴を発揮できる組織体である。この文脈においてたえず問題となるのは、人文・社会科学の固有の役割をどのように位置づけ、また、実際にどのようにその役割を具体化できるかということである。懇談会報告はこの当然の課題について触れることがないが、第二部の審議と活動の背後には常にこの問題意識があった。

第二部意見は、これについて「人文・社会科学と自然科学の調和のとれた発展及び相互の協働」を進めることを今後の課題として整理した。ただし、そこでは形式的なバランス論および実践的な協働論の必要性が指摘されるにとどまり、学術論・学問論的な検討は行われていない。

バランス論の一つは「日本学術会議は、学術のすべての分野の科学者を代表するものであり、その組織編成、会員および連携会員の構成、ならびに分野別委員会の編成などにおいて、人文・社会科学と自然科学のバランスのとれた在り方を実現すべきものである」ということであるが、もう一つのターゲットは、科学技術基本法の体制である。

周知のように同法第一条は、施策の対象である「科学技術」について「科学技術（人文科学のみに係わるものを除く。以下同じ）」と規定する（ここで「人文科学」の文言は内容的に社会科学を含む趣旨）。このような形で科学技術の振興策が進められるとすれば、自然科学と人文・社会科学の間に不均衡が生じる可能性がある。そこで、基本法は、このことを慮って「科学技術の振興に当たっては、（中略）自然科学と人文科学との相互のかかわり合いが科学技術の進歩にとって重要であることにかんがみ、両者の調和のとれた発展について留意されなければならない」と規定している（同法第二条二項）。人文・社会科学についての施策は、このような消極的な文脈において、基本法に位置づけられているにとどまる。

バランス論の見地から展望すれば、学術の総合性と俯瞰性を確保するため「両者の調和のとれた発展」を目的とする「学術基本法」を構想するという方向が考えられる。第一九期科学技術基本計画レビュー委員会は、第二期の科学技術基本計画の実績のレビューを踏まえて、提言を行っている（「科学技術基本計画における重要課題に関する提言」二〇〇五年二月）。そのうちの一項目は、「自然科学と人文・社会科学はそれぞれの独自性を主張しつつもまさに車の両輪となることを認識し、人文・社会科学を基本計画の中に適正に位置づけるべきである」と述べており、上記の認識が共有されている。

## (7)　協働の実践から学術の総合へ

バランス論は重要であるが形式的なものに止まる。なによりも重要なことは、日本学術会議において、人文・社会科学と自然科学の連携した発展を追求する実体的な基盤を作りだすことである。第一九期第二部は、安全・安心な世界と社会の構築特別委員会の運営に責任をもち、また、第七部と「異状死」をテーマにする共同対外報告を作成する機会をえた。これらの経験を通じて一層感得されたことは、専門領域をクロスして行われる研究討議が新たな知の地平を拓き、刺激にみちたテーマをさらに生み出すという可能性である。これらの経験は端緒的なものにすぎないが、日本学術会議の使命に応える基盤は、こうした協働の実践を豊かにすることにあると思われる。

『学術の動向』二〇〇五年一一月号の特集「日本学術会議第一九期の活動をふり返って」に掲載

# 24　人文・社会科学の役割と責任

二〇〇七年四月

## (1)　なにが問題なのか

「人文・社会科学の役割と責任」をあえてテーマにする理由は、なんであろうか。この場合、積極、消極の二つのことが考えられる。一つは、「いまや人文・社会科学の出番である」がゆえに、おおいにその抱負と見通しを語るべきであるというものである。もう一つは、「いま人文・社会科学の地盤沈下と危機がある」がゆえに、その克服の道筋が探られなければならないというものである。この2つは別々の観点を基礎づけるが、しかしまた、「出番である」にもかかわらず、「地盤沈下している」という逆説的結びつき方も考えられる。この第三の場合は、期待される役割と現実の状態が矛盾しており、一番深刻な事態を示すことになる。

## (2)　人文・社会科学が直面する現状

それでは、人文・社会科学は、実際にいかなる状況に直面しているのか。いくつかの下位の問題群がすぐにでてくる。まず第一に、「人文・社会科学の」（「科学の」ではなく）という限定句は、この「役割と責任」

論が自然科学に対する関係において意識されていることを示している。ここには、たとえば日本の科学振興政策の基本を指示する科学技術基本法がその施策の対象を「科学技術（人文科学のみに係わるものを除く）」（第一条）と規定する事情、その下で進められる振興策の実際が自然科学（またそのなかでもとくに振興に値すべき領域）に偏重しているという実感が既定のものとして存在している。科学技術の振興が進めばすすむほど、人文・社会科学の相対的貧困感が増大しているように見える。

第二に、人文・社会科学という一律の括り方が状況の把握に適切かどうかという問題がある。人文科学と社会科学、また、それぞれのなかでも専門領域によって問題の発現のありようが異なる。たとえば、実学化（専門職大学院創設など）が可能な社会科学の領域（法学や経済学）では、領域それ自体の活性化に反して、学問としての法学・経済学の再生産のあり方が問題となるが、「哲・史・文」の伝統的文学部的領域は、実学化による社会への連接拡大が困難であり、領域自体の衰退が前面に出るといった（以上は推論の域をでないが）事情の差異がある。とはいえ、背後に進行する事態の共通性が想定できる。

第三に、状況を作り出す要因をどこに求めるかの問題がある。これは、第一、第二の論点に重なるが、一方で政策的、制度的要因と他方で社会的要因が考えられる。学問の担い手は通常には大学教師であり、大学とは制度化された知の再生産システムである。このシステムは、近代的理念において自律性をその特徴とするが、いまや自律の下で競争と効率を原理として企業のように経営することを求められている。知の探求の内在的要因だけではなく、国家と社会がその外在的な制度設計と需要によって、このシステムのあり方に大きく作用する。知の生産の担い手は、この外在的要因の内在化の努力を含んで、こうした条件の下に置かれる。人文・社会科学領域で発現する「条件」の固有性が、ここでの問題となる。

以上のような「状況」は、人文・社会科学が自らの役割と責任を論じようとするならば、実証的に明らかにすべき前提であろう。日本学術会議第一部は、関連する一〇の分野別委員会によって「人文・社会科学と学術」合同分科会を設置したが、その追求すべき課題は、まずここにあると考えられる。

### (3)「学術」のコンセプト

さて、この分科会の名称が示しているのは、「人文・社会科学」と「学術」との係わりへの関心である。日本学術会議法の前文は、一九四八年制定以来不変であるが、日本学術会議の使命を「科学が文化国家の基礎であるという確信に立って、科学者の総意の下に、わが国の平和的復興、人類社会の福祉に貢献し、世界の学界と提携して学術の進歩に寄与すること」と規定している。この前文は、日本国憲法および教育基本法（二〇〇六年改正前）のそれぞれの前文とともに、戦後の新生日本国家の理念を示したものである。

それはさておき、ここでは、「科学」と「学術」が上記引用文のように使い分けられている。ちなみに、日本学士院法においては、その目的規定が「学術上功績顕著な科学者を優遇」し、「学術の発達に寄与するため必要な事業を行う」としている（第一条）。これに対して科学技術基本法には、「学術」という用語は見られない。

強引な解釈であることを承知で言えば、「学術」はすべての「諸科学」を総称するものとしてのみ使われる。もともと「科学」は「諸科の学」としてscienceにあてられた訳語であり（海部宣男先生の御教示による）、自然の科学、社会の科学、人の科学などのように、個別の分化した学問領域を指示するものである。もちろん、限定のない「科学」の用語は、諸科学の総称として利用されるが、それは「分化できる」全体の総称である。これに対して、「学術」は、「分化を想定しない」総称なのである。自然の学術、社会の学術、人の学術とはいわないが、すべての諸科学を含むものとして「学術」というのである。科学技術基本法は、

「人文科学」（この法律用語は実質には人文・社会科学の意味である）を排するがゆえに、「学術」という用語を利用できないのである。

## (4)　学術における人文・社会科学の役割

そこで、「人文・社会科学と学術」というテーマが立てられる場合、人間の総体としての学的な知的営為において、人文・社会科学の位置と果たすべき役割への考察が課題とされるのである。それは、自己を不可欠とする全体への省察である。したがって、人文・社会科学と自然科学との関係を考えるということは、相互に切り離された二つのものの関係づけとしてではなく、学術という全体におけるそれぞれの位置規定を二つのものの関係として把握することでなければならない。

以上のことは、「学術」の概念にこだわって導き出した一つのレトリックではあるが、人文・社会科学の役割を展望するうえで、一つの示唆を与えるのではないかと考えられる。

自然と人間と社会は、それを科学の対象として観察するときは、分化できる対象として措定される。いうでもなく対象を分化してアプローチをすることなしには、対象それ自体が十分に把握されえないであろう。これは、もとより当然のこととして前提される。ところで、歴史的時間の経過のなかで、人間は社会の制度を構築し、自然に働きかけ、自己の生を形づくるが、他方で、社会の制度によって規制され、自然的条件によって制約され、思うがままに自己の生存を展開できるわけではない。また、人間が構築する社会の制度は、自然的条件を前提にするが、他方で、人間と社会の制度は意識的、無意識的に自然的条件を変化させうる。変化した自然は、人間と社会の新たな条件となるが、それらもまた連関しつつ変化のなかにおかれる。以上つまるところ、自然と人間と社会は、相互規定的、循環的関係のなかで、歴史的に形成されているのではないか。

このような歴史的形成のプロセスを想定するとき、循環の機動力――それは従来の循環を断ち切り、新たな循環を始めさせる決定的なものを含めて――となるのは、しばしば人間が表象し選択する価値であり、思想であると考えられる。もちろんこの価値や思想も、歴史的な循環から全く自由であるわけではないが、しかしより強い力によって選択されるのである。地球環境の現状は、これまでの人間の活動と社会の制度の作用の結果であり、これに対する自然科学による破滅への予測は、人間の活動と社会の制度のあり方の省察に基づいて、人文・社会科学が領導する価値的転換によって応えられなければならないであろう。

人文・社会科学の役割と責任とは、学術の役割と責任およびそこでの自らの位置取りを考えていくことである。学術のコンセプトの下で、諸科学（人文・社会科学、生命科学、理学・工学）は、継続的な対話を維持し、これまでも成果をあげてきたように、問題解決志向型の協働を積み重ね、そして全体としての学術のあり方をたえず自省することを追求しなければならない。

『学術の動向』二〇〇七年四月号の特集「人文社会科学の役割と責任」に掲載。この特集は、二〇〇六年一二月一四日に同名のタイトルの下に開催されたシンポジウム（日本学術会議第一部と関西学院大学の共催・ホテル阪急インターナショナル）の内容を収録している。

# 25　科学者コミュニティーのこれから——自省・総合・循環

二〇〇七年九月

## (1)　科学者コミュニティーの意義

日本の科学者は、おおよそ七六万人を数える。「科学者コミュニティー」とは、これらの科学者の総体を捉えようとする考え方である。コミュニティーというからには、科学者とよばれる人々が、一つの「共同性」をもった集団として、社会のなかの存在として「独自性」をもつことが含意されている。

七六万人もの人々を一つのまとまりとする仕掛けは、「わが国の科学者の内外に対する代表機関」として存在する日本学術会議である。日本学術会議は、戦後改革のなかで、日本学術会議法に基づき「独立して職務を行う」国の機関として一九四九年に創設され、六〇周年を迎えつつある。二〇〇四年の改革によって、現在では、二一〇名の会員および一九九〇名の連携会員をメンバーとし、人文・社会科学、生命科学および理学・工学の三つの部、三〇の専門分野別委員会、ならびに各分野別委員会のもとに二〇〇を大きく超える領域別、課題別の分科会が組織され、活動を展開している。また、一、五〇〇有余の学協会が協力学術研究団体として、日本学術会議の活動に連携している。

日本の科学者コミュニティーは、日本学術会議の活動を通じて、その存在を「代表」される。いいかえれば、代表する日本学術会議が「現実の存在」としての科学者コミュニティーであり、その活動は、「代表」にふさわしく、科学者コミュニティーの共同性を形成し、また、社会に対して独自性を表現するものでなければならない。たとえば、日本学術会議は、二〇〇六年一〇月に「科学者の行動規範について」と題する声明を採択し、いわゆる科学者の不正行為の防止について科学者自らに強い自覚と倫理を求めるとともに、社会に対して、科学者としての責任の所在を明確にした。[1] ここでは、科学者の行動規範を示すことによって共同性を構築し、社会への責任を明示することによって、科学者コミュニティーの独自性を発揮しようとしている。

科学者コミュニティーは、国際的にも役割を示す。二〇〇七年六月にドイツのハイリゲンダムでG８首脳会議が開催された。このG８首脳会議に対して、参加八カ国ならびにブラジル、中国、インド、メキシコおよび南アフリカの計一三カ国のナショナルな科学者組織が共同で声明を採択し、世界の科学者コミュニティーの意見を伝えた。声明は、「成長と責務――持続可能性、エネルギー効率および気候保全」および「成長と責務――イノベーションの推進と保護」の二つである。[2] こうした国際的な科学者コミュニティーの共同活動は、近年において日本学術会議の最重要の仕事の一つとなっている。

### (2)「社会のための科学」――科学者コミュニティーの自省

科学者コミュニティーという考え方は、個々の科学者と社会の関係に、媒介項としてのコミュニティーを付け加えて、科学と社会の時代適合的な関係を構築することを企図している。具体的にいえば、科学者コミュニティーは、「社会における科学の営みの総体」を「科学と社会の関係」として置き直し、科学の社会に対する責任の文脈において、科学のあり方と課題をたえず自省的に（reflexive）問題化する役割をもつものとして位置づけられる。

そこで、科学者コミュニティーの考え方と表裏一体として論じられるのが、「社会のための科学Science for Society」というコンセプトである。このコンセプトは、多様な方向を示唆するが、たとえば次のような二つの議論のし方がある。

一つは、科学者コミュニティーが、社会に対して政策提言を行う役割を重視することである。政策提言は、科学研究それ自体ではないが、科学者が科学研究に基礎づけられながら、共同の討議を通じて合意を形成した科学的見解である。ここで肝要なのは、政策提言が科学者コミュニティーから、「科学者の共通の見解」として発出されることである。社会のなかで、いくつもの科学者の意見が競争し、対立しあっているときには、社会の判断もまたそれに応じて分岐するほかはないからである。

科学者コミュニティーの政策提言は、このような意味において、社会にとって意義のあるものとなり、社会に対する科学の責任を果たすという文脈において、また、社会のための科学の実現のあり方として、位置づけられる。もちろん、科学者の共通の見解といえども、提言の採否は、いうまでもなく民主的政治機関の決定にかかるものである。

科学者コミュニティーは、社会が科学に対して、どのような問題についてアドバイスを求めているか、あるいは科学に対していかなるクレームをもっているかに、たえず関心を払わなくてはならない。さらに、科学の発展と深化がもたらすネガティブな作用や帰結に対する敏感な対応（調査研究、改善措置、新たな学術研究の開拓など）は、それに関する社会のリアクションへの理解を含めて、科学者コミュニティーの本質的な役割といえる。

「社会のための科学」は、以上のように、科学者コミュニティーが「政策のための科学Science for

Policy」を担うべきことを指示するのである。

## (3)「学術体系」論の試み――認識科学と設計科学

もう一つは、「社会のための科学」の観点から、科学のあり方を再構成することである。これについては、日本学術会議の審議において、かねてから「学術体系」論として「認識科学」と「設計科学」の区分が提唱されている。

認識科学は、「〝現象の認識〟を目的とする理論的、経験的な知識活動」であり、これに対して設計科学は、「〝現象の創出や改善〟を目的とする理論的、経験的な知識活動」であるとされる(3)。この区分は、いわば典型的科学（理学がモデル）としての認識科学と並んで、設計科学を「科学」として定義したことが重要である。設計科学の意義は、これまで「実学」、「応用の学」、「政策科学」、また「規範科学」などとして位置づけられていたものを、文理の境界をこえて（工学、医学、農学、薬学、法学、商学、経営学等）、統一的な枠組みでとらえるところにある（それぞれの学問分野が全体としていずれかに必ず分類されるというわけではない。法学に認識科学的な基礎法学の部分があるというように）。

工学は、一定の目的のために稼働する機械システムを設計し、作り出し、また、法学は法制度の設計を行って法システムを作り出し、あるいは、法のテキストの解釈によって、あるべき法関係を作り出そうとする。そこにおける知識活動は、設計科学として共通に位置づけられる。このような認識科学と設計科学の区分は、「あるものの探求」と「あるべきものの探求」という対比によっても、表現されている(4)。

認識科学と設計科学を区分することは、区分それ自体に目的があるのではなく、人間の知識活動の総体を「社会のための科学」の視点によって、位置づけ直すというところにある。「あるものの探求」と「あるべきものの探求」の両者を通じて、科学は社会とより適切に、より有効に連接することができる。さらに、社会との連接に目を向ければ、「あるべきものの探求」の最終の局面においては「技術」が重要なものとして現れる。技術は、科学的知識や経験則の利用によって現実化するが、しばしば「ひとつの技芸」だとさえいわれることがある。それは、主体が訓練を通じて獲得するものであり、科学研究の成果のように客観的に表現され、伝達されることが困難なものであるからである。

以上のように、一つの学術体系論として、文理の境界を超えて、認識科学、設計科学および科学的、経験的技術の三つの要素を区分し統一的に理解するという考え方が示されているが、これをめぐる議論はなお継続している。

### (4)「科学」と「学術」——知の多元化と知の総合

日本学術会議の英語名称は、周知のように“Science Council of Japan”である。日本学術会議法には、一九四八年制定以来、不変の前文が付されており、そこでは学術会議の使命として「〝科学〟が文化国家の基礎であるという確信に立って、科学者の総意の下に、わが国の平和的復興、人類社会の福祉に貢献し、世界の学界と提携して〝学術〟の進歩に寄与すること」と規定されている（引用文中の引用符は筆者）。組織の名称の上では、「学術」と“science”が対応させられ、前文では、「科学」と「学術」の二つの用語が並立している。

science の訳語としての科学は、「科に岐れた学問」、「諸科の学」の原意をもつものであり、一九世紀後半のヨーロッパにおいて学問が分岐、独立して大いに発展していく状況を映し出した訳語であった[5]。これに対して「学術」の用語が科学者の代表機関としての組織の名称および使命に採用されたのは、「科学」の用語に含まれる「知の多元化」（専門分化）への傾向性に対して、学問の一体性を表現する用語を求める立法者の意識が働いたのではないかと推測される。そのようにして採用された「学術」の意義を、科学者コミュニティーと社会のための科学を自覚的に構築する課題の前に立って、あらためて確認すれば、次のようにいうことができるであろう。

学術は、分化する諸科学のすべてを総合し一体的に捉えるコンセプトであり、かつ、それ自体として分化を想定しない「全体」を意味するものである。学術というコンセプトの下では、諸科学が全体のなかの部分として、たえず自己を位置づけることが必要とされる。日本学術会議の三つの部の編成の基礎にある人文・社会科学、生命科学および理学・工学のそれぞれは、科学としては分化し、独立しているが、それらは学術のコンセプトの下で一体であり、「全体」としての学術のなかで、自らを部分として、それゆえ他の部分との関連を自覚しながら、全体としての学術のあり方と課題を追求すべきものとして位置づけられるのである。(6)

科学者コミュニティーは、これを形成する主体に着目して「科学者」コミュニティーと呼んでいるが、このコミュニティーが上記の学術のコンセプトを担うという趣旨からすれば、「学術」コミュニティーと呼ぶことがむしろ適切であろう。学術コミュニティーは、そうであるがゆえに、諸科学への分化を総合する全体的視角（俯瞰する視角）から、学術研究の課題を設定し（俯瞰型研究）、また、分野横断的な政策提言を基礎づけることを本質的な役割とするのである。上記の「学術」体系論の試みもこの趣旨に出ていると理解できる。

ちなみに、一九九五年に制定された科学技術基本法は、「科学技術の振興」を目的とするものであるが、施策の対象から人文・社会科学を原則として除外している。(7)それゆえ、諸科学を総合的一体的に捉えるコンセプトである学術という用語を利用していない（利用できない）のである。

## (5) 自然・人間・社会の歴史的循環

科学者コミュニティーは、組織や活動がナショナルな単位において存在するにしても、学術コミュニティーとしての役割を果たそうとすれば、課題の設定・解決および組織的連携のうえで、地球大の、それゆえ人類的なスケールを必要とする。

人々の日々の生活は、ローカルなレベルで営まれ、政治や経済の運営はさしあたりナショナルなレベルで論議されるが、経済のグローバル化はこれらを別次元の層として扱うことを不可能にしている。また、人々の生存を究極において存立させる自然の問題は、いまや否応なくグローバルに（地球的に）把握される。このような事態において、学術コミュニティーは、自然、人間、そして社会の三つの次元を総合的に捉え、地球大の広がりのなかでの課題に向き合うことを使命とする。社会のための科学とは、このようなパースペクティブを必然的に含むのである。

自然の系、人間の系そして社会の系を総合的に捉えることは、それらの相互関連の考察を必要とする。人類の生存基盤である地球の保全が課題として立てられることによって、自然がたんに自然としてあるという「事実」は、鮮明に否定されることになった。地球温暖化や生物多様性の縮減などのよく知られた問題を考えれば、人間の活動と社会秩序のあり方が自然に対していかに大きな影響を生み出しているかは明瞭である。この結果は、今度は所与の自然として、人間の活動と社会秩序のあり方を制約する。

自然は、人間が活動し、社会を形成する、歴史的前提である。しかし、自然は、人間の活動と社会秩序のあり方によって影響され、規定される、一つの歴史的形成物であることが、今まさに示されている。この歴史的形成物としての自然に人間の活動と社会秩序は、依存し、また、そのなかで、人類と地球のこれからのありようが模索されているのである。

自然と人間と社会は、それぞれが独自に科学の対象であり、そのような個別科学の成立と発展なしには、それぞれの存在と現象を十分に解明することができない。これを踏まえながらも、これらの三つの系が、歴史的に捉えるならば、相互に、循環的な規定関係のなかで展開しているものであることを見なければならない。

このような歴史的循環性にこれまでとは異なった軌道を設定する（循環の軌道転轍）ためには、人間の活動における転轍に向けての主体的、自覚的選択が入力されなければならない。自然は、自らを変えることができない。人間の活動における選択が社会秩序の変革をもたらし、自然を変える条件を創り出すのである。そして、自然が変わることによって、人間の活動と社会の秩序が新たな条件を獲得する。

転轍のための選択は、人間（地球的、人類的存在としての）にとっての価値の基礎づけをともなう。[8] このような価値の探求は、おそらく認識科学と設計科学の区分（「あるものの探求」と「あるべきもの探求」の区分）を超えて、事実と価値の関連を総合する学術的アプローチを必要とするのではないだろうか。[9]

（1）日本学術会議（第二〇期）『声明・科学者の行動規範について』二〇〇六年一〇月三日。

（2）日本学術会議のウェッブサイトからダウンロードできる。なおその他の註で引用した日本学術会議の諸報告も同様である。

（3）日本学術会議（第一八期）・運営審議会附置新しい学術体系委員会『新しい学術の体系――社会のための学術と文理の融合』二〇〇三年六月、九〇‐九六頁参照。

（4）日本学術会議（第一九期）・学術の在り方常置委員会『報告・新しい学術の在り方―真の Science for Society を求め

て』二〇〇五年八月、五－六頁参照。

（5）日本学術会議（第二〇期）・科学者コミュニティーと知の統合委員会『対外報告・提言：知の統合―社会のための科学に向けて』二〇〇七年三月、一一－一四頁参照。

（6）広渡清吾「人文・社会科学の役割と責任」『学術の動向』二〇〇七年四月号、五五－五七頁参照。

（7）同法第一条は「科学技術（人文科学のみに係わるものを除く。以下同じ）の振興」を目的として規定する。ここでの「人文科学」は法令用語であり、実質的には人文・社会科学の意味である。

（8）地球の生態系の保全を目指す新興の保全生物学がこの科学の起点に価値の選択を明示していることは、以上述べたことの重要な例証である。鷲谷いづみ「使命の科学としての保全生物学――生態学と分野間協働」『学術の動向』二〇〇七年四月号、五八－六三頁参照。

（9）井上達夫「科学における事実と価値―方法二元論再考」『学術の動向』二〇〇七年五月号、七〇－七五頁参照。『科学』二〇〇七年八月号の特集「未来への構想」に掲載

# 26　人文・社会科学における若手研究者の育成

二〇〇八年九月

## (1)　若手研究者問題とは何か

現在の若手研究者問題が極めて深刻なのは、それが雇用問題だからである。大学院で研究者として養成された者が、研究者として働く場を適切な形で十分に確保することができないでいる。ある理学研究者の調査によると、理学系の研究分野では、いわゆる「ポスドク」が研究者の三分の一程度を占めているという。これは、労働者の三分の一が非正規労働者（派遣労働者、パート労働者、期限つき労働者など）として不安定な地位におかれ、格差問題が論じられる日本社会の現在をにわかに思い出させる。

ポスドクは、いわば、「非正規労働者」としての研究者である。ポスドクは、常勤職になく、出所がさまざまである研究プロジェクト資金によって任期つきで雇用され、社会保険の加入率も半分以下であり、キャリアと年齢にみあわない低い収入に甘んじざるをえないでいる。文科省科学技術政策研究所の調査によると、大学・研究機関（民間企業を含む）九一四機関（アンケートに回答した機関、うち六二三が大学）において一万五、九二三人の「ポストドクター等」（博士号取得者および博士課程満期退学者）が、競争的資金などの外部資金や運営費交付金を原資として任期付きで雇用されている（『大学・公的研究機関等におけるポストドクター等の雇用状況調査―平成一七年度調査』）。

博士号取得者の就職難は、一般のメディアでもさまざまに報道され始めている。二〇〇八年二月には、秋田県教育委員会が教員免許なしに特別に博士号取得者を小・中・高校の教員に採用しようと「若干名」を募集したところ、全国から五七名が応募した。また、ある総合月刊誌は、「亡国の『大学院教育』―科学技術創造立国の看板が泣いている」と題する記事で「博士課程修了者の多くが路頭に迷うこの国の現状は先進国としては異常なことであり、その能力及びそこに投資された教育費の損失は計り知れない」とセンセーショナルに書いている（『選択』二〇〇八年七月号）。

日本の大学院学生数は、二〇〇六年現在で修士課程約一六万六、〇〇〇人、博士課程約七万五、〇〇〇人である。これは一九九〇年の約六万二、〇〇〇人と約二万八、〇〇〇人に比べると、それぞれ約二・七倍であり、学生数（四年制大学）がこの間約一・二倍増であることからして、大学院の重点的な強化が進められたことがわかる。ポスドク一万人支援計画は、第一期科学技術基本計画（一九九六―二〇〇〇年度）において、大学院重点化を基礎に増加する博士号取得者を活用するべく展開されたものである。

大学院の拡充強化は、日本の科学研究を支える（そしてまた社会の多様な分野でのリーダーとして働く）人材を作り出すために必要な方向であって、先進国との比較において日本の大学院学生数は、決して多くない。学部学生数に対する大学院学生数の比率をみると、日本は一〇・四％（二〇〇六年）であるが、アメリカが一四・一％（パートターム学生・大学院学生を含むと一六・八％）、イギリスが二一・六％（パートタイム学生・大学院学生を含むと四二・九％）、そしてフランスが六八・三％であり、いずれも日本を大きく上回っている（アメリカは二〇〇三年、イギリス・フランスは二〇〇四年の数字。ちなみにドイツには制度としての大学院がない）（文科省「教育指標の国際比較・平成二〇年版」）。

問題は、養成される若手研究者の数が増えたことにあるのではなく、それにみあって、社会全体のなかで、将来の見通しのあるキャリア・パスの総合的なデザインとそれに応じたポストが用意されているかどうかにある。このことは、日本学術会議（第一九期）が第二期科学技術基本計画（二〇〇一―二〇〇五年度）の実施状況についてレビューを行い、第三期科学技術基本計画の策定に際して作成した提言にすでに明確に示されていた（二〇〇五年二月『科学技術基本計画における重要課題に関する提言』）。第三期科学技術基本計画（二〇〇六―二〇一〇年度）は、「人材の育成、確保、活躍の推進」のために、とくに「若手研究者の自立支援」などを掲げ、若手研究者問題に対する取り組みが焦眉の課題の一つとされている。

## (2)　人文・社会科学分野からみる若手研究者の進路問題

人文・社会科学分野について、大学院修了者の進路問題を具体的にとりあげてみよう。文科省の学校基本調査（平成一九年度確定版・二〇〇七年三月の状況）によると、つぎのような特徴がみられる。

修士課程修了者の進路については、①博士課程への進学、②就職、③専修学校・外国の学校への入学、④一時的な仕事に就いた者、⑤①から④以外の者、⑥死亡・不詳の者の六つに分けられ、②の就職者が七二・二％である。ただし、就職者の定義は、一年以上の雇用期間があればここにカウントされるということなので、非正規雇用を含んでいることに注意したい（これは、すぐ次に見る博士課程修了者の就職についても同じ）。進学でも就職でもないという⑤および⑥に分けられる者は、全体で一四・四％である（④は一・三％）。ところが、この数は、人文・社会科学分野の場合、随分と大きくなるのである。人文科学分野が三二・〇％、社会科学分野が二四・七％であり、工学分野の四・五％、理学分野の七・七％に比べて有意に開きがある。これらの数字は、人文・社会科学分野の修士課程教育のあり方にどのような問題のあることを示しているのだろうか。

もう一つは、就職者がどのような職業に就いたか、である。全体では約八割（七八・一％）が「専門的・技術的職業」（うち教員六・四％＝小・中・高校・大学すべてを含む）に就いている。ここでの人文・社会科学分野の特徴は、その割合が小さいことであり、人文科学分野が四九・八％（教員一五・六％）、社会科学分野が一八・七％（教員三・六％）にとどまっている。ただし、教育学分野は平均より高く八二・五％（教員五九・四％）である。このように、社会科学分野は、就職者の八割以上が通常の事務・販売等に従事しており、修士課程教育が付加価値を生み出していない。工学分野では、九一・五％が、理学分野では七九・三％が専門的・技術的職業に就いていることと対照的である。これらは、前述のこととあわせてみれば、修士課程修了者について、工学・理学分野において、まがりなりにも専門技術者としての社会の受け入れ体制が成立しているのに対して、人文・社会科学分野では、社会との連携に成功していないことを示している。

博士課程修了者の就職（二〇〇七年度九八八五人）については、さすがにその九割以上が専門的・技術的職業に就き、うち教員が二七・七％（大学教員二二・二％）である（文科省の統計には、博士課程修了者について、上で見た修士課程修了者の進路一覧と同様の調査がなく、就職者の進路別調査しかみられない）。ここでも、人文・社会科学分野の特徴がみられる。それは、就職先として大学教員の比率が極めて大きいことである。人文科学分野が四八・四％、社会科学分野が四九・五％、そして教育学分野が五九・九％である。これに対して、工学・理学・農学・保健（医学）分野は、おおむね一三―二〇％の範囲内である。このことは、自然科学系に比して、人文・社会科学の博士修了者の雇用状況が大学教員のポスト数に決定的に依存することを示している。

四年制大学における教員数は、一九九〇年に対して二〇〇六年で約一・三倍に増えている。学部学生と大学院学生を合算した数は、同じ期間に約一・三倍増であるので、ほぼこれにみあっている。ただし、修士・博士の学生数は、上述したように、この間に約二・七倍になっているので、この事情をどうみるかという問題がある。教員数は、国立大学において二〇〇〇年以降、ほぼ横ばいであり、私立大学が教員数の増加を牽引しているという構図である。また、教員の構成は、教授がもっとも多く、助(准)教授、助手(助教)に対して、おおむね、二対一対一の比率となっている(「文部科学統計要覧(平成一九年度版)」)。この構成は、新規参入の若手研究者にとって不利である。

## (3)　人文・社会科学分野におけるキャリアパスの固有性

日本学術会議『科学技術基本計画における重要課題に関する提言』は、上でふれたように、キャリアパスのグランドデザインの必要性を強調した。人文・社会科学分野についてこれを考えようとするとき、すぐに気がつく問題のいくつかを、ここでは指摘しておきたい。

科学研究再生産の人的基盤である修士・博士学位取得者の構成比を先進諸国のなかで比較すると(この論点は教育学者の佐藤学氏がすでに指摘している)、日本は、工学・理学・農学・医学が三分の二(六六・五%)を占め、とくに工学の比重が圧倒している(うち三八・七%)。その他、人文芸術系八・九%、社会科学系一一・四%、教育・教員養成系五・六%である。

これに対して、フランスは、もっともバランスがよく、人文芸術系二五・一%、社会科学系三九・二%、自然科学系三四・七%である。アメリカ、イギリスは、社会科学系および教育・教員養成系の比重が大きい(それぞれ人文芸術系一〇・五%、九・六%、社会科学系三五・七%、三五・四%、自然科学系二七・一%、三一・四%、教育・教員養成系二四・五%、二一・二%)。ドイツは、理学と医学の比重が大きい(人文芸術系一〇・

九％、社会科学系一四・七％、理学系二五・九％、医学系三三・〇％、工学系九・〇％など）。これら欧米諸国は、日本とは反対に、共通に工学系の比重が相対的に小さい（文科省「教育指標の国際比較（平成二〇年度版）」）。

このような日本の構造的特徴のもとで、キャリアパスのデザインが一般的に論じられ、制度設計が行われるとすると、そこにおけるバイアスには注意が払われなければならず、人文・社会科学分野の固有性への目配りが求められる。

二〇〇四年度から導入された専門職大学院は、新たな問題を生み出している。現在、一〇二大学で一四〇専攻が設置され、一学年の学生定数は、九六二二人である。専門職大学院は、法科大学院が七四専攻（五八二五人）を占め、ビジネス、会計、公共政策など、社会科学系が中心である。専門職大学院修了者は、修士ないし博士（法科大学院修了者に法務博士号）が与えられるので、上でみた学位取得者のバランスに変化が生じる。これは、社会科学の比重が大きい欧米型への接近の動きとしてとらえられるのかもしれない。

社会科学系においては、専門職大学院の設置を通じて、大学院レベルにおいて研究者養成と専門職養成の二コースが公式の制度として運営されはじめた。これは、大学の研究者と社会の技術者を養成する自然科学系のあり方にコンセプトとして近接するもののようにみえる。しかし、こちらでは、同じコースのなかでの進路の分岐となるが、専門職大学院は別のコースとして設定されるので、研究者養成コースとの競合関係、接合関係が問題となり、あらためて研究者養成コースの位置づけが重要な課題となっている（とくに法学系）。

人文科学系については、研究者のキャリアパスの固有性がとりわけて重視されるべきである。この分野では、たとえば少数民族の言語研究のように、多くの研究者が競争して成果をあげるというのではないが、世代的に研究を継承する研究者が必ず確保されなければならないという研究領域が多く存在している。これらに関しては、トップダウンの政策的誘導が馴染まず、現場の研究者の連携によるキャリアパス作りを可能にする条件整備が求められよう。

### (4) 拠点としての大学の強化

人文・社会科学の研究は、大学を拠点とする。研究者は、大学教員として大学に研究基盤を確保し、競争的環境を与件としながら、研究を遂行する。研究者の再生産もまた、大学において行われる。若手研究者は、大学で研究者として養成され、大学にポストをえることをキャリアパスのもっとも重要なステップと考えている。それゆえ、若手研究者にとっては、大学において大学院教育が充実して行われること、また、大学が将来にポストを提供する場所であることがなによりも肝要である。

すでにふれたように、大学教員数は、一九九〇年以降、学部学生数および大学院学生数にみあう形で増加しているが、大学における大学院機能の拡充に対応する十分なものではなかったのではないか。これは、二つの問題をはらむ。一つは、大学院教育への教員の関わりが十分に確保されないこと、もう一つは、増加する若手研究者にみあう大学教員ポストの提供が十分でないこと、である。若手研究者についてはとくに、研究活動を競争的条件のもとに活性化することが目指されて、科学技術基本計画は、任期制による流動化をたえず強調している。これは、武者修行的プロセスとして理解できるが、そこでも生活保障が配慮される必要があり、また、修行の成果をうけとめて安定した研究基盤を与える体制が準備されなくては、修行を要求するかけ声が空しく響くだけである。

国立大学の法人化は、日本の大学の本来の意味での活性化・充実につながるかどうか、まだバランスシートが示される段階にはない。しかし、現在のところ、法人化が一方で学生にとっての教育、他方で教員にとっての研究に大きな改善をもたらしたという積極的な評価は、難しそうである。法人化した大学は、外部資金を獲得する自由を手に入れたが、資金獲得能力に関して大学間格差は激しくなる。外部資金の獲得は、運営費交付金の逓減政策によってまったなしに強いられる。教員は、資金獲得のための申請書つくり、評価を受けるための準備作業など、教育研究以外に多くの時間を消費させられる。なるほど競争は進んだが、それが教育研究の質をどれだけ向上させているのかは、競争している教員自らおそらく確信をもてないでいる。

こうした大学の現状をみすえて大学の質的強化を進めることが、若手研究者問題に対応する基本に据えられねばならない。そのためには、もはや言いつくされたことであるが、日本の高等教育への公財政支出を増大することが不可欠である。教育費の国際比較は、公財政の出動において日本が大きく遅れていることを明らかにしている。高等教育への公的支出を、現在のGDP比の〇・五％から、他の先進国なみの一％に拡大すること、これが事態の打開への基本的方策である。日本学術会議第一部では、人文・社会科学分野での若手研究者の育成についてより立ち入った検討を進めているところである

『学術の動向』二〇〇八年九月号の特集「若手研究者の育成」に掲載

# 資　料

## 東京大学憲章

### 前　文

二一世紀に入り、人類は、国家を超えた地球大の交わりが飛躍的に強まる時代を迎えている。

日本もまた、世界に自らを開きつつ、その特質を発揮して人類文明に貢献することが求められている。東京大学は、この新しい世紀に際して、世界の公共性に奉仕する大学として、文字どおり「世界の東京大学」となることが、日本国民からの付託に応えて日本社会に寄与する道であるとの確信に立ち、国籍、民族、言語等のあらゆる境を超えた人類普遍の真理と真実を追究し、世界の平和と人類の福祉、人類と自然の共存、安全な環境の創造、諸地域の均衡のとれた持続的な発展、科学・技術の進歩、および文化の批判的継承と創造に、その教育・研究を通じて貢献することを、あらためて決意する。この使命の達成に向けて新しい時代を切り拓こうとするこの時、東京大学は、その依って立つべき理念と目標を明らかにするために、東京大学憲章を制定する。

東京大学は、一八七七年に創設された、日本で最も長い歴史をもつ大学であり、日本を代表する大学として、近代日本国家の発展に貢献してきた。第二次世界大戦後の一九四九年、日本国憲法の下での教育改革に際し、それまでの歴史から学び、負の遺産を清算して平和的、民主的な国家社会の形成に寄与する新制大学として再出発を期して以来、東京大学は、社会の要請に応え、科学・技術の飛躍的な展開に寄与しながら、先進的に教育・研究の体制を構築し、改革を進めることに努めてきた。

今、東京大学は、創立期、戦後改革の時代につぐ、国立大学法人化を伴う第三の大きな展開期を迎え、より自由にして自律性を発揮することができる新たな地位を求めている。これとともに、東京大学は、これまでの蓄積をふまえつつ、世界的な水準での学問研究の牽引力であること、あわせて公正な社会の実現、科学・技術の進歩と文化の創造に貢献する、世界的視野をもった市民的エリートが育つ場であることをあらためて目指す。ここにおいて、教職員が一体となって大学の運営に力を発揮できるようにすることは、東京大学の新たな飛躍にとって必須の課題である。

大学は、人間の可能性の限りない発展に対してたえず開かれた構造をもつべき学術の根源的性格に由来して、その自由と自律性を必要としている。同時に科学・技術のめざましい進展は、それ自体として高度の倫理性と社会性をその担い手に求めている。また、知があらゆる領域で決定的な意味をもつ社会の到来により、大学外における知を創造する場との連携は、大学における教育・研究の発展にますます大きな意味をもちつつある。このような観点から、東京大学は、その自治と自律を希求するとともに、世界に向かって自らを開き、その研究成果を積極的に社会に還元しつつ、同時に社会の要請に応える研究活動を創造して、大学と社会の双方向的な連携を推進する。

東京大学は、国民と社会から付託された資源を最も有効に活用し、たえず自己革新を行って、世界的水準の教育・研究を実現していくために、大学としての自己決定を重視するとともに、その決定と実践を厳しい社会の評価にさらさなければならない。東京大学は、自らへの評価と批判を願って活動の全容を公開し、広く世界の要請に的確に対応して、自らを変え、また、所与のシステムを変革する発展経路を弛むことなく追求し、世界における学術と知の創造・交流そして発展に貢献する。

東京大学は、その組織と活動における国際性を高め、世界の諸地域を深く理解し、また、真理と平和を希求する教育・研究を促進する。東京大学は、自らがアジアに位置する日本の大学であることを不断に自覚し、日本に蓄積された学問研究の特質を活かしてアジアとの連携をいっそう強め、世界諸地域との相互交流を推進する。

東京大学は、構成員の多様性が本質的に重要な意味をもつことを認識し、すべての構成員が国籍、性別、年齢、言語、宗教、政治上その他の意見、出身、財産、門地その他の地位、婚姻上の地位、家庭における地位、障害、疾患、経歴等の事由によって差別されることのないことを保障し、広く大学の活動に参画する機会をもつことができるように努める。

日本と世界の未来を担う世代のために、また真理への志をもつ人々のために、最善の条件と環境を用意し、世界に開かれ、かつ、差別から自由な知的探求の空間を構築することは、東京大学としての喜びに満ちた仕事である。ここに知の共同体としての東京大学は、自らに与えられた使命と課題を達成するために、以下に定める東京大学憲章に依り、すべての構成員の力をあわせて前進することを誓う。

## I　学　術

1（学術の基本目標）

東京大学は、学問の自由に基づき、真理の探究と知の創造を求め、世界最高水準の教育・研究を維持・発展させることを目標とする。研究が社会に及ぼす影響を深く自覚し、社会のダイナミズムに対応して広く社会との連携を確保し、人類の発展に貢献することに努める。東京大学は、創立以来の学問的蓄積を教育によって社会に還元するとともに、国際的に教育・研究を展開し、世界と交流する。

2（教育の目標）

東京大学は、東京大学で学ぶに相応しい資質を有するすべての者に門戸を開き、広い視野を有するとともに高度の専門的知識と理解力、洞察力、実践力、想像力を兼ね備え、かつ、国際性と開拓者的精神をもった、各分野の指導的人格を養成する。このために東京大学は、学生の個性と学習する権利を尊重しつつ、世界最高水準の教育を追求する。

3（教育システム）
東京大学は、学部教育において、幅広いリベラル・アーツ教育を基礎とし、多様な専門教育と有機的に結合する柔軟なシステムを実現し、かつ、その弛まぬ改善に努める。大学院教育においては、多様な専門分野に展開する研究科、附置研究所等を有する総合大学の特性を活かし、研究者および高度専門職業人の養成のために広範な高度専門教育システムを実現する。東京大学の教員は、それぞれの学術分野における第一線の研究者として、その経験と実績を体系的に教育に反映するものとする。また、東京大学は、すべての学生に最善の学習環境を提供し、学ぶことへの障壁を除去するため、人的かつ経済的な支援体制を整備することに努める。

4（教育評価）
東京大学は、学生の学習活動に対して世界最高水準の教育を目指す立場から、厳格にして適切な成績評価を行う。東京大学は、教員の教育活動および広く教育の諸条件について自ら点検するとともに、学生および適切な第三者からの評価を受け、その評価を教育目標の達成に速やかに反映させる。

5（教育の国際化と社会連携）
東京大学は、世界に開かれた大学として、世界の諸地域から学生および教員を迎え入れるとともに、東京大学の学生および教員を世界に送り出し、教育における国際的ネットワークを構築する。東京大学は、学術の発展に寄与する者を養成するとともに、高度専門職業教育や社会人再教育など社会の要請に応じて社会と連携する教育を積極的に進める。

6（研究の理念）
東京大学は、真理を探究し、知を創造しようとする構成員の多様にして、自主的かつ創造的な研究活動を尊び、世界最高水準の研究を追求する。東京大学は、研究が人類の平和と福祉の発展に資するべきものであることを認識し、研究の方法および内容をたえず自省する。東京大学は、研究活動を自ら点検し、これを社会に開示するとともに、適切な第三者からの評価を受け、説明責任を果たす。

7（研究の多様性）
東京大学は、研究の体系化と継承を尊重しつつ学問分野の発展を目指すとともに、萌芽的な研究や未踏の研究分野の開拓に積極的に取り組む。また、東京大学は、広い分野にまたがった学際的な研究課題に対して、総合大学の特性を活かして組織および個人の多様な関わりを作り出し、学の融合を通じて新たな学問分野の創造を目指す。

8（研究の連携）
東京大学は、社会・経済のダイナミックな変動に対応できるように組織の柔軟性を保持し、大学を超えて外部の知的生産と協働する。また、東京大学は、研究の連携を大学や国境を超えて発展させ、世界を視野に入れたネットワーク型研究の牽引車の役割を果たす。

9（研究成果の社会還元）
東京大学は、研究成果を社会に還元するについて、成果を短絡的に求めるのではなく、永続的、普遍的な学術の体系化に繋げることを目指し、また、社会と連携する研究を基礎研究に反映させる。東京大学は、教育を通じて研究成果を社会に還元するため、最先端の研究成果を教育に活かすとともに、これによって次の世代の研究者を育成する。

## Ⅱ 組織

10（基本理念としての大学の自治）
東京大学は、大学の自治が、いかなる利害からも自由に知の創造と発展を通じて広く人類社会へ貢献するため、国民からとくに付託されたものであることを自覚し、不断の自己点検に努めるとともに、付託に伴う責務を自律的に果たす。

11（総長の統括と責務）
東京大学は、総長の統括と責任の下に、教育・研究および経営の両面にわたって構成員の円滑かつ総合的な合意形成に配慮しつつ、効果的かつ機動的な運営を目指す。東京大学は、広く社会の多様な意見をその運営に反映させるよう努める。

12（大学の構成員の責務）
東京大学を構成する教職員および学生は、その役割と活動領域に応じて、運営への参画の機会を有するとともに、それぞれの責任を自覚し、東京大学の目標の達成に努める。

13（基本組織の自治と責務）
東京大学の学部、研究科、附置研究所等は、自律的運営の基本組織として大学全体の運営に対する参画の機会を公平に有するとともに、全学の教育・研究体制の発展を目的とする根本的自己変革の可能性を含め、総合大学としての視野に立った大学運営に積極的に参与する責務を負う。

14（人事の自律性）
大学の自治の根幹が人事の自律性にあることにかんがみ、総長、副学長、学部長、研究科長、研究所長および教員ならびに職員等の人事は、東京大学自身が、公正な評価に基づき、自律的にこれを行う。基本組織の長および教員の人事は、各基本組織の議を経て、これを行う。

## Ⅲ 運営

15（運営の基本目標）
東京大学は、国民から付託された資源を、計画的かつ適切に活用することによって、世界最高水準の教育・研究を維持・発展させ、その成果を社会へ還元する。そのために公正で透明な意思決定による財務計画のもとで、教育・研究環境ならびに学術情報および医療提供の体制の整備を図る。

16（財務の基本構造）
東京大学は、その教育・研究活動を支え、発展させるために必要な基盤的経費および施設整備の維持拡充を可能とする経費が国民から付託されたものであることを自覚し、この資源を適正に管理し、かつ、最大限有効に活用するとともに、大学の本来の使命に背馳しない限りにおいて、特定の教育・研究上の必要に応じて、国、公共団体、公益団体、民間企業および個人からの外部資金を積極的に受け入れる。

17（教育・研究環境の整備）
東京大学は、教育・研究活動の発展と変化に柔軟に対応しつつ、常に全学的な視点から、教育・研究活動を促進し、構成員の福利を充実するために、各キャンパスの土地利用と施設整備を図る。また、心身の健康支援、バリアフリーのための人的・物的支援、安全・衛生の確保、ならびに環境および景観の保全など、構成員のために教育・研究環境の整備を行うとともに、地域社会の一員としての守るべき責務を果たす。

18（学術情報と情報公開）
東京大学は、図書館等の情報関連施設を全学的視点で整備し、教育・研究活動に必要な学術情報を体系的に収集、保存、整理し、構成員に対して、その必要に応じた適正な配慮の下に、等しく情報の利用手段を保障し、また広く社会に発信することに努める。東京大学は、自らの保有する情報を積極的に公開し、情報の利用に関しては、高い倫理規範を自らに課すとともに、個人情報の保護を図る。

19（基本的人権の尊重）
東京大学は、基本的人権を尊重し、国籍、信条、性別、障害、門地等の事由による不当な差別と抑圧を排除するとともに、すべての構成員がその個性と能力を十全に発揮しうるよう、公正な教育・研究・労働環境の整備を図る。東京大学は、男女が均等に大学運営の責任を担う共同参画の実現を図る。

## Ⅳ　憲章の意義

20（憲章の意義）
本憲章は、東京大学の組織・運営に関する基本原則であり、東京大学に関する法令の規定は、本憲章に基づいてこれを解釈し、運用するようにしなければならない。

## Ⅴ　憲章の改正

21（憲章の改正）
本憲章の改正は、別に定める手続により、総長がこれを行う

附　則
この憲章は、平成15年3月18日から施行する。

日本学術会議第二部報告
「法科大学院の創設と法学教育・法学研究の将来像」
平成一七年七月二一日

この報告は、第一九期日本学術会議第二部及び法学政治学教育制度研究連絡委員会の審議結果を取りまとめ発表するものである。

第一九期日本学術会議　第二部
部　長　広渡清吾（東京大学社会科学研究所教授）
副部長　猪口　孝（中央大学法学部教授）
幹　事　岩井宜子（専修大学法科大学院副院長・教授）
幹　事　浜川　清（法政大学法科大学院教授）
会　員　浅倉むつ子（早稲田大学大学院法務研究科教授）
五百旗頭真（神戸大学大学院法学研究科教授）
伊藤　進（明治大学法科大学院長）
岡本三夫（広島修道大学名誉教授）
奥脇直也（東京大学大学院法学政治学研究科教授）
戒能通厚（早稲田大学大学院法務研究科教授）
片岡寛光（早稲田大学名誉教授）
河野正輝（熊本学園大学社会福祉学部教授）
川端　博（明治大学法科大学院・法学部教授）
小島武司（中央大学法学部教授）
櫻田嘉章（京都大学大学院法学研究科教授）
佐々木毅（大学評価・学位授与機構客員教授）
渋谷達紀（早稲田大学大学院法学研究科教授）
嶋津　格（千葉大学法経学部教授）
辻村みよ子（東北大学大学院法学研究科教授）
野上修市（明治大学法学部教授）
藤田勝利（近畿大学法科大学院教授）
町野　朔（上智大学法学研究科教授）
水林　彪（一橋大学大学院法学研究科教授）
宮崎良夫（東京経済大学現代法学部教授）
森　英樹（名古屋大学理事・副学長）
山本吉宣（青山学院大学国際政治経済学部教授）

第一九期法学政治学教育制度研究連絡委員会
委員長　広渡清吾（東京大学社会科学研究所教授）
幹　事　浜川　清（法政大学法科大学院教授）
幹　事　小野耕二（名古屋大学大学院法学研究科教授））
会　員　五百旗頭真（神戸大学大学院法学研究科教授）
伊藤　進（明治大学法科大学院長）
片岡寛光（早稲田大学名誉教授）
河野正輝（熊本学園大学社会福祉学部教授）
川端　博（明治大学法科大学院・法学部教授）
櫻田嘉章（京都大学大学院法学研究科教授）
渋谷達紀（早稲田大学大学院法学研究科教授）

委　員
辻村みよ子(東北大学大学院法学研究科教授)
野上修市(明治大学法学部教授)
山本吉宣(青山学院大学国際政治経済学部教授)
植田信廣(九州大学大学院法学研究院教授)
長谷部恭男(東京大学大学院法学研究科教授)
山本爲三郎(慶応義塾大学法学部教授)
和田　肇(名古屋大学大学院法学研究科教授)

**要　旨**

1　報告書の名称
法科大学院の創設と法学教育・研究の将来像

2　報告書の内容
(1)　作成の背景

日本学術会議第二部は、この数年来の司法改革の重要な柱とされた法科大学院の創設について、かねてより大きな関心を持って審議を進めてきた。第一八期には第二部対外報告として『法学部の将来―法科大学院の設置に関連して』(二〇〇一年五月)および『法科大学院と研究者養成の課題』(二〇〇三年六月)をとりまとめた。法科大学院は、二〇〇四年四月から発足し、全国で六八の法科大学院が開校された。さらに二〇〇五年四月から六校が新たに加わり、現在、総数七四校、学生定員総数五、八二五人の規模で法科大学院は活動している。

第一九期において、第二部は法学政治学教育制度研究連絡委員会を設置し、同委員会を中心に法科大学院が発足した新たな状況をとらえて問題の分析をさらに進めることを課題とした。この間、全国法学部、法学関係学科を対象にアンケート調査を実施して検討のためのデータを集約し、また、公開シンポジウムを開催して関係者との意見交換を行った。これらをふまえて、この度第二部としての対外報告のとりまとめに至ったところである。

(2)　報告の論点

第一に、法科大学院の創設は、司法改革と大学改革の二つの要請に由来し、これは、日本の大学において法曹養成教育が初めて制度的に引き受けられたこと、法曹養成制度において大学の法曹養成教育が不可欠のものと位置づけられた点において、画期的なことであった。しかし、法科大学院制度は、司法試験合格者枠の制約の下で、安定した基盤を獲得しておらず、大きな流動要因を抱えている。第二に、法科大学院の創設は法学部における法学専門教育および研究大学院における法学研究者養成教育とならんで、大学教育の場に新たに法曹養成教育機関を生み出すにも拘わらず、この三者の間の制度的分業関係は、十分に明確にされないままで、法科大学院の発足に至り、この課題が大学の現場に残された。そこで、第三に、この課題に対して、各大学がどのように対応し、あるいは、今後をどのように見通しているかについてアンケート調査の結果や個別大学の報告などを踏まえながら分析し、法学部教育の再構築の方向性、および法科大学院教育と研究者養成大学院の教育の関係をどのように位置づけるかについて、考え方やモデルを考察した上で、将来像と留意すべき方策を提言している。

(3) 提　言

① 法学部の将来像は、これまで社会に対して果たしてきた人材養成の役割および日本社会のリーガル・リテラシーを底支えしてきた役割の基本的意義を自覚しながら、リベラル・アーツ化した法学専門教育ないし再構成されたジェネラリスト教育を基礎に学生の進路選択と社会のニーズに応えることを目標とするという方向において見いだしうる。法学専門教育は、日本社会の求める人材の養成に応えると同時に専門教育の国際的な普遍性と通用性を目指すことが必要である。

② 法学研究大学院の将来像は、法科大学院が研究大学院の博士前期課程を代替しうるかどうかが問題であるが、全部代替型は避けるべきであり、一部代替型および非代替型はそれぞれカリキュラムや研究指導に工夫を行い、法曹資格をもった法学研究者の養成に伴う新しい状況と課題に対応する体制と教員の準備が必要にして不可欠である。また、研究者の縮小再生産の危険性に留意し、選択した制度の見直し・再検討を必要に応じて積極的に進めるべきである。

③ 法科大学院の創設の意義の確認ならびに法学教育および法学研究の新たな構築は、各大学の創意的努力を推進力とする集団的な取り組みのプロセスとして考えられ、日本学術会議はこのプロセスにおいて学術コミュニティーの代表機関として、今後とも俯瞰的、学術的見地から有効、適切な役割を果たす必要がある。

**目　次**　　頁


法科大学院の創設と法学教育・研究の将来像……………1

資　料

I　シンポジウムの講演と報告

1　グローバル化と法――リベラル・アーツとしての法学教育の試み……………26

2　法科大学院の設置と法学部・法学研究科――何が問題なのか……………32

3　我が国における法学部・法学研究科の現状と方向性――学術会議第2部によるアンケートの結果から……42

4　東京経済大学・現代法学部の試み――『法化社会』における法学部教育……………49

5　一橋大学の法学教育と法学研究……………54

6　法科大学院時代における法学教育機関の役割分担・相互関係と法学研究者の養成……………59

7　大学における法学教育の課題――名古屋大学の例を参考にしながら……………65

8　法学部をどうするか……………70

Ⅱ　アンケート集約結果
質問と回答・単純集計と書き込み回答一覧……………76
（以下、資料部分の掲載は省略）

## 1　報告書作成の経緯と目的

日本学術会議第二部は、この数年来の司法改革の重要な柱として構想され、設立された法科大学院について、かねてよりその位置づけ、制度設計とともに新制度の設立が全体の法学教育および研究にどのような影響を及ぼし、どのような問題をうむ可能性があり、それに対していかなる対応が必要であるかについて大きな関心を持って審議を進めてきた。

第一八期には第二部対外報告として『法学部の将来――法科大学院の設置に関連して』（二〇〇一年五月）および『法科大学院と研究者養成の課題』（二〇〇三年六月）をとりまとめた。第一八期の諸報告は、法科大学院の創設の計画段階で、それを見通しつつ問題点を分析することを主眼とした。

法科大学院は、二〇〇四年四月から発足し、全国で六八の法科大学院が開校された。さらに二〇〇五年四月から六校が新たに加わり、現在、総数七四校、学生定員総数五、八二五人の規模で法科大学院は活動している。

第一九期において、第二部は法学政治学教育制度研究連絡委員会を設置し、同委員会を中心に法科大学院の活動が具体的に展開する下で新たな状況をとらえて問題の分析をさらに進めることを課題とした。同委員会は、いわば第二部のワーキンググループ的な役割を務め、この間、全国法学部、法学関係学科を対象にアンケート調査を実施して検討のためのデータを集約し、また、公開シンポジウムを開催して関係者との意見交換を行った。これらをふまえて、この度第二部としての対外報告のとりまとめに至ったところである（本報告の資料としてアンケート調査結果およびシンポジウムの諸報告を収録している。本報告は、資料収録の諸報告を全体にわたって参照しており、個別の引用は行わないことを原則にする）。

法科大学院は、アメリカ合衆国のロースクールを参照しながら、日本版ロースクールとして着想され、法曹養成をもっぱらの目的とする専門職大学院として制度設計が行われた。法科大学院は、司法改革の旗のもとで極めて早いスピードで創設に至ったため、日本学術会議等での問題を指摘する議論があったのみで、全体の法学教育および研究のあり方を見通しながら法科大学院、法学部および法学研究大学院の相互関係をどのように位置づけるかがほとんど顧みられることなく、法科大学院フィーバーが法学界を席巻した。

いま、設置の作業も一段落し、法科大学院の教育が進行し、来年度には最初の修了者の司法試験を迎えることになる。ここであらためて、法科大学院の設立の経緯を振り返り、位置づけ、法科大学院の創設の意義と問題点、その法学部、法学研究大学院との関係および法学教育・研究の将来像について検討し、必要な提案を行うことが本報告書の目的である。

## 2　法科大学院を生みだした二つの改革
### ――司法改革と大学改革

日本のこれまでの法曹養成は、司法試験一本主義と特徴づけることができる。なるほど多くの司法試験受験生は実際に法学部の教育を受けているが、制度上司法試験の受験のためには、大学での法学教育の修了は要件とされておらず、どんな学歴、経歴の持ち主であっても司法試験さえ合格すれば法曹への道が開かれ、法曹養成教育は、司法試験合格後の司法研修所でのトレーニングにもっぱら委ねられた。

司法試験一本主義は、その開放的性格において大きなメリットをもつものであったが、近年において合格者数が極めて限られる司法試験の難関さと相まって、受験者を技術に偏した受験準備に駆り立てる弊害が顕著にみられるようになった。大学法学部は、制度的に司法試験に必須のものでないばかりか、事実上も司法試験にとって役に立つものとみなされなくなり、大多数の受験者が法学部に所属しながら司法試験予備校を利用するというダブル・スクールの現象が一般化してきたのである。

法科大学院制度は、法曹養成のこのような状況を改革すべく、導入されたものである。改革の理念は、それゆえ、法曹養成教育を大学教育のなかに位置づけ、「プロセスとしての法曹養成」（司法試験という「点」が中心になる法曹養成ではなく教育の過程を重要なものとする法曹養成）を行い、この教育の修了をもって国家試験としての司法試験の受験の要件とすることによって、法科大学院は、質の高い法曹を量的にも多く生み出すことを可能にする制度であるとされたのである。

法科大学院の創設は、その理念通りに受け止めるならば、司法試験を最重要の関門とする制度から大学での法曹養成教育を最重点とするものへと日本の法曹養成制度のあり方を転換させるものであり、その限りで画期的なことであった。また、この画期的な転換が極めて早いスピードで準備され実現されたのは、今回の改革が政府の構造改革政策の一環として強力に進められたことに由来している。

法科大学院の創設は、周知のように二つの改革によって後押しされた。一つは司法改革である。司法改革は、事前規制型社会から事後調整型社会への社会の構造改革の受け皿として司法制度を整備することを目的とし、司法制度の人的基盤整備の柱として法曹人口の増員、すなわち質の高い法曹をこれまでよりも大量に養成することが課題とされ、法科大学院は、そのための手段として位置づけられた。もう一つは、大学改革である。少子化による大学入学者数の逓減の長期的傾向を与件としながら、高等教育を社会のニーズにより直接的に応えるものとするために、高等教育の期間の延長および内容の多様化は、大学改革の一つの柱となる。「高度専門職業人の養成」が大学の課題として明確に設定され、そのために「専門職大学院」の制度が一般的に導入されることとなった。法科大学院は、専門職大学院の一つの典型例として、設計された。

司法改革と法科大学院の関係については、内閣の下に設置され二年間の審議を経て司法改革のアジェンダを提案した司法制度改革審議会の最終報告「司法制度改革審議会意見書——21世紀を支える司法制度」（二〇〇一年六月）が明確に示しており、また、専門職大学院および法科大学院の位置づけについては、中央教育審議会答申「大学院における高度専門職業人の養成について」および「法科大学院の設置基準等について」（二〇〇二年八月）が明らかにしている。これらを受けて、法科大学院の設立に関する一連の法制が新設・整備された（二〇〇一年一一月、学校教育法改正、法科大学院と司法試験の連携に関する法律の制定、司法試験法改正、裁判所法改正等、二〇〇三年五月、法科大学院への裁判官及び検察官その他の一般職の国家公務員の派遣に関する法律の制定等）。

念のために付け加えておけば、二〇〇四年度からの専門職大学院制度の導入にともない、それより早く一九九九年度に導入された「専門大学院」として経営、マネージメントなどの分野で発足していた10校は専門職大学院に切り替わり、かつ、新たに一五程度の専門職大学院が公共政策やビジネスの分野を中心に設置された。したがって、専門職大学院としては、法科大学院七四校の他に、これら二五有余校が種々の分野で運営されている。

## 3　日本版ロースクールとしての法科大学院制度の特有性

### (1)　法科大学院と法学部および法学研究大学院との関係

これまでの日本の法曹養成制度は、①国家試験としての司法試験、②合格者の「司法修習生」としての司法研修所における統一研修（裁判官、検察官、弁護士の進路志望によって分けない）、③研修後の二回目の試験、および④二回目試験合格者への法曹資格（裁判官、検察官に任用される資格、弁護士として登録する資格）の賦与（不合格は例外的にとどまる）という要素から成り立っていた。法科大学院の設立によって、①の部分は、①—1法科大学院における教育の修了、①—2修了を受験資格とする司法試験という形に改革される。

日本の従来の方式は、以上の四要素において、ドイツの方式と相似していた。ただし、ドイツの方式は、大学法学部での法学履修が要件であり、この点で日本と異なっていた。というより、大学の法学履修を法曹養成の必須の要素としないこれまでの日本の方式が、欧米諸国と異なる独特のものであったのである。

法科大学院の修了を司法試験の受験資格とすることで、日本は欧米並みになったのであるが、大学における法曹養成教育を「大学院」レベルで行うことにした点で、ドイツ型ではなく、アメリカ型となった。アメリカの方式では、カレッジで四年の大学教育を修了し、ロースクールに入学し、修了後、州毎に実施される司法試験（国家試験ではなく全米法曹協会による試験）に合格すれば法曹資格が与えられ、研修はそれぞれの進路において実務に携わりつつ行われる。

これまでの日本に特有の問題は、大学での法学履修を制度上法曹養成の必須の要素としてこなかったこと（法曹養成を法学教育の目的として制度的に位置づけなかったこと）であるが、専門職大学院としての法科大学院の設置によって、それは次の二つの新しい特有性に切り替わることになった。一つは、大学のなかに法曹養成機関としての法科大学院とならんで、法学専門教育機関としての法学部が並存するということである。もう一つは、大学院レベルに法曹養成機関と法学研究者養成機関が並存することになるということである。アメリカのロースクールは professional school であり、研究者養成のための大学院 graduate school と明確に区別されている。

このような事情のゆえに、アメリカのロースクールを参照しつつ、日本の大学で法曹養成教育を制度化するためには、とくに法学部との関係が制度的にクリアすべき重要な問題として最初から存在したのである。「日本版ロースクール」の設立が改革論として議論されはじめた際、アメリカ型により忠実な改革案はロースクールの導入に伴って法学部を従来の専門学部からリベラル・アーツ型学部に切り替えるべきことを主張し、これに対して日本型を重視する改革案は、法学部の後期教育課程と大学院修士レベルの教育課程の二段階を結合して法曹養成教育を行うモデルを提案した。この日本型重視案は、法学部専門教育の存在を当然の（不可欠の）前提とするところにおいて文字通り日本型ロースクールの提案であった。

司法制度改革審議会の最終報告書（以下、司法審意見書）は、日本型重視案をとらずに、法科大学院の入学資格に法学部教育の修了を要件としないアメリカ型の考え方を採用した。その上で、「法学部教育の将来像」および法科大学院と法学研究大学院の関係については、ごく簡明に次のように言及するに止まっているが、その指摘するポイントは今後を左右する重要な内容をもっていると考えられる。

法科大学院導入後の法学部教育については、法学部が従来「法曹以外にも社会の様々な分野に人材を輩出しており、その機能は（今後も）基本的に変わりはな」く、「それぞれの大学が特色を発揮し、独自性を競い合う中で、全体としての活性化が期待される」とし、やや具体的には「法科大学院との役割分担を工夫する」、「法学基礎教育をベースとしつつたとえば『副専攻制』の採用等により幅広い教育を目指す」、また成績優秀者の「飛び級」による早期修了等を提示している。

法科大学院と研究者養成大学院との関係は、法科大学院の教員組織に関連して触れられるにすぎないが、そこでは「法科大学院は法曹養成に特化した大学院であり、研究後継者養成型の大学院（法学研究科ないし専攻）と形式的には両立する」が、「内容的にはこれらと連携して充実した教育研究が行われることが望まし」く、また「法科大学院の教員は、将来的には、少なくとも実定法科目担当者については、法曹資格を持つことが期待される」と述べられている。

## (2) 成立した法科大学院制度の位置づけ

成立した法科大学院の制度は、法学部とロースクールとの制度的連携関係を原則として否定するものであり、アメリカ型により近い考え方が採用された。

法科大学院は、一般に学部卒業を入学の要件とするが、法学部の卒業は要件とされず、法学未修者を予定した三年の履修期間を原則とするものとしてカリキュラムが構成される。それゆえまた、法科大学院の入学試験は、法学の事前履修を必要としない「適性試験」とされる。ただし、法学部を卒業し法学既修者として出願する者には、法律試験科目を課すことができ、この者には法科大学院の履修期間を二年とすることができるとされた。設置基準では入学者の多様性を確保するために法学部・法学科以外の出身者や社会人等を一定の割合で入学させるなど必要な措置を講じるべきものとされている。実際の法科大学院学生の未修者、既修者の分布について、法科大学院毎に異なり、大規模校には未修者一に対して既修者二の割合のところもあるが、未修者が大半で既修者が極めて少数である法科大学院も相当に広がっており、法科大学院全体ではほぼ六割が未修者となっている。

このように制度の原則において法学部専門教育と法科大学院の連接関係を否定しながら、実態においてなお法学部専門教育を予定するという法科大学院の運用は、大学の現場での法科大学院と法学部教育の関係を一層流動的なものとして残すことになった。

その他の論点については、司法試験のあり方が重要である。第一に、司法試験の受験資格は法科大学院修了者に限られるが、現行司法試験が過渡期に存続し（二〇一〇年まで）、その後は「予備試験制度」が導入され、同試験の合格者には法科大学院の修了資格なしに司法試験の受験資格が与えられる。第二に、司法試験は、純粋な資格試験として一定の能力の認定が行われるものではなく、合格者枠が限定される競争試験としてこれまで通りに運営される。司法審意見書は、司法試験合格者数を徐々に増員し「平成二二（二〇一〇）年ころには新司法試験の合格者数を三、〇〇〇人程度にすることを目指すべきである」としている。法務省司法試験委員会は、司法審意見書のこうした見通しを背景に、合格者枠について、二〇〇四年度合格者数は約一、五〇〇名であり、二〇〇五年度もほぼ同数が見込まれ、二〇〇六年度には新司法試験で九〇〇―一、一〇〇名、旧試験で五〇〇―六〇〇名、二〇〇七年度には新司法試験で〇六年度の二倍程度、旧試験で三〇〇名程度とするという見解を示している（「併行実施期間中の新旧司法試験合格者数について」平成一七年二月二八日司法試験委員会）。法科大学院の現在の総定員数は六、〇〇〇人弱であるから、三、〇〇〇人への合格者枠の拡大があっても、「法科大学院では、その課程を修了した者のうち相当程度（例えば約七―八割）の者が……新司法試験に合格できるよう、充実した教育を行うべきである」という司法審意見書の見通しは、すでに大きく揺らいでいる。第三に、法科大学院修了者は、法務博士の学位を授与されると同時に司法試験受験資格を得るが、この資格はその取得から五年間に三回までの受験を認めるものであり、永久資格ではなく、限定されたものである。

司法試験における合格者枠問題は、全体としての法科大学院の存立に関わる問題として受け止められている。合格者数は七四法科大学院に均等化するとは考えられず、一定数の有力法科大学院への集中も予測され、法科大学院間の合格者数格差が個々の法科大学院の経営を大きく左右することがすでに危惧されている。また、実際に合格率の低さが明確になるなかで、創設から二年目の法科大学院志願者数は、全体として大きく減少した。法務博士号をもった司法試験浪人の社会的処遇をどうすべきか、あるいは司法試験の合格可能性を基準にして法科大学院の修了認定を厳しくすれば法務博士号も取得させることができないという問題をどうするか、といった議論が現実味を帯びて語られる状況がある。

このように法科大学院の創設は、今のところ安定した基盤を獲得したとはいえない。合格者枠の制約の下では、法科大学院が法曹養成に純化した教育機関に止まりえず、より幅の広い高度専門職業人の養成に目的を拡大することも想定できないわけではない。こうした場合、法学部専門教育との関係も一層複雑化するであろう。法科大学院制度は、大きな流動的要因を抱えていると言わなければならない。

### (3) 教育制度としての専門職大学院の位置づけ

法科大学院は、専門職大学院の一類型として創設された。専門職大学院は、高度専門職業人養成を任務とするものであり、既存の研究者養成大学院と区別される。これは一応明確な区別であるとして、学部も専門学部として専門職業人を養成する機能をもつはずであるとすれば、学部との違いはなんであるかが問題となる。

法律家とならんで社会的に専門家の代表とみなされる医師は、医学部で養成される。獣医師は農学部で、歯科医師は歯学部でそれぞれ養成される。これらの学部は、養成対象の専門性の高さから修学期限が通常の学部の四年ではなく六年とされている。アメリカのプロフェッショナル・スクールの代表的なものには、ロースクールとならんでメディカルスクールがある。日本では医学部六年で医師を養成するのであるから、法曹養成を六年制の法学部で行うということが制度的な選択肢としてはありえないわけではなかった（もちろん、すべての法学部が六年制になるわけではない）。近年薬剤師の養成制度の改革が議論され、専門職大学院制度の導入後であったにもかかわらず、薬剤師養成の専門職大学院の設置ではなく、薬学部を六年制に切り替えることが決定された。学部と専門職大学院の役割分担は、このように必ずしも制度の上で原理的に明確であるというわけではない。

教育学者の天野郁夫氏は、専門職大学院制度が日本の高等教育制度において専門職業教育をどのように行うのかという戦後教育改革以来の課題を明確に整理しないままに、司法改革の圧力の下で「法科大学院構想の登場にいわば強いられる形で出現したものである」と評している。天野氏によれば、専門職業教育は、専門学部、工学系に見られるような形で研究大学院修士課程、大学卒業者を対象にした専修学校などで行われており、専門職大学院の創設は、本来これらを整理するよい機会でありえたというのである。また、法科大学院の修了によって「法務博士」が与えられるが、これも他の博士号授与要件との不均衡があり、専門職学位一般への十分な検討なしに、法科大学院構想が優先したものと批判される（天野郁夫「専門職大学院の発足」『学術の動向』二〇〇四年三月号一〇–一三頁）。

天野氏の専門職大学院の位置づけについての批判は、法科大学院が法学部および法学研究者養成のための大学院（以下、法学研究大学院）とどのような関係に立つのかという問題を具体的に法学教育・法学研究の領域に即して検討することによって受け止めなければならないであろう。

## 4　法科大学院と法学部の関係

### (1)　法学部の動向

全国で一〇〇を超える法学部・法律学科等は、毎年四万五、〇〇〇名程度の法学士を送り出している。七四の法科大学院の学生定員の総数は六、〇〇〇名弱である。法科大学院は、法学を履修していない者も入学できる。それをカウントすると、おおまかにいって法学士の九割程度は法曹とはちがった進路を選択することになる。

もともと、戦後の大学法学部は一般的にいえば、法曹養成を一つの要素に含みながらも多様な社会的進路を想定して十分なリーガル・リテラシーを備えたジェネラリストを送り出すことを教育目標にしてきたと思われる。

法学部について今生じている事態は、まず全体としての流動状況である。日本学術会議第二部が二〇〇四年一二月に実施した「法学部教育の今後のあり方に関するアンケート」（以下、「法学部アンケート」、詳細は資料アンケート結果および小野耕二報告参照）は、七六法学部および一五の法学教育を行っている学科（経済法学科、企業法学科等）の計九一機関（両者をあわせて以下「法学部等」とする）から回答を集約した（アンケート発送先は一一九機関）。

これによると、法科大学院をすでに設置し、または設置を計画している大学は七三・六％であり、法科大学院以外の専門職大学院（公共政策大学院等）を設置し、設置を計画している大学は二二・〇％である。この関わりで法学部等の半数については、学生定員の変化が生じ、または計画されている（「減少した」が二五・三％、「増加した」が五・五％、「検討する・検討中」が一七・六％）。

法科大学院は、学生一五名あたり一名の専任教員の確保を設置要件として求められている。また、専任教員のうち二割程度は実務家教員（五年以上の実務経験のある者）であることも設置基準で要求されており、これらは現在の大学教員以外の弁護士・裁判官・検察官等の現職あるいは経験者から採用されている。一学年の学生定員六、〇〇〇人として、三年の未修者と二年の既修者の割合を未修者六割の現状で計算すれば、総学生数は一万五、六〇〇人となり、これに対応する専任教員数は一、〇四〇人である。このうち二割程度の実務家教員はまったく新規にまかなうとしても、八三〇人ほどの法科大学院の専任教員は、法学部から法科大学院への教員の移動によってまかなわれる。教員集団の大幅な流動化が生じており、また、設置後一〇年間については、専任教員数の三分の一が学部等との兼任を認められる要件緩和措置があるので、多くの教員は二重化した仕事を抱え込んでいる。学生定員数を減らした法学部等が四分の一ほど見られるのは、教員の加重負担をあらかじめ想定してのものと考えられる。

こうした状況の中で、各大学からの報告によれば教員が学期中は全く研究ができないという事態が指摘されている。また、学部の専任教員が逆に不足し、学部について十分なカリキュラムが組めないという事態も報告されている。兼任を認める一〇年間の特例がなくなる段階では、法科大学院および法学部への専任の割り振りが最終的に確定されねばならず、状況は一段と厳しくなり、いずれにしても双方でかなりの数の新たな専任教員の採用が必要となろう。教員の負担の増大と教員の供給の必要性（現在の段階では教員確保の困難性）が、流動的な状況のなかで明らかに示されている。

## (2) 法科大学院設置後の法学部教育の位置づけ

### (2)―1 大勢としての法学部の存続と改革

司法審意見書は、法学部の存在意義をこれまで通りに承認した上で、その活性化を図る方策の検討を課題として示していた。法学部アンケートによれば、法学部の今後の見通しについて、「廃止することがありうる」の選択肢はゼロ回答であり、「役割を見直し、法学部の枠組みを堅持しつつも、新しいあり方で発展させる必要がある」が最も多く、六五・九％であり、それに「現状のままで存続する」二四・二％、が続き、「当面このまま存続するが、将来文系他学部との統合・再編がありうる」が、五・五％である。「その他」の回答には個別の意見が示されているが、「法科大学院未修者の実績如何では法学部の枠組みの変更が考えられる」、「法学部でない学部の法学系なので将来廃止もありうる」、「他学部との交流を深める」という内容であり、制度改変の可能性を示唆している。

このようにみると、法学部は大勢としては存続し、新しい発展が模索されるが、学部統合や学科廃止などの制度変更に向かうものも一定数あるということが確認できる。このなかで、カリキュラムや履修方法を法科大学院の設置に伴いすでに変更したところが五三・八％、変更を検討するとするところが二七・五％あり、八割程度の法学部等が改革を志向しており、検討する予定もないと回答したところは一五・四％に止まる。

### (2)―2 方向付けの具体的諸例

それでは、具体的にどのような法学部教育の新たな方向付けがありうるだろうか。想定可能な方向性を個別に列挙してみよう（資料・伊藤進報告参照）。

第一に「教養教育へのシフト」である。一九九八年の大学審議会答申「21世紀の大学像と今後の改革方策について」は、一般的に学部教育の理念として「課題探求能力」の育成を示し、そのために教養教育の重視を指摘している。ただし、それは「専門基礎教育」を相伴うものとして位置づけられており、専門学部のリベラル・アーツ化を意味するものではない。それゆえ、法学部での「教養教育へのシフト」も、アメリカ型ロースクールと抱き合わせの法学部のリベラル・アーツ学部化を意味するのではなく、法的素養を中心とした教養教育、法学教養教育として理解するべきである。その教育内容をどうするかは今後の課題であるが、資料に収録した「法のグローバル化」についての講演（村上淳一）は、その一つの試みである。

大学における専門教育と教養教育の関係をどのように考えるか、そこにおいて専門学部の編制のあり方をどう考えるかは、高度専門職業人の養成が大学の目的とされることによって、より根本的な問題となっているのであり（資料・猪口孝報告参照）、このことには留意されなければならない。

第二に、「法学基礎教育重視」である。司法審意見書も「法学基礎教育」というコンセプトに言及している。これまでの法学部教育は制度的には法曹養成に連結しないにも拘わらず、そのニーズにも応えようとして法曹養成に必要な実定法解釈を中心に教育を行ってきた。法科大学院の設置は法学部教育をそのような拘束から解放するので、そこでは、法学基礎教育として、たとえば「法とは何か」を歴史的、哲学的、社会学的、また比較法的に、さらには「法と経済学」の視角等も含めて十分に教育し、その上で実定法の体系と基本構造を理解させるという法学教育の新しい在り方を展望することができよう。こうした見通しの下では、現在の法学部の多くが多様な専門科目を多数配置している現状を基本的な科目群に再編するという方向が考えられる。

第三に、「法的ジェネラリスト教育」である。法科大学院が法曹としてのプロフェッショナル教育を行うことに対比して、より幅の広い法的知識と法的思考能力を身に付けさせ管理的業務に適合的な人材を養成するというのが、ここで目指されるものである。この教育内容は、従来の法学部教育から法曹養成に関わるものを除外して再構成することになるので、第二の法学基礎教育重視に重なるのではないかと考えられる。

第四に、「副専攻制の導入による法専門職業的教育」である。これは、学生の多様な進路に対応するために、法学専門教育とともに、隣接関連領域を副専攻として認め、より幅の広い、しかし、焦点を明確にした教育を行うというものである。ここでは、社会的な進路を想定しつつ、どのような領域にまで選択の幅を認めるか、それが拡散することがないか等が問題となりうる。

第五に、「準法曹養成教育」および「法律職公務員等養成教育」である。これらは、卒業後の社会的進路として具体的に準法曹（司法書士、弁理士、税理士、行政書士等）や法律職公務員（国家公務員・地方公務員）を想定し、コース制などを使ってそれに向けて特化した教育を行うものである。この場合、こうした特化した教育方式が専門予備校的な教育に陥る危険性がないかどうかが問題となる。

### (2)―3　アンケート結果の内容

「法学部アンケート」をみると、これからの「法学部の教育目標」については、①「主として学生の多様な進路に応じた専門職業的な教育を目指す」が三五・二％でもっとも多い。これは上記の第四、第五のパターンをイメージするものとして整理できよう。次に多いのは②「主としてジェネラリストを養成する法学専門教育を目指す」が二二・〇％であり、これは上記第三のパターンに対応する。さらに③「主として法学部色を薄めリベラル・アーツ的な教育を志向する」が六・六％であり、上記第一、第二のパターンに対応する。

この他、分類されえない個別の意見が一三・二％ある。個別意見をみると、「法学部の教育目標」に関する設問が複数回答を認めていないので、①と②に対応するコースをそれぞれ設けて専門職業的な教育とジェネラリスト教育の双方を目指す、また、加えて③も目指すという複数回答にあたるものがほとんどである。このようにみれば、教育目標の選択肢は、ほぼ①―③に集約できるが、このどれかにターゲットを絞るか、あるいは、これらを並行的に目標とするか、というもう一つのバリエーションがあることが分かる。また、個別意見には、「リーガル・リテラシー」（法情報の読み書き、活用能力）を教育目標として明確に示すものもある（リーガル・リテラシーについては資料・島田和夫報告参照）。なお、まだ「検討中」が一四・三％ある。

法科大学院設置にともなって法学部のカリキュラムや履修方法の変更が行われた場合について、その具体的な内容も、新たな教育目標の選択に対応した状況を示している。もっとも多いのは、「コース制の導入等によって必修等の枠を強め、学生の進路をより考慮した教育を行う」であり、三六・三％である。これは、いわばターゲットオリエンテッドな専門職業教育を志向するものである。これに対して、「学生の選択の自由をこれまでよりも拡大する」の二〇・九％や「法学の基礎的科目や教養教育・隣接科目の割合を増大させる」の二四・二％は、法学基礎教育やリベラル・アーツ型法学教育をより志向するものとして見ることができる。開設科目数は、これまでよりも「精選し、減らす」が三四・二％であるのに対して、「多様化し、増やす」は二二・一％であり、これまでの法学部カリキュラム改革がおおむね科目の豊富化、多様化に向かうものであったのに対し、逆のトレンドが見られるようである。

カリキュラムの変更は、教養教育の見直しにも及んでいる。法科大学院の設置に伴って教養教育の見直しをすでに行ったところが一五・四％、検討中又は検討する予定が三五・二％であり、あわせると半数以上になる。見直しの内容は、一律ではなく、「専門科目を増やして、教養科目を減らす方向」が七・七％、逆に「教養科目を増やして、専門科目を減らす方向」が四・四％、あとの三四・七％の見直しの方向は、個別に様々に回答されている。このような教養教育の見直しが、法学部の教育目標の見直しと連動していることは、いうまでもないであろう。なお、調査時点での教養（一般）教育と専門教育の関係は、「一、二年次で教養科目を履修し、その後に専門科目を履修するのが基本であるが、専門科目の一部が一、二年次に入り、逆に高年次でも教養科目が履修できる」とする制度を八九・〇％の法学部等が採用している。一、二年次に教養科目の履修を限定するところは二・三％、逆に年次配当がなく学生の自由な選択に委ねるところが五・五％である。

注目すべきことは、法学部において「法科大学院の進学を希望する学生のために特別の対策を採っているか」という設問に対して、「採っている（または採る予定がある）」という回答が四七・三％でほぼ半数に近いことである。回答の母集団を、法科大学院を設置している大学の法学部に限ればこの比率は、もっと大きくなる（六〇％を超える）。多くの場合、その対策とは「法科大学院進学を見据えた法曹養成コース」や「特別選抜クラス」の設置という形で示されている。それゆえ、法学部教育の方向付けのなかには、上記五つの他に、第六として、「法科大学院準備教育」というパターンも加えておかなければならない。この第六のパターンは、法学部教育の方向付けであると同時に、法科大学院のあり方に係わるものとなりうる（既修者の入学割合、既修者の教育内容等）。

### (3)　法学部の将来像

以上の検討を踏まえると、現在の流動的な状況の中で、法学部の将来像をめぐっては、二つの軸と二つの論点が存在する。

第一の軸は、多様な社会的進路に応じて、より目的適合的な専門職業教育を行うことである。ここでは、法曹以外のいわゆる隣接のリーガル・プロフェションの資格取得、企業内法務、公務員などの進路に応じた教育を提供することが目標とされる。その場合、コース制などの採用によってより選択の自由度の小さいカリキュラムを提供するか、あるいは、科目選択のオリエンテーション程度にとどめて学生の選択の自由に委ねるかなど、方法は分かれうる。

第二の軸は、これまでの法学専門教育をより「リベラル・アーツ」化した教育を行うことである。ここでは、「法学基礎教育」、「法学教養教育」というコンセプトで整理できるようなカリキュラムが必要とされる。実定法に関する解釈学的教育は、基本的なものにとどめ、法学と社会諸科学との連携を重視し、法というものに対する基礎的な認識と理解を深め基本的な法知識を取得させることが目標とされるであろう。カリキュラムについては、基礎教育であるがゆえに一定の必修の枠が確保され、他方で自由度を高めて他学部の講義の受講と単位認定を幅広く認めることなども考えられよう。

さて、第一の論点は、法曹（法科大学院）準備教育の位置づけである。法科大学院履修の原則型は、未修者三年コースであるが、実際に法科大学院学生の半数程度は、既修者となっている。この事態を法学部の将来像を考える上でどこまで与件とするかは問題であるが、さしあたりこの事態を法学部としては現実的に受け止めるとすれば、第一の軸の一つのバリエーションとして法科大学院準備のためのコース制の設置等が当然に考えられる。ただし、その教育の内容は、進路に応じた専門職業教育ではなく、むしろ第二の軸の法学基礎教育、法学教養教育を踏まえて、法科大学院一年次の教育内容に相当する実定法主要科目の基礎教育を行うということになるであろう。

第二の論点は、以上をとりまとめる論点ともなるが、いわゆるジェネラリスト養成という従来の法学部教育の目標として一般的に承認されてきたものをどう位置づけるかである。法科大学院の設置は、法学部で行ってきた法学専門教育の意義を再検討すること、つまり、ここでいうジェネラリスト教育の意味を問うこととなり、上記の二つの軸を導き出した。ところで、この二つの軸は、従来のジェネラリスト教育の対極に位置するものではなく、むしろそのバリエーションであると考えられる。ジェネラリスト教育は、その一環に司法試験に対応する教育を含むことが暗に要求されたから高い程度の実定法の解釈学的教育が行われた。法科大学院の設置は、法学部教育をこの要求から解放するものである。この変化した条件の下で改めてジェネラリストの養成という教育目標を立てるとすれば、それは、実は第二の軸に相応するものであると考えられる。そしてまたこのようにみれば、第一の軸であるより特化した専門職業的教育も、第二の軸を基礎に展開することによってはじめて適切に法学部における法学専門教育として位置づけうるものであろう。

法学部廃止論（リベラル・アーツ学部への改変等）は、アメリカ型ロースクールの導入を強調する際にしばしば唱えられた。しかし、これまで社会に対して法学部の果たしてきた人材養成の役割（逆に言えばこれに対する社会のニーズ）は、法曹養成に特化した専門職大学院ができたということだけで消え去るものではない。また、日本の事情を知るアメリカのロースクールの教授は、アメリカモデルによる法科大学院の創設に賛同しながら、アメリカにないメリットとして日本の法学部を存続させる意義を強調している。その意義は、法学士（四年間の法学教育を修了した者）の層としての存在が、日本社会のリーガル・リテラシーを底支えして、専門法曹と市民の間のギャップを小さくする機能に求められている（マーク・D・ウェスト、ミシガン大学ロースクール教授「アメリカで耳にする法科大学院構想に関する噂の真相」『法律時報』二〇〇四年二月号二四–二九頁）。

日本の法学部等について、このような基本的役割の指摘は、司法改革と大学改革が日本社会の構造改革の一環として進められたことを考えても、極めて重要である。法学部教育は、この役割を自覚しながら、第二の軸、第二の論点で示したことを基本として、学生の社会的進路の選択と社会的ニーズに応えることを目標とするということが、現在の諸与件のなかで見通しうるその将来像であろう。そこでは、法学専門教育が日本社会の求める人材養成にどのように応えることができるか、そして合わせてその専門教育が国際的な普遍性と通用性をいかに獲得できるかが追求されなければならない。各法学部等は、それぞれがその教育理念を明らかにし、こうした将来像を見通しつつ、各自の個性を発揮することのできる法学教育のカリキュラムを創造することが求められるのであると考える。

## 5　法学研究大学院と法科大学院

### ⑴　法学研究大学院の状況

法科大学院の設置は、法学研究大学院にも大きな作用を及ぼしていると考えられる。法学系の研究大学院の数は八〇弱、修士課程の学生定員（一学年）の総数はおおよそ三四〇〇名程度である。

専門職大学院制度の導入にいたる背景については、これまで一九八〇年代後半以降の傾向として、大学院修士課程における法学教育の多様化の進行が指摘されている。すなわち、修士課程は、研究者養成の前期課程という基本的な位置に加えて、第一にアジアからの留学生の受け入れ機関として重要になっていること、第二に社会人の再教育課程として活用されること、第三に学部卒業生の継続教育的機関の役割（研究者養成ではなく、専門職業的教育を深めるという役割）を果たすこと、などの特徴が見られるようになった。専門職大学院の創設は、このような多様化の流れのなかに位置づけることも可能である。法科大学院設置後の法学研究大学院のあり方を考える上で、これらの事情も、十分に考慮されなければならないが（資料・和田肇報告参照）、以下では研究者養成にしぼって議論を進める。

法学部アンケートによると、従前から法学研究大学院を設置していた大学の半数近く（二九大学）は、法科大学院の設置によって、既存の法学研究大学院に改変があったと回答している。その内容については、①専攻コースを再編し、コースの数を減らした（七大学）、②専攻コースを再編し、コースの数を増やした（九大学）、③専攻コースの変更はないが学生定員を減らした（六大学）などであり、法科大学院と研究大学院の統合、研究大学院の廃止という選択肢への回答はゼロであった。ただし、①―③の選択肢を選ばずに具体的な改変の内容を個別に挙げる回答例をみると、研究大学院の前期課程を廃止したところが三大学（うち一大学は実定法系を廃止し法曹リカレントコースを代わりに新設、ただし留学生コースは従前通りとする）、また、他の文系研究科と統合し、そこに法学系専攻コースを設置したところが二大学あり、制度的統廃合も部分的に進んでいることが見て取れる。

### ⑵　再編のタイプおよびその問題性

上で触れたように、司法審意見書は、法科大学院と法学研究大学院の今後の関係について、①形式的には独自のものとして両立するが、内容的に連携することが望ましい、②法科大学院教員の少なくとも実定法科目担当者は、将来的には、法曹資格を持つことが期待される、と述べている。ここでは、両者が法曹養成の専門職大学院と研究者養成の法学研究大学院として（professional school と graduate school として）並立し、それぞれ独自の目的を追求するというイメージではなく、すでに双方の養成課程における連携が想定されており、その連携の具体的表現として、法科大学院教員（少なくとも実定法科目担当者）が法曹有資格者であること、つまりそのキャリアにおいて法科大学院を修了し司法試験合格を経ることを求めている（司法修習を終えることまで求めているのかどうかは分からない）。

こうした司法審のメッセージと上記のアンケート結果等を踏まえながら、再編のタイプを想定すればおおよそ次のように考えられる。

第一は、法科大学院が独立大学院（「法務研究科」等）として設置される場合である。この場合、法科大学院は既存の研究大学院とは独自に運営されるので、今のところ、研究大学院に変化がないか、または研究大学院の学生定数の減少が生じるといった変化にとどまる。とくに改変がないと回答した大学は、このタイプが多いと思われる（法科大学院独立型とよぶ）。

第二は、法科大学院が従来の法学研究科の一専攻（法曹養成専攻等）として設置される場合である。研究科内での専攻の再編が行われて、研究科全体として、専攻数の増加ないしは減少が生じる。改変があったと回答した大学の多くは、このタイプであろう（法科大学院非独立型）。

このタイプの場合は、さらに、法科大学院が研究大学院の博士前期課程を代替するものと、そうでないものに分かれる（代替型と非代替型）。そして代替するものが、すべての法学分野について及ぶものと、実定法分野に限定されるものとに分かれる（全部代替型と一部代替型）。この場合、全部代替型では研究大学院の博士前期課程そのものを廃止、一部代替型では博士前期課程の実定法系を廃止するという制度改変が行われる。

代替型は、司法審意見書の①および②の論点を踏まえて構想されていると言ってよい。法科大学院の教員は実務家教員をのぞけば、通常は養成された研究者としての教員が勤めるものである。この研究者たる教員に法曹資格を要求すれば、なるほど研究者養成の課程に法科大学院を包摂することが便宜である。法曹資格を取得してからあらためて研究大学院の博士前期課程から研究者養成をはじめるということになれば、法学研究者のキャリアパスが、これまで以上に長期化し、難しいものになってしまうからである。

このことは理解できるとして、代替型では、これまでの研究大学院の博士前期課程で行われたような研究者としての基礎訓練（法学研究者としての基礎的学識の形成、古典の読解、外国語文献の講読、課題意識形成のための少人数演習等、研究論文の執筆等）を同じように行いえないのは明らかであるから、代替型が法学研究大学院の研究者養成の内実を変えることになることを予想しなければならない。法科大学院は実定法主要科目（公法系、民事法系、刑事法系）を中心として理論的教育を行うから、実定法研究者の養成課程としての代替可能性があるとすれば一部代替型にはそれほど大きな問題がないとさしあたりはいえるかもしれない。ただし、このような代替可能性が非主要科目実定法系や基礎法系にあてはまらないとすれば、全部代替型の研究者養成の適否は、法科大学院教育がより普遍的に法学研究者養成にどのような意義をもつかを正面から議論しなければ答えられない。少なくとも全部代替型が「六法は嫌いだが、基礎法をやりたい」という研究者志望の学生を失うことは確かである。他方、全部代替型採用の理由として研究者ポストの少ない基礎法系の志望者に法曹資格という保険をかけさせるという大学側の配慮も想定される。全部代替型の問題は、項をあらためて論じよう。

法科大学院独立型の場合、代替型のように制度の作り方からただちに指摘できるような問題はないが、実質的な問題を抱えている。それは、法学部と法科大学院の併設の場合と同じように、教員の負担の問題である。独立型は非独立型代替型に比べて、学生指導にあたる法学教員をより多く確保しなければならない。非独立型非代替型についても、同じようにいえる。現在の状況では教員確保それ自体が難しく、教員の加重負担を生んでいる。これを過渡期の状況とみるとしても、中期的には独立型また非代替型の場合、相対的に多くの教員の確保を必要とするので、当該大学の財政負担が相対的に重くなり、財政的考慮から今後次第に代替型への移行が目指される可能性がある。独立型、非代替型の法学研究者養成の理念がこれを防ぐことになるかどうか、これは今後の問題である。

### (3)　法学研究大学院の将来像

#### (3)—1　全部代替型の意義と問題点

司法審意見書は法科大学院の少なくとも実定法科目担当者に法曹資格が期待されるというのであるが、法学教員は、法科大学院だけではなく、法学部でも教育を行うものである。後者は法曹養成教育を目的としないから、法学部専任教員に法曹資格を求める必要はない。なるほど法曹資格という付加価値をもった法学研究者は、そうでない法学研究者に一般的に雇用市場において優位すると考えられるが、前者が法務博士の学位と法曹資格をもち、後者が法学博士の学位をもつという比較になれば、優位性の判断は単純ではない。しかし、法学研究者の学力が同等であれば、法曹資格はいうまでもなく付加価値になる。そこで、結局はすべての法学研究者が法曹資格を求めるようになるという議論に立つとすれば、法学研究者の市場価値の観点から、法学研究大学院と法科大学院の関係は、博士前期課程を法科大学院が全部代替する型が、その将来像として有力であることになる。

全部代替型の選択は、こればかりではなく、理念的にみても、法学研究者にとって理論と実務を架橋する法科大学院教育を修了することが適切であるという考え方によっても理由づけられる。これは極めて重要な論点である。さらに上で見たように現実的考慮からして、過渡期の教員の負担加重を避けること、また、財政的な節約の必要性も補強的な理由としてあげられうる（資料・浦田一郎報告参照）。

このような全部代替型によれば、法科大学院は法曹養成のみならず、法学研究者養成においても中心的な機関となり、法科大学院を共通の基盤として、法曹志望者は司法研修所に、研究者志望者は博士後期課程にそれぞれ進むという構造ができる。この構造は、もともと研究者養成から区別して専門職業人の養成に特化すべき専門職大学院のコンセプトと調和しない。しかし上で指摘したように、ここでは、専門職大学院のコンセプト如何という一般論ではなく、法学研究者の養成という課題のなかで、法科大学院をどのように位置づけるかという問題として独自に考えてみなければならない。

では、法科大学院では、研究者養成のための博士前期課程にふさわしい教育が行われうるであろうか。極めて理念的には、法曹養成教育も研究者養成と同じ課題を持つべきであると考えられる。現代の法律家は、社会の紛争を法的に解決しようとするとき、習得した既存の法と法知識のみに頼ってすますことができない。法律家の活動は、実践において研究し、創造的な法実務を形成するという役割を避けることができない。これからの社会が要求する法律家は、Researcher in practice とでもいうべき人材である（広渡清吾「法曹養成教育と法の基礎科学」『法律時報』二〇〇二年八月号六四-六八頁参照）。法科大学院の教育がこうした人材の養成にきちんと向けられるものであれば、そこで行われる教育は研究者養成のためにも有意義なものである。将来とも法学研究者であろうとする学生と法曹志望の学生が法科大学院で共に学び合うということは、十分に可能な想定である。もちろんこの場合、法曹志望の学生と研究者志望の学生は、学び合うなかで重点の置き方を異にするから、このような異なった学び方を可能にするように法科大学院のカリキュラムが用意されることが前提である。

こうした理念的な像は、しかしながら、法科大学院の現実と照らし合わせたときにそのリアリティーを保障できるものではない。出発した法科大学院の多くは、専門職大学院としての要件の下に実定法と法実務に関わる実際的な教育を中心にし、合格者枠のしばりの下で、司法試験の重圧が学生達を支配し、教師もまたそれを意識して教育に集中せざるをえず、研究を棚上げするという状況が広く見られるのである。現状から見通すならば、全部代替型は、法学研究者養成の普遍的モデルになりえないと考えるべきである。

### (3)―2　アンケート結果にみる将来像

「法学部アンケート」は、研究大学院をもつ法学部等に「今後の法学分野における大学院のあり方について」一般的問題として尋ねている。三分の二の多数は、「学位取得のための通常の研究大学院と専門職大学院である法科大学院が並行する制度が続くと考える」と回答している（六五大学中四四大学、六七・七%）。これに続くのは、「少なくとも実定法専攻者は法科大学院を経由して後期課程に進学することになると考える」（一七大学、二六・二%）である。そして、「法学研究者は実定法専攻であると否とに拘わらず司法試験を合格した上で研究者になることが望ましいので法科大学院がすべての研究者養成の前期課程になると考える」は、ごく少数に留まっている（三大学、四・六%）。その他の一大学は、並行する制度をとりながら、法科大学院修了者が法学研究大学院に進学する制度改革を検討中であると答えている。

以上の意見分布は、上記の分類法をつかうと、独立型が三分の二、非独立型が三分の一、非独立型のうち一部代替型が四分の三、全部代替型が四分の一という概観がえられる。これは、大勢は現状維持的であることを示している。しかし、この状況は、上述のように流動化する要因をはらんだものであることを考慮しておかなければならない。

(3)—3　法学研究者養成の今後

法学研究大学院の将来像として本質的な問題は、法学研究者の今後の供給が質的に、量的に確保されていくだろうかということである。法科大学院の設立は、一般的にいって、この見通しに消極的に作用する要因を生み出している（資料・山本爲三郎報告参照）。

学生の側の状況を推測すれば、まず法曹の道が拡大したことによって研究者志望が相対的に魅力をうしなうことがある。また、独立型の研究大学院へ進学することは、法科大学院教員としての就職可能性がないという進路上の不安をともなう。さらに、研究者を志望して一部代替型や全部代替型の法科大学院に進学することは、これまでよりも授業料負担が大きく、また、法曹資格の取得と研究者養成の二重の課題をやり遂げるというこれまでよりインテンシヴな勉学要求に直面する。代替型の法科大学院に研究者志望で進学することは、相当の自信と能力をもった学生に限られる可能性がある。もちろん、これは学生に法曹資格をもった研究者という新しい可能性への挑戦として積極的に受け止められるかぎりにおいて、新制度のメリットともいうべきであるが、いずれにしても学生にとっては、よりハードな選択のイメージで受け止められるであろう。

教員の側の状況は、なによりも教育の負担過重である。研究者養成のための大学院教育は、教員の研究活動を不可欠の基礎にする。むしろ、大学院教育は研究活動の一環ともいうことができるが、全体としてこの研究活動の停滞がすでに問題として指摘されている。この事情は、中期的には新規教員の補充によって改善されうるはずであるが、教員の供給を十分に行う体制と条件が法科大学院の設置によって弱体化するという悪循環が危惧されている。

研究者養成課程については、すでにふれたように、代替型の場合にこれまでよりも実定法解釈学の比重が大きく高まることが予想される。法科大学院の教育のなかで研究者養成のための独自のカリキュラムと研究指導がどのように用意されるのか、これは代替型を採用したそれぞれの大学院のあり方に依存する。ただし、いずれにしてもこれまで博士前期課程で行われてきたような法学研究者としての基礎的学識の形成、古典の読解、外国語文献の講読、課題意識形成のための少人数演習、さらに研究論文（修士論文）の執筆等は、同じように行うことはできない。これは、この課程で養成される研究者の研究のあり方に影響を及ぼし、現代的実際的問題に関心が集中し、歴史的、理論的な、また基本的問題への関心が薄れるという可能性も否定できない。

法学研究大学院の将来像は、現状について独立型、非独立型、そのなかの代替型と非代替型、さらに全部代替型と一部代替型として整理したが、大きくまとめれば、代替型と非代替型の二つの軸に区分できる。このどちらが法学研究者養成として優れているかは、現実の条件とこれからの変化にかかわり、にわかに断定することはできないが、以上の検討を通じて、次のことは確認しておかねばならない。

第一に、代替型は、研究者養成のために法科大学院のカリキュラムや研究指導に工夫を行い、法曹資格をもった研究者の養成という新しい課題に挑戦する体制と教員の準備が不可欠である。このなかで、全部代替型はとくに非主要科目実定法系や基礎法系の研究者養成に消極的な作用を及ぼす可能性があり法学研究者養成モデルとして、必ずしも適合的でない。

第二に、非代替型は、法曹資格という付加価値をもった研究者の養成が並行的に行われるという条件の中で、養成する研究者の個性と質を高める制度的改善と工夫を進めることが必要であろう。とくに、博士課程修了者の博士号の取得を促進することが重要である。

第三に、代替型と非代替型は、いわば制度間競争をするという状況に置かれるが、そうした場合にはこの競争が全体としての法学研究者養成を活性化する方向性をたえず探ることが必要である。たとえば、法科大学院教員に必ず法曹資格を要求するような制度的な仕切りは、なるべく避けることが望ましい。

第四に、法科大学院の創設は、法学研究者養成にとって予測し難い不確定要因を生み出しており、研究者の縮小再生産の悪循環をもたらすことも危惧されている。各大学は、一定の制度の採用について状況の推移をみながら必要な見直しや再検討を積極的に行うべきであると考えられる。

## 6 まとめと提言

### (1) 法科大学院創設の意義と法学部・法学研究大学院との関係

法科大学院の創設は、日本の大学が法曹養成を自らの課題として制度的に引き受けることであり、質的にも量的にも十分の法曹を養成するための高等教育機関を設置するということにおいて画期的なことであった。法科大学院は、専門職大学院として新たな教育機関として設置された。法科大学院の創設は、これまで法学専門教育を行ってきた法学部との関係をどうするか、また、研究者養成を中心的目的とする法学研究大学院との関係をどうするかという事実上の問題を含んでいたが、法科大学院の設計に際しては、制度的に二つの既存制度と法科大学院がそれぞれ別個独自の目的を持つものとされ、そのかぎりでこの問題は法科大学院の制度設計の外におかれた。

法科大学院は、こうして法学部および研究大学院との関係をどうするかという問題を大学の現場に残したまま制度化され、運営が開始された。この問題に解をみつけ、法曹養成に成果をあげるとともに、法学領域全体の教育と研究を発展させることが求められているが、法科大学院の制度は合格者枠との関係で安定した基盤を獲得しておらず、今後の存続と発展について大きな流動要因を抱え込んでいる。

法科大学院、法学部および法学研究大学院の相互関係、連携関係を検討するについては、法科大学院がこうした流動要因を抱えていることを踏まえて、これらの関係がある一律の方向ないしモデルに収斂すると考えるのではなく、現実の条件のなかであり方として複数の選択肢が存在し、複数のあり方の相互の制度間競争を通じて、法学教育と研究の全体の活性化が図られるという考え方がさしあたり重要である。この中で、各大学は、それぞれの選択について必要な見直し・再検討を積極的に行い、それぞれの制度の目的によりふさわしいあり方を追求していくべきものと考えられる。

(2)　**法学部の将来像**

法学部教育の目標は、これまで法的ジェネラリスト養成であることが一般的に承認されてきた。法科大学院の設置は、法学部で行ってきた法学専門教育の意義を再検討すること、つまり、ここでいうジェネラリスト教育の意味を問うこととなり、改めて二つの軸が導き出された。一つは「多様な社会的進路に応じて、より目的適合的に行う専門職業教育」であり、もう一つは「『法学基礎教育』、『法学教養教育』という表現で示されるような法学専門教育のリベラル・アーツ化」である。

この二つの軸は、従来のジェネラリスト教育の対極に位置するものではなく、むしろそのバリエーションであると考えられる。従来のジェネラリスト教育は、その一環に司法試験に対応する教育を含むことが暗に要求されたから高い程度の実定法の解釈学的教育が行われた。法科大学院の設置は、法学部教育をこの要求から解放するものである。この変化した条件の下でジェネラリスト養成教育を再構成すれば、これが法学専門教育のリベラル・アーツ化に対応するものであると考えられる。そして、より特化した専門職業的教育もリベラル・アーツ化した法学専門教育ないし再構成されたジェネラリスト教育を基礎に展開することによってはじめて適切に法学部における法学専門教育として位置づけられるものである。法学部では法科大学院準備教育も多様な社会的進路の一つとして受け止められるが、その教育内容の基本は専門職業的なものではなく、リベラル・アーツ化した法学専門教育である。

これまで社会に対して法学部の果たしてきた人材養成の役割（逆に言えばこれに対する社会のニーズ）は、法曹養成に特化した専門職大学院ができたということによって消え去るものではない。また、日本の法学士が日本社会において果たしてきた基本的役割、つまり日本社会のリーガル・リテラシーを底支えして専門法曹と市民の間のギャップを小さくするという役割の意義は、アメリカの識者が指摘するように決して過小評価されてはならない。

法学士の担うこうした社会的意義を自覚しながら、リベラル・アーツ化した法学専門教育ないし再構成されたジェネラリスト教育を基礎に学生の社会的進路の選択と社会的ニーズに応えることを目標とするということが、現在の諸与件のなかで見通しうる法学部の将来像であろう。そこでは法学専門教育が日本社会の求める人材養成にどう応えることができるか、合わせてまた、専門教育が国際的な普遍性と通用性をどのように獲得できるかが追求されなければならない。各法学部等は、それぞれがその教育理念を明らかにし、こうした将来像を見通しつつ、個性を発揮することのできる法学教育のカリキュラムを創造することが求められると考える。

### (3) 法学研究大学院の将来像

法学研究大学院の現状について、独立型、非独立型、そのなかの代替型と非代替型、さらに全部代替型と一部代替型として整理したが、大きくまとめれば法科大学院が博士前期課程に代わるものとされているかどうかによって、代替型と非代替型の二つの軸に区分できる。代替型が法科大学院の創設によって出現した新たな法学研究者養成コースである。

代替型についての問題は、研究者養成課程において、これまでよりも実定法解釈学の比重が大きく高まると予想されることである。代替型の法科大学院の教育のなかで研究者養成のための独自のカリキュラムや研究指導が用意されたとしても、博士前期課程で行われてきたような法学研究者としての基礎的学識の形成、古典の読解、外国語文献の講読、課題意識形成のための少人数演習、さらに研究論文（修士論文）の執筆等を同じように行うことはできない。これが今後養成される研究者にネガティブな影響を生むことがないようにあらかじめ対応が考えられるべきであろう。

代替型と非代替型のどちらが法学研究者養成のあり方として優れているかどうかは、現実の条件と今後の変化にかかわり、にわかに断定することができないが、法学研究大学院の将来像として本質的な問題は、法学研究者の今後の供給が質的、量的に十分確保されるかどうかということである。法科大学院の設立は、一般的にいって、この見通しに消極的に作用する要因を生み出していると考えられる。これを踏まえつつ、法学研究者のよりよい養成のために次のことが確認されるべきである。

第一に、代替型は、研究者養成のために法科大学院のカリキュラムや研究指導に工夫を行い、法曹資格をもった研究者の養成という新しい課題に挑戦する体制と教員の準備が不可欠である。このなかで、全部代替型は、とくに非主要科目実定法系や基礎法系の研究者養成にとって消極的な作用を及ぼすおそれがあり法学研究者養成モデルとして必ずしも適合的でない。

第二に、非代替型は、法曹資格という付加価値をもった研究者の養成が並行的に行われるという条件の中で、養成する研究者の個性と質を高める制度的改善と工夫を進めることが必要であろう。とくに、博士課程修了者の博士号の取得を促進することが重要である。

第三に、代替型と非代替型は、いわば制度間競争をするという状況に入るが、この競争が全体としての法学研究者養成を活性化する方向性をたえず探ることが必要である。たとえば、法科大学院教員に必ず法曹資格を要求するような制度的な仕切りは、なるべく避けることが望ましい。

第四に、法科大学院の創設は、法学研究者養成に予測しがたい不確定要因を生み出しており、研究者の縮小再生産の悪循環をもたらすことも危惧されている。各大学は、一定の制度の採用について状況の推移に応じて必要な見直しや再検討を積極的に行うべきである。

### (4)　日本学術会議の役割

法科大学院の創設が所期の目的をどのように果たすことになるか、またそれに起因する法学教育および法学研究の領域に生じている変化がどのような方向に収斂していくか、これらを見届けるには今後なおかなりの時日を要するものと考えられる。この流動的な状況は、各大学の創意的な努力によってよりよい発展と改革に結びつけられなければならない。日本学術会議は、この認識に立って、各大学の主体的努力を有効に支えるために、その活動と経験を交流し、情報として蓄積し、事態を分析し、次の展開の基礎を作り出すことに向けて、組織的な取り組みを今後も引き続き行う必要がある。

日本学術会議は、こうした取り組みとともに、全体の事態の推移、すなわち、法科大学院における法曹養成の実績、法学部における新たな法学専門教育の展開、および法学研究大学院における研究者養成の実績について客観的な状況把握を系統的に行い、事態の改善の必要があれば適切な形で問題提起をすることに努めなければならない。法科大学院の創設の意義を確認し、法学教育および法学研究の新しい像を構築する課題は、一つの集団的な取り組みのプロセスと考えられるのであり、日本学術会議は、そのプロセスにおいて、科学者コミュニティーの代表機関として、俯瞰的、学術的見地から有効にして適切な役割を果たすことが求められている。

日本学術会議の改革により従来の第二部（法学政治学）は、新一部（人文社会系）に発展的に解消されるが、いうまでもなく以上の課題は、日本学術会議の課題として新一部に引き継がれるべきものである。

### ［参考資料］


・第二部対外報告『法学部の将来――法科大学院の設置に関連して』（二〇〇一年五月）
http://www. scj.go.jp/ja/info/kohyo/18youshi/1864.html
・第二部対外報告『法科大学院と研究書養成の課題』（二〇〇三年六月）
http://www.scj.go.jp/ja/info/kohyo/18youshi/1831.html
・司法制度改革審議会『司法制度改革審議会意見書――21世紀を支える司法』（二〇〇一年六月）
http://www.kantei.go.jp/jp/sihouseido/report/ikensyo/index.html
・司法試験委員会「併行実施期間中の新旧司法試験合格者数について」（二〇〇五年二月二八日）
http://www.moj.go.jp/SHINGI/SHIHOU/050228-1-1.html

# 〈初出一覧〉

## I

1　司法改革と大学改革——何をそこにみるか……法と民主主義（日本民主法律家協会、二〇〇〇年一月号）
2　法曹養成と法学教育の行方……学術の動向（財団法人日本学術協力財団、二〇〇〇年五月号）
3　法学教育の位置と法曹養成……法律時報（二〇〇〇年八月号）
4　法曹養成の公共性と法科大学院……法律時報（二〇〇〇年一一月号）
5　法科大学院をどう考えるか……法の科学第三〇号（日本評論社、二〇〇一年三月）
6　法曹養成教育と法の基礎科学……法律時報（二〇〇二年八月号）
7　法曹養成教育と法科大学院——高度専門職教育の位置……学術の動向（財団法人日本学術協力財団、二〇〇四年三月号）
8　司法改革における法律家……法の科学第三五号（日本評論社、二〇〇四年八月）
9　法科大学院の創設と法学教育・研究のあり方……（『民主主義法学・刑事法学の展望』（下巻）小田中聰樹先生古稀記念論文集、日本評論社、二〇〇五年一二月）
10　「法科大学院時代」に法学教育および法学研究者養成をどう考えるか……法の科学第三六号（日本評論社、二〇〇六年七月）

## Ⅱ

11 独立行政法人化問題と東京大学
…………（東京大学・ミュンヘン大学シンポジウム「大学の未来」、二〇〇〇年三月）
（"Social Science Japan" no. 19, September 2000（英文））

12 グローバル化する社会における大学と国家
………（日独高等教育に関するワークショップ、二〇〇一年六月）

13 大学と司法改革――法科大学院の文脈………法律時報（二〇〇一年六月号）

14 大学の制御と組織の変化
……（シンポジウム「日本とドイツにおける高等教育制度の発展と改革」、二〇〇一年一二月）
（ベルリン日独センター報告集第二九号）

15 大学の再編と大学のコンセプト…………法律時報（二〇〇二年一〇月号）

16 大学の倫理と日独の大学
……（蓮實重彥／A・ヘルドリッヒ／広渡清吾（編）『大学の倫理』
東京大学出版会、二〇〇三年三月）

17 大学の危機と革新――複合的知と世界的公共性
………（同（編）『大学の倫理』東京大学出版会、二〇〇三年三月）

18 大学の理念を社会とともに創造すること
……（シンポジウム「任期制・年俸制および評価制度の導入は
大学と教育をどう変えるか」、二〇〇四年三月）

19 国立大学の法人化と東京大学憲章――「法人化」の独自の探索
……………………(『東京大学大変革――現状と課題4』東京大学編、二〇〇五年三月)

Ⅲ

20 ジャーナリズムとアカデミズム――Science for Society のために
……………………学術の動向(財団法人日本学術協力財団、二〇〇三年三月号)
21 転機に立つ法学・政治学……学術の動向(財団法人日本学術協力財団、二〇〇三年一二月号)
22 日本学術会議法の改正について――経過・改正の論点・今後の改正について
……………………日本の科学者(日本科学者会議、二〇〇四年一二月号)
23 科学者コミュニティーの構築に向けて
……………………学術の動向(財団法人日本学術協力財団、二〇〇五年一一月号)
24 人文・社会科学の役割と責任 …学術の動向(財団法人日本学術協力財団、二〇〇七年四月号)
25 科学者コミュニティーのこれから ……………………科学(岩波書店、二〇〇七年八月号)
26 人文・社会科学における若手研究者の育成
……………………学術の動向(財団法人日本学術協力財団、二〇〇八年九月号)
資料 東京大学憲章(二〇〇三年三月)……………………(東京大学のウェッブサイト)
日本学術会議第二部報告、法科大学院の創設と法学教育・研究の将来像(二〇〇五年七月)……………………(日本学術会議のウェッブサイト)

# あとがき

本書は、筆者の一つの活動記録である。筆者は、二〇〇九年三月末をもって、長年の職場である東京大学社会科学研究所を定年により退職する。この一〇年来の期間には、序で記したような事情のもとで、職場での研究・教育とならぶ、いわば公共的な活動のなかで書く文章が多かった。職場の定年は、まったくの形式的な区切りにすぎないが、それでも一つの締めくくりの意味をもつと考えたので、これらの文章を集めて、活動記録とした（原文について、表現上、表記上の補正をしたところがあるのでお断りしておく）。わたしにとっての記録が外に向かっての活動報告としても意義をもつものか、それははなはだ心許ないが、なんらかのお役にたつことを心から願っている。

二〇〇八年一一月に行われた東京大学総長（任期二〇〇九年四月から六年）の選考において、筆者は六名の最終候補者（全学有権者の一票投票の対象となる候補者）の一人となり、総長選考会議から「所見」を求められて提出した（これは全学の有権者に配布された）。そこでは、本書に示したような「大学の普遍的理念」についての考えを書くことになった。これを掲記して、本書の締めくくりとしたい。

〈東京大学の教育、研究、運営等に関する所見〉

東京大学は、二〇〇三年三月に、設置形態の変更である国立大学法人化を目前にして東京大学憲章を定めた。これは、「法人化を超えて」東京大学の依って立つべき理念とあり方を学術（教育・研究）、組織および運営にそくして明らかにしたものであり、「東京大学の教育、研究、運営等」を考えるときに、まず立ち返るべき基本を示すものである。その前文には二つの基本理念がみられる。一つは、東京大学が「世界の公共性に奉仕する大学」であることであり、もう一つは、「世界的視野をもった市民的エリートが育つ場」であることである。「世界の公共性」への奉仕とは、きわめて端的に表現すれば、新制東京大学がその出発において掲げた目標、「世界の平和と人類の福祉」に貢献することであろう。日本の地に居住する人々の税金によって支援される東京大学が世界に奉仕する関係は、人々によってもまたこの目標が共有されることによって成立すると考えられる。「市民的エリート」とは、「国民」という地平を超えて問題をとらえ、問題の解決に向けての知的探求と活動を自らの責務として引き受ける自覚をもつ者という含意である。

「世界の東京大学」であることは、グローバルな競争における「ランキング」の序列にかかわるものとしてではなく、自ら掲げた理念の実現として受け止められなければならない。東京大学憲章は、大学の日々の運営に具体的な方向づけをいつでも与えうるものではないが、東京大学のすべての営為がそこにおいて基礎づけられるべきものである。

東京大学は、すべての学術分野を包摂し、教育・研究組織が多様な形態をもって存在している。多様性を内在した知の共同体として東京大学をとらえるときには、知のあり方についての考察が必要である。知は、社会における時代のニーズに対して、順接続的、非接続的あるいは逆接続的な関係にたちうる。これに加えて、知のあり方そのものを自省する知が必要である。このような知の複層性は、知の共同体としての大学の必須の特徴であり、このことへの自覚的対応が求められる。知は、自然、人間、社会を対象とし、学術は諸科学として分化している。諸科学は、分化して営まれているが、自然、人間、社会は歴史的時間の流れの中で、切り離された独自の存在ではなく、相互に関連し、規定しあい、いわば循環的な関係にあり、このことは、地球環境・生態系をめぐる三つの系の悪循環を断つことが哲学的、倫理的な問題としてあらわれることにも示されている。ここでは、一体としての学術の視点が重要なものとして求められる。知の共同体としての東京大学は、諸科学が分化して営まれる体制のもとで、一体としての学術の視点から、諸科学の均衡のとれた発展を確保し、知の新たな課題設定を適切に行い、諸科学の再編も含めて、その総合的能力の発展を図ることに務めるべきものと考える。

本書の刊行については、信山社の袖山貴氏にお引き受けいただき、稲葉文子氏、今井守氏に編集上の様々なお世話をいただいた。ここに記して深く感謝したい。

## 著者紹介

広渡清吾《ひろわたりせいご》（ドイツ法・比較法社会論）

1945年福岡県にて出生、1967年司法試験第２次試験合格、1968年京都大学法学部卒業、京都大学法学部助手（1968-1973年）、東京大学社会科学研究所助教授（1973-1991年）を経て、東京大学社会科学研究所教授（2009年まで）。この間、東京大学社会科学研究所所長（1998-2001年）、東京大学総長特別補佐（2001-2002年）東京大学副学長・東京大学附属図書館長（2002-2003年）、また、ベルリン自由大学客員講師（1987年）、ミュンヘン大学客員教授（1993-1994年）

日本学術会議第18-21期会員（2000年-現在）、第18期基礎法学研究連絡委員会委員長、第19期第２部部長（法学・政治学）、第20-21期第１部部長（人文・社会科学）

### 主要著作

１　単　著

『法律からの自由と逃避――ワイマル共和制下の私法学』（日本評論社、1986年）
『二つの戦後社会と法の間――日本と西ドイツ』（大蔵省印刷局、1990年）
『統一ドイツの法変動――統一の一つの決算――』（有信堂、1996年）
『比較法社会論――日本とドイツを中心にして』（放送大学教育振興会、2007年）
『市民社会と法』（放送大学教育振興会、2008年）
『比較法社会論研究』（日本評論社、2009年）

２　編　著

『法曹の比較法社会学』（東京大学出版会、2003年）

３　共編著

『借地借家制度の比較研究――欧米と日本』（東京大学出版会、1987年、稲本洋之助・望月礼二郎・内田勝一との共編著）
『フェミニズムって何だろう――あるゼミナールの記録』（日本評論社、1990年、平石直昭・小森田秋夫・大沢真理との共編著）
『外国法――イギリス・ドイツの社会と法』（岩波書店、1991年、戒能通厚との共著）
『現代の都市法――ドイツ・フランス・イギリス・アメリカ』（東京大学出版会、1993年、原田純孝・戒能通厚・渡辺俊一との共編著、日本不動産学会賞受賞）
『戦争責任・戦後責任――日本とドイツはどう違うか』（朝日選書）（朝日新聞社、1994年、粟屋憲太郎・三島憲一・望田幸男・山口定との共著）
『財産・共同性・ジェンダー――女性と財産に関する研究』（東京女性財団、1998年、御船美智子・上村協子との共著）
『大学の倫理』（東京大学出版会、2003年、蓮實重彦・Andreas Herdlich との共編著）

知的再生産構造の基盤変動
——法科大学院・大学・学術コミュニティーの行方——

2009年3月1日　第1版第1刷発行　8557-01011

著　者　広　渡　清　吾
発行者　今　井　　貴
発行所　株式会社 信　山　社
〒113-0033　東京都文京区本郷6-2-9-102
電　話　03（3818）1019
FAX　03（3818）0344
henshu@shinzansha.co.jp
製作：編集工房 INABA


印刷・製本／松澤印刷・渋谷文泉閣
ISBN978-4-7972-8557-4　C3332